地景旅遊與漫談

2023
-
2024

陳力俊 著

自序

近年來深深體會「沒有紀錄就等於沒有發生」金句良有以也，所以每遇特殊場合發表演講，參加各種活動以及感時敘事，均儘量撰稿記述，並將文稿上載於個人部落格中，以發揮紀錄、傳達想法、抒發感想、提供資訊、分享與交流的功效。所以會動念彙集出版紙本書，除為個人留念外，自娛娛人，或有助廣為流傳。

前此將文稿集結成書，計有《一個校長的思考》一、二、三分別於 107 年 9 月、108 年 4 月、108 年 5 月出版；《清華行思與隨筆》上、下，三及四分別於 108 年 10 月、11 月、112 年 2 月出版；另《水清木華 - 清華的故事》以及其增訂版則於 109 年 6 月與 111 年 9 月問世；由於登載在本人各部落格累積尚未出版的文稿已約達成書的篇幅，本著「紀錄與紀念」的想法，決定再次彙整出書，感謝總攬以往 8+1（增訂版）本書編輯工作的黃鈴棋小姐，在忙於完成博士論文之際，仍同意擔負編校重責，不勝感荷。

經初步彙整，估計收錄 112 年全年與至 113 年 4 月底的稿件篇幅須要分兩冊，最後決定分為《清華行思與隨筆》五以及《地景旅遊與漫談》兩書出版，前者已於今年 11 月問世，本書則是同時編輯，但稍後出版。

撰寫遊記乃源於近年來較勤於筆耕，體會到紀錄的優點，因此出遊後，常會加以記錄；主要心得是發現執筆後，似乎重遊一次，同時因為下筆時常會查閱相關資料，往往對旅遊目的地多了一分認識，印象更為深刻。再者，彙整成書時，會再重閱與校對，感覺如第三次「重遊故地」。出書後不時翻閱，又勾起不少美麗回憶，可以連綿到多次，樂趣無窮。只遺憾素來喜好旅遊，可謂遍遊世界各地，遲到近年才養成撰寫遊記習慣，唯有勉勵自己，「往者已矣，來者可追」。

前賢有言：「讀萬卷書，行萬里路」，有人解釋說，行萬里路，增廣見

聞，有如讀萬卷書；但另一說法是，知識分子不僅要讀萬卷書，還要行萬里路，動態的實地觀察，更能深刻體會，也頗有道理。

當然讀萬卷書，同時能行萬里路，可謂天下一大幸事。近年來，多與親朋好友組團旅遊，咸認「有健康、有時間、有財力、有興致、有良伴」五有之後，結伴旅遊是一大樂事；這裡要特別感謝多年來一路同行的夥伴們，一起留下許多美好回憶，尤其是始終悉心隨團服務的葉吉倫小姐，願大家一同「心若向陽總少年」。由於深得撰寫遊記樂趣，也常向友朋「野人獻曝」，但似乎人人都遭遇「提筆障礙」，至今績效可以「慘澹」形容，引為憾事。

最後再次感謝本書得以順利出版的大功臣黃鈴棋小姐專業編校，同時承蒙吳多嘉與彭琇姬女士細心校對指正，也在此一併致謝。

陳力俊　謹識於新竹清華園
民國 113 年 11 月

目次 CONTENTS

自序 ... 003

歐洲旅遊

2023 年蔚藍海岸南法十日遊（一） ... 012
2023 年蔚藍海岸南法十日遊（二）：蒙地卡羅與尼斯 ... 015
2023 年蔚藍海岸南法十日遊（三）：聖保羅藝術村 ... 021
2023 年蔚藍海岸南法十日遊（四）：葛拉斯香水城 ... 027
2023 年蔚藍海岸南法十日遊（五）：昂蒂布港與畢卡索美術館 ... 032
2023 年蔚藍海岸南法十日遊（六）：坎城海濱與節慶宮 ... 036
2023 年蔚藍海岸南法十日遊（七）：塞尚的故鄉 ... 040
2023 年蔚藍海岸南法十日遊（八）：馬賽 ... 046
2023 年蔚藍海岸南法十日遊（九）：山居歲月 ... 051
2023 年蔚藍海岸南法十日遊（十）：外星人遺跡 ... 056
2023 年蔚藍海岸南法十日遊（十一）：梵谷的足跡 ... 060
2023 年蔚藍海岸南法十日遊（十二）：亞爾古羅馬遺跡群 ... 065
2023 年蔚藍海岸南法十日遊（十三）：歐洲最大城堡 ... 070
2023 年蔚藍海岸南法十日遊（十四）：古羅馬水道橋 ... 075
2023 年蔚藍海岸南法十日遊（十五）：教宗城亞維農 ... 079
2023 年蔚藍海岸南法十日遊（十六）：教皇新堡葡萄酒莊 ... 084
2023 年蔚藍海岸南法十日遊（十七）：古羅馬凱旋門 ... 088
2023 年蔚藍海岸南法十日遊（十八）：古羅馬劇場 ... 091
2023 年蔚藍海岸南法十日遊（十九）：《小王子》作者家鄉 ... 095
2023 年蔚藍海岸南法十日遊（二十）：聖母之城 ... 099

2023 年蔚藍海岸南法十日遊（二十一）：風華依舊	103
2023 年蔚藍海岸南法十日遊（二十二）：美好的未來	106
2023 年蔚藍海岸南法十日遊（二十三）：多情應笑我	110
2023 年奧匈與巴爾幹四國記遊（一）	113
2023 年奧匈與巴爾幹四國記遊（二）：世界文化遺產與美艷花木	116
2023 年奧匈與巴爾幹四國記遊（三）：維也納美泉宮	125
2023 年奧匈與巴爾幹四國記遊（四）：莫札特音樂會	128
2023 年奧匈與巴爾幹四國記遊（五）：城市公園與拾遺	131
2023 年奧匈與巴爾幹四國記遊（六）：布達佩斯英雄廣場	136
2023 年奧匈與巴爾幹四國記遊（七）：布達佩斯漁夫城堡	140
2023 年奧匈與巴爾幹四國記遊（八）：布達佩斯多瑙河遊船巡禮	144
2023 年奧匈與巴爾幹四國記遊（九）：布達佩斯中央市場與拾遺	150
2023 年奧匈與巴爾幹四國記遊（十）：皇家白色城堡	156
2023 年奧匈與巴爾幹四國記遊（十一）：蒂豪尼本篤修道院	160
2023 年奧匈與巴爾幹四國記遊（十二）：匈牙利黑維茲湖	166
2023 年奧匈與巴爾幹四國記遊（十三）：歐洲文化之都格拉茲	170
2023 年奧匈與巴爾幹四國記遊（十四）：固若金湯	175
2023 年奧匈與巴爾幹四國記遊（十五）：最美藍湖	180
2023 年奧匈與巴爾幹四國記遊（十六）：別有洞天	185

2023年奧匈與巴爾幹四國記遊（十七）：美麗都城（一）　190
2023年奧匈與巴爾幹四國記遊（十八）：美麗都城（二）　194
2023年奧匈與巴爾幹四國記遊（十九）：薩格勒布（一）　199
2023年奧匈與巴爾幹四國記遊（二十）：薩格勒布（二）　204
2023年奧匈與巴爾幹四國記遊（二十一）：天然美景十六湖　209
2023年奧匈與巴爾幹四國記遊（二十二）：國王的城市　214
2023年奧匈與巴爾幹四國記遊（二十三）：史普利特　219
2023年奧匈與巴爾幹四國記遊（二十四）：杜布羅夫尼克（一）　224
2023年奧匈與巴爾幹四國記遊（二十五）：杜布羅夫尼克（二）　230
2023年奧匈與巴爾幹四國記遊（二十六）：杜布羅夫尼克（三）　234
2023年奧匈與巴爾幹四國記遊（二十七）：杜布羅夫尼克（四）　239
2023年奧匈與巴爾幹四國記遊（二十八）：科特古城　244
2023年奧匈與巴爾幹四國記遊（二十九）：布德瓦　251
2023年奧匈與巴爾幹四國記遊（三十）：莫斯塔爾　257
2023年奧匈與巴爾幹四國記遊（三十一）：布拉加伊
　　與塞拉耶佛　262
2023年奧匈與巴爾幹四國記遊（三十二）：塞拉耶佛（二）　267
2023年奧匈與巴爾幹四國記遊（三十三）：塞拉耶佛（三）
　　與後記　271

亞洲旅遊

2024年菲律賓七日記遊（一）：宿霧麥哲倫十字架　278
2024年菲律賓七日記遊（二）：宿霧聖嬰大教堂
　　與聖佩德羅堡　282

2024年菲律賓七日記遊（三）：薄荷阿羅娜海灘與眼鏡猴	**287**
2024年菲律賓七日記遊（四）：薄荷巧克力山與竹筏船屋遊河	**292**
2024年菲律賓七日記遊（五）：薄荷巴卡隆教堂	**296**
2024年菲律賓七日記遊（六）：馬尼拉聖奧古斯丁教堂	**301**
2024年菲律賓七日記遊（七）：馬尼拉王城與聖地牙哥古堡	**305**
2024年菲律賓七日記遊（八）：馬尼拉主教座堂與竹風琴教堂	**311**
2024年菲律賓七日記遊（九）：馬尼拉黎剎公園	**316**
2024年菲律賓七日記遊（十）：國家自然歷史博物館	**324**
2024年菲律賓七日記遊（十一）：蘇比克灣	**329**
2024年菲律賓七日記遊（十二）：蘇比克灣西班牙莊園（一）	**333**
2024年菲律賓七日記遊（十三）：蘇比克灣西班牙莊園（二）	**338**
2024年菲律賓七日記遊（十四）：皮納圖伯火山渡假村	**343**
2024年菲律賓七日記遊（十五）：克拉克博物館與飛機公園	**347**

本土旅遊

2023年淡水半日記遊（一）：紅毛城	**354**
2023年淡水半日記遊（二）：英國領事官邸	**358**
2023年淡水半日記遊（三）：滬尾礮臺與小白宮	**362**
夢幻紫色花瀑：淡水紫藤花園	**368**
清華退聯會「北市一日兩地遊」（一）：監察院	**372**
清華退聯會「北市一日兩地遊」（二）：台灣博物館	**377**
2024年春清華茶花園與櫻花林	**383**

2023年苗栗之旅（一）：苑裡花田與稻田彩繪	389
2023年苗栗之旅（二）：華陶窯	393
2023年苗栗之旅（三）：南庄玻璃屋	399
2023年苗栗之旅（四）：落羽松秘境與富貴牡丹	404
2023年苗栗之旅（五）：最憶是山城	408
2023年台南之旅（一）：天公壇與赤崁樓	415
2023年台南之旅（二）：祀典武廟與林百貨	420
2023年台南之旅（三）：戀戀台南	424

歐洲旅遊

載錄 2023 年新冠疫情解封後重啟的海外之旅——「蔚藍海岸南法十日遊」與「奧匈與巴爾幹四國記遊」,在各式主題中呈顯出歐洲的文藝遺跡、古城宮殿與自然風情。

2023年蔚藍海岸南法十日遊（一）

2023 年 2 月 8 日　星期三

　　2020 年 1 月 20 日自緬甸倦遊歸來，三日後即逢武漢封城，開啟全球陷入新冠疫情序幕，因而多年來在寒暑假抱團旅遊的歡樂時光被迫戛然中止；到 2022 年年底，世界各地大都完全解封，染疫疑慮已大減，遂有南法遊的規劃，呼朋引伴之下，迅速成團，連導遊共 31 人，於 1 月 27 日晚堂皇出發，展開南法十日歡樂行。

　　由於希望能在有限時間內，在南法盡興旅遊，行程刻意避開較偏法國中北部的巴黎，去程從桃園直飛尼斯（Nice），回程則自里昂（Lyon）返回桃園。飛尼斯的「阿聯酋」班機於晚上 10:45 起飛，經 9 小時 50 分到杜拜機場轉機，再飛 7 小時 15 分於當地 1 月 28 日早上 12:35 抵達尼斯機場。

　　旅遊集中於法國東南之普羅旺斯——阿爾卑斯——藍色海岸大區，南臨地中海，東接義大利，根據規劃，旅程包括居法國前十大城市中之馬賽（第二）、里昂（第三）以及尼斯（第五）等三大都市，行程中被列為世界文化遺產景點者，至少有：

歐宏綺（Orange）的古羅馬劇場及其周邊和凱旋門
Théâtre antique et ses abords et《Arc de Triomphe》d'Orange（1981）
亞爾（Arles）的古羅馬和羅馬式古蹟
Arles, monuments romains et romans（1981）
嘉德（Gard）橋，保存完好的羅馬工程範例
Pont du Gard（1985）
亞維農（Avignon）歷史中心：教宗宮、主教建築集合體和亞維農橋；14 世紀曾是幾位教皇的住所，現在是博物館
Centre historique d'Avignon: Palais des papes, ensemble épiscopal et Pont

d'Avignon（1995）

卡爾卡頌（Carcassonne）歷史城牆要塞，城市卡爾卡頌，擁有保存完好的中世紀堅固城堡和城牆

Ville fortifiée historique de Carcassonne（1997）

里昂（Lyon）歷史遺蹟

Site historique de Lyon（1998）

法國南部以其令人驚嘆的自然美景而聞名，旅程將得以飽覽南法地中海蔚藍海岸，風景秀麗的海岸線、古鎮與農村風光，豐富的文化遺產，造訪世界知名蒙地卡羅賭城、坎城影城、藝術村、香水城、普羅旺斯山城、葡萄酒莊等以及塞尚、梵谷、畢卡索等藝術大家故居或活動場所，再加上閒適的地中海型氣候，讓人在行前充滿期待。

▲ 從桃園起飛到杜拜機場轉機

▲ 從杜拜直飛尼斯

▲ Orange 的古羅馬劇場

▲ Arles 的古羅馬競技場

▲ Gard 橋

▲ Lyon 歷史遺蹟

▲ Carcassonne 歷史城牆要塞

▲ Avignon 歷史中心

2023 年蔚藍海岸南法十日遊（二）：
蒙地卡羅與尼斯

2023 年 2 月 10 日　星期五

　　尼斯位於法國東南海岸之普羅旺斯──阿爾卑斯──藍色海岸大區（region）。同時也是濱海阿爾卑斯（Alpes-Maritimes）省（département）的省會，它以陽光明媚的海灘、地中海氣候、美麗的建築以及豐富的文化遺產和歷史而聞名。人口僅約 34 萬人，但已是法國第五大都市，尼斯蔚藍海岸國際機場（Aéroport Nice Côte d'Azur）是法國最繁忙的機場之一，每年接待超過一千四百萬名乘客。但中午時分抵達時，可能是由於冬季遊客較少，略顯冷清。

　　下機後，首先前往僅次於梵蒂岡為世界第二小主權國（聯合國會員國）摩納哥公國（The Principality of Monaco）首府──蒙地卡羅（Monte Carlo），此地面積僅 1.95 平方公里，南瀕地中海，其他三面被法國包圍，風景甚為秀麗，常住人口僅三千多人。通用語為法語，因此很容易被錯以為是法國城市；摩納哥政府採取多元化、高附加值和無污染的經濟發展方針，其中尤以金融業最為突出，有避稅天堂之稱。除此之外在房地產、廣告、保險、諮詢、貿易、服務業等領域發展迅速。旅遊業是支柱產業之一，是歐洲著名旅遊勝地。摩納哥公國給人印象是富裕、豪華，很可能因為赫赫有名的國王雷尼爾三世與電影明星葛麗絲凱莉締結金鸞而轟動一時之浪漫佳話！

　　根據法摩有關雙邊條約，法國承諾保護摩納哥獨立、主權和領土完整。摩納哥無軍隊，有數百名治安警察，人均警察數量排名全球第一。社會穩定，國土遍佈監控攝像頭，犯罪率極低，被譽為「世界上最安全的國家」。

　　在該地觀賞的景點主要有三個：

一、摩納哥親王宮（Prince's Palace of Monaco）是摩納哥親王的宮殿。現在的建築修建於 1911 年，曾是熱那亞共和國的堡壘。親王宮在歷史

上曾經多次遭到外國勢力的攻擊，這使得親王宮建築並不豪華，相反強調防衛功能。摩納哥王室始終居住在親王宮。現在的親王宮建築融合了多種不同的建築風格。摩納哥親王宮也是一個旅遊景點，在夏季對公眾開放。當天下午四時，正好看到正門衛兵交接，由於是單兵交接，無法與台灣習見的中正紀念堂憲兵交接陣容相比。

　　王宮前有一黑衣僧侶雕像，是紀念摩納哥的創建者——弗朗斯瓦・格里馬爾迪（François Grimaldi），他於1297年建立摩納哥國，成為王朝奠基人。由於曾經偽裝成方濟各會修道士，趁駐守摩納哥城堡守軍不備奪取城堡，所以雕像的造型為一個長袍下藏著一把長劍的僧侶。同時因為他膝下無子，現代統治者是他的堂兄摩納哥的雷尼爾一世、卡涅勳爵（Rainier I of Monaco, Lord of Cagnes）的後代。

二、摩納哥主教堂（Cathédrale Notre-Dame-Immaculée）建於1252年，是摩納哥第一座天主教主教座堂。許多格里馬爾迪（Grimaldi）王朝名人都長眠在這裡，為摩納哥王室陵園，葛麗絲・凱莉（Grace Kelly）王妃和雷尼爾三世（Rainier III）均葬於此。

三、蒙地卡羅賭場（Monte Carlo Casino），可能是世界最知名賭場，開業於1858年，賭場整幢建築物包含不同的建築風格，大樓中庭可自由進出，甚為奢華。目前進入賭場須購門票，索價十七歐元，場外則名車雲集，自成一景。

　　有趣的是統計類比方法蒙地卡羅方法（英語：Monte Carlo method），是1940年代中期由於科學技術的發展和電腦的發明，而提出的一種以機率統計理論為指導的數值計算方法。是指使用亂數（或更常見的偽亂數）來解決很多計算問題的方法。這方法是由著名科學家馮・紐曼（Von Neumann）與團隊在美國研發原子彈的曼哈頓計畫（Manhattan Project）於洛斯阿拉莫斯國家實驗室（Los Alamos National Laboratory）工作時發明的。因為團隊主要成員之一的烏拉姆（Ulam）的叔叔經常在蒙地卡羅賭場輸錢得名，而蒙地卡羅方法正是與賭博一樣靠機率為基礎的方法。

　　在蒙地卡羅其他景點包括摩納哥海洋博物館和研究所以及蒙地卡羅歌劇院，限於時間，僅能行注目禮。

　　尼斯以其風光綺麗的海濱長廊而聞名，英國人大道（Promenade des Anglais）

沿著海濱延伸，享有地中海的壯麗景色，這是 1820 年尼斯的英國僑民募款所建的步行道，尼斯人喜歡在這裡散步、聊天、騎車、遛狗、戲水、聽著石擊浪濤。

　　聖尼古拉大教堂（Cathedral Russe St-Nicolas）建築，它以其令人驚嘆的典型巴洛克建築和錯綜複雜的裝飾而名聞遐邇。19 世紀下半葉有超過 150 個以上的俄羅斯家庭遷居尼斯，他們苦無宗教聚會場所，於是興建了這座西歐第一個東正教教堂。由於尼斯老城街道狹窄，旅行團大巴士在附近找不到適當停車地點，只能過門而不入，甚為可惜。

▲ 風景秀麗

▲ 單兵交接

▲ 親王宮建築樸實

▲ 摩納哥主教堂

▲ 摩納哥創建者

2023 年蔚藍海岸南法十日遊（二）：蒙地卡羅與尼斯　017

▲ 雷尼爾三世墓

▲ 蒙地卡羅賭場

▲ 世界最知名

▲ 進入賭場需購門票

▲ 中庭很奢侈

▲ 海洋博物館

▲ 摩納哥法院

▲ 歌劇院 3D 圖（取自 Google Map）

▲ 尼斯海濱

▲ 英國人大道

▲ 酒店附近英國人大道 3D 圖（取自 Google Map）

▲ 英國人大道（取自 Google Map）

2023 年蔚藍海岸南法十日遊（二）：蒙地卡羅與尼斯　019

▲ 英國人大道（陶雨台空拍）

▲ 聖尼古拉大教堂

▲ 大教堂與花園 3D 圖（取自 Google Map）

2023年蔚藍海岸南法十日遊（三）：
聖保羅藝術村

2023年2月12日　星期日

二十九日一早首先到離尼斯約二十公里外的聖保羅山城（Saint-Paul-de-Vence），〔旺斯（Vence）是位於法國東南部普羅旺斯——阿爾卑斯——藍色海岸地區阿爾卑斯濱海省山區的一個公社，位於尼斯和安提比斯北部。〕，盤據在山丘上，是蔚藍海岸最受歡迎的中古世紀山村，此鎮古意盎然，中世紀風情彌漫在石頭小徑中。聖保羅人口約3,200人，老城區人口僅數百人，每年吸引多達兩百五十萬人次觀光客到訪，可見其魅力驚人。

聖保羅於九世紀建城，在中世紀後半，受普羅旺斯伯爵管轄。西元1418年路易三世承認聖保羅為「皇室之城」（Royal City），而普羅旺斯和法國也於1482年結盟。由於聖保羅位於法國和義大利往來邊境，具有戰略優勢的山壁上，十六世紀時，法王法蘭斯瓦一世（Francois I）在此興建堡壘，目前古城四周環繞著就是十六世紀城牆，仍然可以看到原始的塔樓，城內仍遺留十六世紀街道。

當日萬里無雲，在聖保羅自城外停車場步行自北邊旺斯門（Porte of Vence）進城，依導遊告知主要沿大街（Rue Grande）直通南邊尼斯門（Porte of Nice），窄路鋪滿有太陽與光芒般的圖案鵝卵石，街道旁是中世紀的建築物，顯得古樸堅實，沿途則現代藝廊林立，雖僅有部分營業，但從路邊雕飾，以及櫥窗擺設，可以感受到濃厚的藝術氣息，而多具相當品味，典雅有致，也些則結合生活時尚，頗為賞心悅目，大街中間有一座建於1850年的大噴泉（Grande Fontaine），曾擔負供應古城水源的任務，並為古城中心點。

途中另有兩特別景點，一是聖保羅旅館（Hôtel Le Saint Paul），據旅館網站，雖然敘述「聖保羅深受19世紀和20世紀藝術家的喜愛和珍視，提供了

一種非常特殊的氛圍,吸引了夏卡爾,他一生的大部分時間都在那裡度過,還有馬蒂斯、畢加索等人」,但並沒有明確說明曾接待畢加索,倒是聖保羅官網,很明確的敘述,哲學家沙特(Jean-Paul Sartre)和藝術家畢加索(Pablo Picasso)曾住宿於附近的金鴿(La Colombe d'Or)酒店。

另一景點為夏卡爾(Marc Chargall,187-1985)墓園,夏卡爾曾在聖保羅居住約二十年,最後安葬於此。多年前曾獲贈一幅他的代表作「生日」複製畫,一直懸掛於書房中,在墓前如見故人。按夏卡爾是白俄羅斯猶太裔的俄法著名藝術家,作品形式包括繪畫、素描、彩色玻璃、舞台佈景、陶瓷等。他的畫呈現出夢幻、象徵性的手法與色彩,屬於「超現實派」。

聖保羅老城附近除金鴿酒店,尚有完全由馬諦斯設計的玫瑰經教堂(Rosaire Chapel)等景點,同時兩公里外有雷諾瓦美術館(Renoir Museum),都未列入行程中,可謂美中不足。

中午在附近餐廳用餐,餐廳外觀甚為雅緻,由於陽光和煦,得以在庭園中用餐,完全不覺寒冷,顯示戶外溫度至少在攝氏十五度以上。

▲第三日行程

▲山城在望

▲山城 3D 圖(取自 Google Map)

▲山城空拍圖(陶雨台攝)

▲ 歷史與藝術之城

▲ Vence 門塔樓前

▲ Rue Grande 前（葉吉倫攝）

▲ 古樸窄巷

▲ 鋪滿鵝卵石

▲ 古老建築與現代雕塑

▲ 若有所思

2023 年蔚藍海岸南法十日遊（三）：聖保羅藝術村　023

▲ 幼童與小鴨

▲ 古典與現代揉和

▲ 高雅大方（Anita 攝）

▲ 色彩明麗（Anita 攝）

▲ 賞心悅目（Anita 攝）

▲ 現代感十足

▲ 大噴泉曾為古城中心點

▲ 聖保羅旅館

▲ 夏卡爾墓邊

▲ 家中夏卡爾「生日」複製畫

▲ 遠眺美景

▲ 用馬蹄做成的馬

▲ 學院鐘塔與市政廳

▲ 再見美麗山城

▲ 頗為雅緻

▲ 歡迎光臨

▲ 真的是假的

▲ 陽光和煦（陶雨台空拍）

2023年蔚藍海岸南法十日遊（四）：葛拉斯香水城

2023 年 2 月 14 日　星期二

　　午後來到約二十公里車程外的香水之城——葛拉斯（Grasse），位於濱海阿爾卑斯省西部內陸，阿爾卑斯山南段的一處山谷之中，海風不易吹到，較為溫暖和煦，是一個區域性的中心城市，整個城市就在山腰上，陽光普照時，房屋磚瓦也都顯出普羅旺斯風。

　　葛拉斯因出產香水而聞名，被稱為世界香水之都（capitale mondiale du parfum），其中茉莉是許多香水的關鍵配料，在 16 世紀由摩爾人帶到法國南部，當地每年收穫 27 噸茉莉，占法國總產量的三分之二，另外也盛產玫瑰，每年香水業為葛拉斯創造超過 6 億歐元的財富。葛拉斯自 2003 年起獲得由法國文化部頒布的「藝術與歷史之城」稱號，2018 年 11 月 28 日，葛拉斯香水被聯合國教科文組織列入非物質文化遺產（Intangible World Cultural Heritage）名錄。[1]

　　葛拉斯同樣道路狹窄，巴士停車不易，在會議中心附近下車後，步行至附近街道體會另一個南法小鎮風情，由於當天為周日，除一些小雜貨店與食品店外，多不開張，在溫暖陽光下，漫步於寧靜小巷中，也別有一番情趣，但有少數幸運團友發現近在咫尺就有一歷史悠久的 Fragonard 香水工廠（Parfumerie Fragonard - L'usine Historique）不僅販售香水，而且工廠也開放參觀，讓人了解到如何提煉香水，也是極為難得的經驗，其他人失之交臂，訪香水城而未能「因地就宜」深刻增長香水知識並大開眼界，使人徒呼負負。

　　法國名牌香水，所用香精幾乎都產自葛拉斯，她們也在當地擁有自己的茉莉與玫瑰園；也許是得天獨厚的適宜生長花卉氣候，造就葛拉斯成為「香水之

---

[1] https://zh.wikipedia.org/wiki/格拉斯

都」。

　　Fragonard 是葛拉斯最早的三家香水工廠之一，現在仍列前三大，事實上香水工廠正位於其地盤中，除本身位於 Fragonard 大街（Fragonard Boulevard）上，附近有多家冠名的香水及附屬產品商店，並有其贊助成立的博物館（Musée Fragonard - Collection Jean-Honoré Fragonard）[2]。按 Fragonard 香水工廠一樓為博物館，地下一樓為販賣部，地下二樓為工廠，當天並有專人導覽。

　　Fragonard 香水工廠於 1926 年成立，命名即由路易十五御前畫家 Jean-Honoré Fragonard（1732-1806）而來，因為他不僅是葛拉斯子弟，並是一位香水製造商後代。工廠在 18 世紀原是製革廠，在 19 世紀初成為香水廠，並由現在經營家族祖先收購成立 Fragonard 香水工廠。它於 2013 年進行了全面翻新和升級，從原材料加工到成品包裝，從銅製蒸餾器到肥皂車間的機器，提供了對 1950 年代之前家庭香水廠管理技術和工作條件的歷史、社會和文化資訊。[3] 由於絕大多數現代香水都部分或全部含有合成化學物質，葛拉斯香水公司通過轉向芳香合成，仍然在香水界佔有一定地位。在其產品中，有些註明為有機產品，也就表示非化學合成品。

▲ 葛拉斯空拍圖（陶雨台攝）

---

[2] https://usines-parfum.fragonard.com/en/museums/the-jean-honore-fragonard-museum/，博物館成立於 2011 年，收藏 Jean-Honoré Fragonard 以及其他兩位生長於葛拉斯畫家作品。

[3] https://usines-parfum.fragonard.com/usines/usine-historique/

▲ 葛拉斯會議中心

▲ 街口雜貨店

▲ 水果攤

▲ 理髮店

▲ 別緻門飾

2023 年蔚藍海岸南法十日遊（四）：葛拉斯香水城　029

▲ 葛拉斯市徽

▲ Fragonard 香水工廠

▲ 香水工廠一瞥（陳幼雪攝）

▲ 香水博物館一（程海東攝）

▲ 香水博物館二（程海東攝）

▲ Fragonard 地盤圖

▲ 蒸餾過程（陳幼雪攝）

▲ 各種芳香產品（陳幼雪攝）

▲ 蒸餾器（陳幼雪攝）

▲ 販賣部一角（程海東攝）

▲ 美麗芳香（Anita 攝）

▲ 有機香水（陳幼雪攝）

2023 年蔚藍海岸南法十日遊（五）：昂蒂布港與畢卡索美術館

2023 年 2 月 15 日　星期三

　　接著來到蔚藍海岸小鎮昂蒂布（Antibes），當地以清澈透明的湛藍地中海水、熱情奔放的熱帶棕櫚及陽光灑落的海濱小徑，構成南法蔚藍海岸的經典美景而著名。

　　昂蒂布 Vauban 港停靠滿是豪華遊艇，靠岸的許多遊艇正「待價而沽」，可能是為方便交易之故，在海邊漫步，可遠眺港外之 Carre 堡壘，另有一大型白色「望海人」（Le Nomade）雕像，是昂蒂布最為顯眼的地標之一，擺放在已廢棄毀壞的造船廠遺跡上的這座巨大的人型雕像，是加泰隆尼亞藝術家 Jaume Plensa 的作品，一個坐在地上的男人平靜的望向大海；仔細看，它是由不銹鋼製字母合成，但臉是空的（沒有字母）。這座雕塑原是 2007 年臨時展覽的一部分，但在 2010 年，它被市政府和畢加索博物館買下，所以現在屬於昂蒂布的城市景觀。[1] 值得一提的是，著名的海洋研究學者雅克・庫斯托（Jacques Cousteau）的研究船，卡呂普索（Calypso），用為探險、潛水、拍攝和海洋學研究的支持基地，曾長期停泊於此。[2]

　　昂蒂布畢卡索美術館座落在古希臘城市昂蒂布的昔日衛城內。直到 17 世紀初期，格里馬爾迪家族一直居住在這座城堡（Chateau Grimaldi）內。1925 年，昂蒂布市買下城堡並且將其改建為歷史和考古博物館。直到 1966 年，這裏才更名為畢卡索美術館，成為一座在一位藝術家在世時就為其建立的美術館（Musée Picasso），在昂蒂布居住期間，畢卡索完成了許多作品（油畫、素描、壁毯、陶藝）。

---

[1] https://www.stayinantibes.net/post/2018/04/21/the-nomad-of-antibes
[2] https://en.wikipedia.org/wiki/RV_Calypso

美術館每年於 9 月 16 日至次年 6 月 14 日每天開放，時間為 10:00-13:00 與 14:00-18:00，當天剛好有一小時餘可供參觀，門票一般為 8 歐元，學生為 6 歐元，無所謂「敬老」票，沒有東方社會「敬老尊賢」的習俗。

畢卡索於 1946 年在此居住了半年，離開時留下 23 幅畫作和 44 幅素描，其中最著名的畫作有生活的樂趣（La Joie de vivre）、綠色背景的裸體坐姿（Nu assis sur fond vert）、森林之神、半人馬與三叉戟（Satyre, Faune et centaure au trident）、海膽吞食者（Le Gobeur d'oursins）、有海膽的女人（LaFemme aux oursins）、有貓頭鷹和三個海膽的靜物（Nature morte à la chouette et aux trois oursins）等。不久之後，畢加索將 78 件陶瓷作品贈給了博物館，這些都是他剛剛在瓦洛里（Vallauris）的馬杜拉（Madoura）作坊製作的原創作品：站立的公牛、卵形貓頭鷹、韋德、禿鷹、躺著的卡布里……等。[3] 目前美術館一樓的兩個拱形房間用於 Hartung 基金會最近的捐贈，一樓用於臨時展覽以及重要的 Nicolas de Staël 收藏，二樓才展示畢卡索作品。

另一方面，為測試 AI 繪圖軟體 Stable Diffusion 2.1 能耐，以畢卡索風格生活的樂趣（the joy of life）及綠色背景坐著的女士（sitting woman with green background）為提示，請其繪圖，成品確實有畢卡索風格。（註：該軟體認為裸體為危險訊號，不予處理。）

按「畢卡索美術館」有多座，最著名的包括「巴塞隆納畢卡索美術館」與「巴黎畢卡索美術館」，位於巴黎的「畢卡索美術館」（Musée National Picasso），有為數眾多的畢卡索作品，從畫作、雕刻、版畫、草稿、素描……還有攝影非常豐富，是目前收藏畢卡索美術館中館藏最為豐富的一座，收藏超過 5,000 件。在巴塞隆納的「畢卡索美術館」主要為紀念畢卡索（1881-1973）從出生那年 1895 年至 1904 年居住在此，因此收藏展出的作品以畢卡索 9 歲到青少年時期的早期創作為主，作品包含有素描、油畫、版畫以及陶藝品等。在昂蒂布的「畢加索美術館」規模較小，是世界上第一個專門獻給他的美術館。畢加索本人和他的後人都向美術捐贈了許多作品，現在的收藏品共計 245 件。

---

[3] https://www.artcotedazur.fr/archives,302/en-ville,3/antibes,44/Picasso-revient-a-Antibes-826

▲ Vauban 港滿佈遊艇（陶雨台空拍）

▲ 遠眺港外 Carre 堡壘

▲ 防波堤與白色望海人

▲ Le Nomade 由白色不鏽鋼字母組成

▲ 畢卡索美術館是著名景點

▲ 美術館在望

▲ 畢卡索在看你

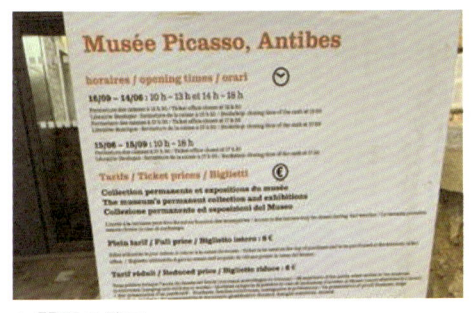

▲ 門票 8 歐元

▲ 生活的樂趣

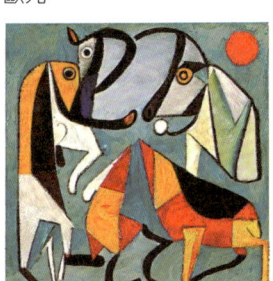

▲ 生活的樂趣
　（AI Stable Diffusion 2.1 繪）

▲ 綠色背景的裸體坐姿
　（陳幼雪攝）

▲ 綠色背景坐著的女士（AI Stable Diffusion 2.1 繪）

▲ 森林之神、半人馬與三叉戟

▲ 陶瓷作品（汪建民攝）

▲ 畢卡索美術館（陶雨台空拍）

2023 年蔚藍海岸南法十日遊（五）：昂蒂布港與畢卡索美術館

2023 年蔚藍海岸南法十日遊（六）：坎城海濱與節慶宮

2023 年 2 月 17 日　星期五

　　隨後驅車前往約十二公里外的影城坎尼斯（Cannes），夜宿離節慶宮（Palais des Festivals et des Congrès de Cannes）不遠的旅館，次日（1 月 30 日）晨經海濱林蔭大道（La Croisette Boulevard）步行約 1 公里到節慶宮。

　　林蔭大道沿途有許多歷史悠久的建築和眾多豪華精品店。另一側有花壇、植物和樹木為林蔭大道沿線的停車場和中央保留區提供遮蔭，也種植了植物，分隔了車道。在海邊，它配備了售貨亭、長椅、椅子、樹木等。

　　垂直的擋土牆將同名長廊與海灘隔開，海灘仍可通過樓梯或坡道進入。欄杆以寬欄杆的形式保護長廊，用作長凳，並配備多色 LED 照明設備。公共海灘沿著海灣一直延伸到長廊下方，由白色沙子製成。它們定期通過從海灣沉積物中提取的沙子或採石場的沙子並重新鋪排。最近已從 20 米加寬到 40 米。

　　節慶宮位於沿海小徑上，由於國際電影節和影節宮和會議宮而聞名於世，其著名的台階鋪著紅地毯。大多數主要酒店都位於 Boulevard de la Croisette，以及豪華住宅區。其中卡爾頓洲際（Carlton Intercontinental）酒店因在坎城影展期間接待眾多電影明星而聞名。[1]

　　坎城也是法國重要的會議和展覽中心，尤因坎城影展而聞名。1939 年，坎城首次舉辦影展。1946 年 9 月舉辦的坎城影展成為二戰後世界上首個舉辦的國際性文化活動。20 世紀 50 年代，坎城市區進行了大規模的翻新，拉克魯瓦塞特（La Croisette）大道被開闢為沿海步行走廊。1982 年，節慶宮建成使用，後者使得坎城成為法國重要的會議和展覽中心。[2]

---

[1] https://fr.wikipedia.org/wiki/La_Croisette
[2] https://zh.wikipedia.org/zh-tw/ 夏納

節慶宮是坎城國際影展的主會場。節慶宮最先建於 1949 年，後由於建築老化而在 1982 年 12 月重建。除了坎城影展之外，也舉辦坎城國際廣告節等眾多會展活動。1959 年和 1961 年的歐洲歌唱大賽和 2011 年的 G20 峰會也在這裡舉行。[3]

坎城電影節（法語：Festival de Cannes），直到 2003 年才稱為國際電影節（Festival international du film），英文稱為 Cannes Film Festival，是一年一度在坎城舉辦的電影節，預覽來自世界各地的所有類型的新電影，包括紀錄片。這個影展僅接受邀請影片參展，每年（通常在五月）在節慶宮舉行。電影節在 1951 年獲得官方（FIAPF）認可，是與意大利威尼斯電影節和德國柏林國際電影節並列的歐洲「三大」電影節之一。[4]

當日節慶宮部分正在整修，且一早並不開放，幸好其他部分可近身體會，想像巨星們步上紅毯的風光景象；一項趣聞是近年坎城電影節因為不讓不穿高跟鞋的女星步上紅毯，遭到部分女星杯葛，而起爭議，另外也禁止在紅毯上自拍。同時附近星光大道（Cannes Walk of Fame）是到坎城不可錯過的景點之一，可以在這裡看到許多明星在這裡的人行道上按下的手印，現在已經累計了 300 多個，匆忙間，僅看到個人較熟知的 Sophia Loren、Julie Andrews、Meg Ryan、Sylvester Stallone 四人手印，不免攝影留念。

▲ 3D 路徑圖（取自 Google Map）

---

[3] https://en.wikipedia.org/wiki/Palais_des_Festivals_et_des_Congr's
[4] https://en.wikipedia.org/wiki/Cannes_Film_Festival

▲ 坎城海濱一隅（陶雨台空拍） 　　　▲ 濱海沙灘（陶雨台空拍）

▲ 木製長廊 　　　▲ 公共海灘

▲ 私人經營海灘 　　　▲ Carlton Intercontinental 酒店

▲ Carlton Intercontinental 酒店大門 　　　▲ 節慶宮（陶雨台空拍）

038　地景旅遊與漫談

▲ 節慶宮入口

▲ 節慶宮另一入口

▲ 星光大道

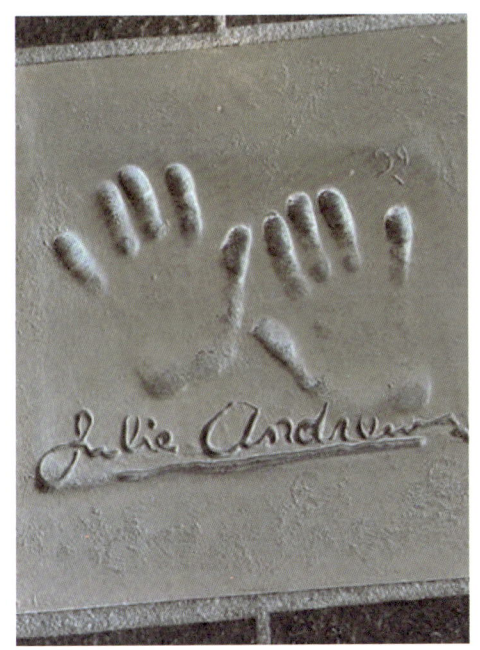

▲ Julie Andrews 手印

▲ 哈囉坎城

2023 年蔚藍海岸南法十日遊（六）：坎城海濱與節慶宮

2023 年蔚藍海岸南法十日遊（七）：
塞尚的故鄉

2023 年 2 月 18 日　星期六

接著來到普羅旺斯首府——艾克斯普羅旺斯（Aix-en-Provence），此處代表著優雅細膩的貴族品味，十二世紀以來成為普羅旺斯文化、經濟、知識中心，近代因旅遊業而興盛，同時也是重要的大學城。

到達後在圓亭噴泉（Fontaine de la Rotonde）[1] 附近下車，而此地正是一個以噴泉聞名的地方，每轉個彎就可以看到不同造型的噴泉，被譽為「千泉之城」；而在步行到午餐飯店途中，迎面而來是後印象派大畫家塞尚（Paul Cézanne）的雕像，也正巧此地是塞尚的故鄉。

午餐在聖女貞德廣場（Place de Jeanne d'Arc）之 Le Cintra 飯店用餐，享用 Aix 豬排，飯店中有不少塞尚意象美術作品，同時廣場上的旋轉木馬，也以塞尚命名，廣場中另有退伍軍人紀念碑（Monument aux anciens combattants），以一殘缺的銅馬雕塑為象徵，立座各面分別註明是紀念第一次世界大戰（1914-1918）、第二次世界大戰（1939-1945）、中南半島戰事（即越南獨立戰爭，1946-1954）以及阿爾及利亞獨立戰爭（1954-1962）的傷亡軍人，令人感受到戰爭的可怖。

飯後沿著米拉波大道（Cours Mirabeau）漫步，米拉波大道是普羅旺斯地區艾克斯市區的地標性道路，其兩側分布有大量的歷史建築和商店。大道長 440 米，寬 42 米，是該城最熱門的地方。兩旁林立著許多咖啡館，其中最有名的是「兩個男孩」（Deux Garçons），歷史上塞尚、左拉和卡繆等文化名人經常光顧此地。

---

[1] https://zh.wikipedia.org/zh-tw/ 圓亭噴泉

這條街有寬闊的人行道，兩旁種植著懸鈴木。米拉波大道上點綴著噴泉，其中最引人注目的是圓亭噴泉，構成這條大道盡頭的一個圓環。這條街將艾克斯分為兩個部分：馬扎然區（Quartier Mazarin），又名新城，向南部和西部延伸；伯爵城（Ville comtale），又名老城，位於大道以北，街道寬闊但不規則，這裡古老的大宅，歷史可以追溯到 16、17 和 18 世紀。[2]

　　當日「兩個男孩」咖啡館因 2019 年一次大火，完全摧毀了它並損壞了建築物的結構，正在整修，[3] 圍籬上除有咖啡館圖像素描，並有複製名人顧客簽名，包括哲學家沙特（Jean-Paul Sartre）、卡謬（Albert Camus）以及演員亞蘭德倫（Alain Delon）、寇克道格拉斯（Kirk Douglas）等，但未見賽尚簽名。為求補償，一行人在街口咖啡館享用午後提神妙品，別有風情。

　　大道中有多個十七世紀即建造的噴泉，包括青苔噴泉（Fontaine Moussue）、勒內王噴泉（Fontaine du Roi René），再往前不到兩百公尺，即是塞尚的出生地（Maison Natale de Cezanne）。在入口處，兩座雕像矗立在兩側，彷彿形成了一道大門。它們是來自艾克斯的雕塑家 François Truphème（1820-1888 年）的作品。這些建於 1883 年的雕像具有特殊的象徵意義：分別代表「藝術與科學」與「工業與裝飾藝術」。從此意義上來說，它們與距離只有幾十公尺外的裝飾圓亭噴泉的象徵性雕像有關聯。[4]

　　圓亭噴泉的圓形底座直徑 32 米。它的周圍是四對雄獅。頂部的三尊大理石雕像，分別由三位雕塑家雕刻。每尊雕像都有特殊的意義，包括「正義」、「貿易和農業」以及「藝術」。這三尊雕像使得這個噴泉獲得了「三女神噴泉」的稱號。[1]

　　普羅旺斯地區艾克斯是法國藝術與歷史之城，境內共有 272 處法國國家文物保護單位。其中聖救主主教座堂、聖若望教堂等建築均為法國首批文物保護單位。此外，建築博物館、自然歷史博物館等也是當地的重要文化設施。同時聖皮埃爾公墓（Saint-Pierre Cemetery）是法國南部一個重要的公墓，包括塞尚、盧梭（Henri Émilien Rousseau）等藝術家安葬於此。[5]

　　按塞尚在此城出生和長大。他一生的大部分時間都在此度過，並深受其

---

[2] https://zh.wikipedia.org/zh-tw/米拉波大道
[3] https://fr.wikipedia.org/wiki/Les_Deux_Garçons
[4] https://fr.wikipedia.org/wiki/Cours_Mirabeau
[5] https://zh.wikipedia.org/zh-tw/普羅旺斯地區艾克斯

光線、景觀和文化的影響。塞尚以其創新的繪畫方法而聞名，為立體主義和野獸派等現代藝術運動的發展奠定了基礎。塞尚工作室（atelier-de-cezanne，Cezanne Studio）距圓亭噴泉約 2 公里，是一座專門展示這位藝術家生平和作品的博物館。該博物館位於這位藝術家以前的工作室，可以近距離了解他的創作過程，包括他用的材料、技術和個人物品。[6]

▲ 與塞尚雕像合影

▲ 塞尚風格壁畫

▲ Le Cintra 飯店

▲ 享用 Aix 豬排

6　https://www.cezanne-en-provence.com/en/the-cezanne-sites/atelier-de-cezanne/

▲ 殘缺的銅馬雕塑　　　　　　　　　▲ 紀念傷亡軍人

▲ 米拉波大道 3D 路線圖（取自 Google Map）

▲ 圓亭噴泉（陶雨台空拍）　　　　　▲ 整修中「兩個男孩」咖啡館

▲ 圍籬上咖啡館圖像素描　　▲ 顧客沙特與亞蘭德倫簽名

▲ 「藝術與科學」雕像　　▲ Mousse 噴泉

▲ Roi René 噴泉

▲ 在街口享用咖啡（葉吉倫攝）

▲ 圓亭噴泉

▲ 女神與雄獅

▲ 有塞尚肖像出水口（林文台攝）

▲ 塞尚電影院

2023 年蔚藍海岸南法十日遊（八）：馬賽

2023 年 2 月 19 日　星期日

下一行程目的地是法國第一大港——馬賽。馬賽也是法國第二大城，2019 年時人口數量約為 87 萬人，僅次於首都巴黎。馬賽位於地中海沿岸，市區三面環山、一面靠海，是法國藝術與歷史之城，公元前六世紀就已有建城記載，被認為是法國最古老的城市之一，現為法國南部的政治、經濟、科教、醫療、文化中心。馬賽也因音樂而聞名，《馬賽曲》是法國國歌，該曲因法國大革命期間來自馬賽的志願軍前往巴黎支援起義時高唱此歌而得名。[1]

巴士進入市區後，一行人首先在海港第二區海堤北岸碼頭附近下車漫步與觀光，除俯瞰馬賽的老港口（Vieux Port）和遠眺馬賽最高處守護聖母聖殿（Notre-Dame de la Garde），馬賽市政廳（法語：Hôtel de ville de Marseille）即位於碼頭一側，是建於 17 世紀的建築，1948 年列為法國歷史古蹟。建築主立面有兩個對稱的翼樓，頂部是三角形山牆飾，一樓是一個巨大的陽台，由柱子和壁柱支撐。一樓的窗戶上方是三角形的山牆飾。[2] 另也行經著名的馬賽洲際酒店（Hôtel Dieu Intercontinental Marseille，InterContinental Marseille – Hotel Dieu），是由 18 世紀初的一座古建築改造而來，也獲列為歷史古蹟。[2]

由於旅遊巴士長達 13 公尺，往守護聖母聖殿（Basilique Notre-Dame de la Garde）之山路狹窄，只能改搭當地巴士上山。守護聖母聖殿是一座羅馬天主教宗座聖殿。這座華麗的新拜占庭式教堂座落在馬賽的制高點，老港南側海拔 162 米的石灰岩山頂，是馬賽的主要地標。教堂於 1864 年奠基，興建於一個 13 世紀的小聖堂的舊址，供奉的也是守護聖母，傳統上是海員的主保。[3]

---

[1] https://zh.wikipedia.org/zh-tw/ 馬賽
[2] https://www.marseille.fr/culture/patrimoine-culturel/Hôtel-de-ville
[3] https://zh.wikipedia.org/zh-tw/ 守護聖母聖殿

守護聖母聖殿的鐘樓高 60 米，頂部是 11.2 米高的聖母和聖嬰巨大雕像，在城市的大部分地方和數里外的海上都能看到。聖殿的興建歷時五年，花費 17 萬噸材料，包括 23 船來自義大利的大理石和斑岩。內部裝飾著大理石，馬賽克和壁畫。許多的牆壁上掛滿繪畫、牌、模型船、戰爭勳章，甚至馬賽足球俱樂部球員的球衣[3]；建築的外部採用對比色的分層石雕：白色 Calissane 石灰石與來自佛羅倫薩附近 Golfolina 的綠色砂岩交替出現。上層教堂裝飾著各種顏色的大理石和馬賽克圖案。中殿的內部長 32.7 m，寬 14 m，內部裝飾有 1,200 平方米的馬賽克以及交替出現的紅色和白色大理石柱和壁柱，華麗但不失莊嚴肅穆。[4]

　　在聖母殿外，除可眺望馬賽景與海灣外，特別是可看到海灣外幾個小島，其中離岸最近並且最小的是伊夫島（île d'If），原設有監獄稱伊夫城堡（Château d'If），法國大文豪大仲馬（法語：Alexandre Dumas）的經典冒險小說《基督山伯爵》（法語：*Le Comte de Monte-Cristo*；英語：*The Count of Monte Cristo*，又譯《基度山恩仇記》）中，主人公埃德蒙‧唐泰斯（Edmond Dantès）故鄉就在馬賽，而小說也以馬賽作為開場舞台，所以城堡被認為是主人公蒙冤進監獄的原型場景而聞名於世。1926 年被法國政府指定為法蘭西歷史紀念古蹟。[5] 值得一提的是，在艾克斯普羅旺斯的米拉波大道（Cours Mirabeau）據以命名的米拉波伯爵（comte de Mirabeau），是曾被監禁在此的著名犯人之一。[6]

　　晚餐在碼頭附近維多莉亞皇后（The Queen Victoria）飯店用餐，少不了馳名的馬賽魚湯，它混合了多種不同的海洋食材，配以普羅旺斯特產的橄欖油及蒜末，是當地的代表性菜餚，當日魚湯包括四色魚塊，新鮮而分量很足，由於風味特殊，是否可稱美味，評價不等；另外以大型田螺為前菜，每人一盤，甚為豐盛，如何以叉子挖出螺肉，成為大夥研究課題。

▲ 馬賽舊港 3D 圖（取自 Google Map）

---

[4] https://en.wikipedia.org/wiki/Notre-Dame_de_la_Garde
[5] https://zh.wikipedia.org/zh-tw/ 伊夫城堡
[6] https://en.wikipedia.org/wiki/Château d'If

▲ 馬賽舊港（陶雨台攝）

▲ 遠眺山頭守護聖母聖殿

▲ 市政廳正門

▲ 新拜占庭式教堂（汪建民攝）

▲ 馬賽洲際酒店

▲ 白色與綠色石材交替（汪建民攝）

▲ 聖殿的鐘樓高 60 米

▲ 華麗的中殿

▲ 紅白交替的大理石柱

▲ 地穴中聖母和聖嬰雕像

▲ 上層教堂的銀聖母

▲ 伊夫島在望

▲ 馬賽的主要地標

▲ The Queen Victoria 飯店

▲ 前菜田螺

▲ 馬賽魚湯

2023 年蔚藍海岸南法十日遊（九）：
山居歲月

2023 年 2 月 20 日　星期一

　　旅程第五天，即 1 月 31 日（星期二）晨，首先自馬賽出發到約一百公里外的勾禾德（Gordes）小鎮，法國高速公路四通八達，約一小時就目的地在望。

　　這個石頭堆砌起來的山城曾被票選為法國最美村莊之一，法文裡「Gordes」這個字就是「高高懸掛在空中的村子」的意思。但讓他聲名遠播的是英國作家梅爾（Peter Mayle）在 1989 年出版的暢銷名著《山居歲月》（*A Year In Provence*）為背景的普羅旺斯山城，更因梅爾在 2004 年出版的《戀戀酒鄉》（*A Good Year*），這本書的想法源於梅爾與他的普羅旺斯鄰居導演雷德利斯科特（Ridley Scott）的討論，斯科特對一部關於一個英國人移居到普羅旺斯的跨文化喜劇感興趣，而於 2006 年將該書改編成電影「美好的一年」（*A Good Year*），由羅素克勞威（Russell Crowe）與瑪莉詠・柯蒂亞（Marion Cotillard）主演，並在勾禾德拍攝，讓此旖旎景色，展現於世人眼中，而成為觀光勝地。

　　當天在巴士停車的觀景台，正巧看到兩位男士手持攝影機，以山城為背景，從各角度為一賓士車拍照，似乎是在拍商業廣告，顯示山城的吸引力確實不凡。

　　在進入山城前，先參觀附近的塞南克修道院（Abbaye de Sénanque）；Notre-Dame de Sénanque 修道院於 1148 年創立，建築於 1220 年竣工，歷時近 60 年。修道院的名字可以與附近水道（Sénancole）聯繫起來（Sana Aqua），1921 年，修道院最古老部分被列為法國歷史古蹟。Paul Berliet 於 1988 年將修道院捐贈給兄弟會，讓僧侶社區搬遷到 Sénanque，靠兄弟會的工作為生：薰衣草種植、橄欖園、養蜂場、參觀修道院、旅館和修道院商店可以滿足社區的需求，但最重要的是負擔維護和修復工作。根據修道院網站，其附設旅館歡迎其他修士到此清修。[7]

---

[7] https://www.senanque.fr/

塞南克修道院以種植薰衣草出名，但花期在 6-7 月，當日只能在花田前想像美景。

　　Gordes 蓋在 Vaucluse 山石灰岩上，像城堡一樣高聳在山頂，最高處達 635 米，周圍是俯瞰懸崖的建築及狹窄的街道，是從 11 世紀築成的堅固的堡壘，又被稱為 Gordes 石頭城；如今被列為法國最美麗的村莊之一，是南法此地區遊客最多的小鎮。

　　在開往 Gordes 石頭城的路上，就可以看到矗立在山頂上的 Le Château de Gordes 城堡及 Eglise Saint-Firmin 教堂，地勢陡峭極具特色；當地所有新建築都是用石頭和赤陶瓦屋頂瓦片建造的。不允許使用柵欄，只能使用石牆，村里的一些街道都是用石頭鋪成的。除了在山城邊界上的一些預先存在的設施外，所有的電纜和電話線都在地下。[8]

　　小鎮在高聳的城牆內，浸浴於和煦陽光下，顯得恬靜而安詳，在城門附近「陣亡將士紀念碑」（Monument aux morts）圓環附近漫步，並攝影留念；有團友發現在電影「美好的一年」街景中，有街口的鏡頭，除「陣亡將士紀念碑」外，並有街角白色懺悔者小教堂（Chapelle Des Pénitents Blancs）與禮品店以及對面的售酒餐館，由於各人取景角度不同，曾以為是合成照，但也有團友取得全景，並經 Google Map 驗證，也是有趣插曲之一。

　　中午在附近的 La Faricoule 餐廳用餐，主菜是紅酒牛肉，頗為可口。

▲ 地勢陡峭　　　　　　　　　　　▲ 電影「美好的一年」影片風景擷圖

---

[8] https://en.wikipedia.org/wiki/Gordes

▲ 令人驚豔（陶雨台空拍） 　　　　　　▲ Sénanque 修道院（陶雨台空拍）

▲ 薰衣草花開時 　　　　　　　　　　　▲ Gordes 城堡

▲ 想像花開時美景 　　　　　　　　　　▲ 於 11 世紀築成

▲ 堅固堡壘

▲ 石頭牆壁與街道

▲ 市政廳

▲ 電影「美好的一年」街景照（林文台擷圖）

▲ 對應 Google Map 圖片

▲ 陣亡將士紀念碑
▲ 小教堂與禮品店 
▲ 售酒餐廳 
▲ La Faricoule 飯店 
▲ Gordes 風味餐（陳幼雪攝）

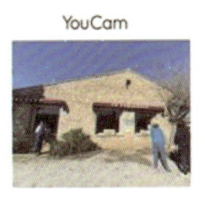

2023 年蔚藍海岸南法十日遊（十）：
外星人遺跡

2023 年 2 月 24 日　星期五

　　午餐後的觀光地是約五十公里外的雷伯鎮普羅旺斯（Les Baux-de-Provence），該鎮是最受當地人歡迎的小城鎮，官方評鑑法國最美村落之一，每年有超過 150 萬遊客。歷數南法遊至今，碰到不少法國官方評鑑最美村落，讓人好奇是否普羅旺斯最美村落特別多，另一方面，所到之處，確實皆美不勝收，也就不必深究其評審標準。同時小鎮被《米其林旅遊指南》評為「三星級旅遊推薦」（最高級別），足見其不同凡響。

　　依考證，西元前六千年時已有人類居於此地。因地勢險要一直為兵家必爭之地。由於含鋁豐富的鋁土礦（Bauxite）於 1821 年首次由法國地質學家在附近發現，因此以發現地為其命名。而鎮名則因該地長期受雷伯家族（Les Baux）統治而來。鋁土礦曾被密集開採，但到 20 世紀末已枯竭。

　　廢墟城堡位於石灰岩山頂部，這座堡壘（Château des Baux）建於 11 世紀至 13 世紀，佔地 7 公頃。Baux 王子控制普羅旺斯多年，聲名赫赫，他們的徽章是一顆有 16 個分支的銀星。1631 年，厭倦了衝突的人民與國王談判，要求贖回城堡領土和拆除防禦工事的權利，得到同意，而於 1633 年將其摧毀。1642 年，摩納哥王子赫拉克勒・德・格里馬爾迪（Hercule de Grimaldi）（1642-1780 年）將這座城市作為侯爵爵位授予 Grimaldi 家族。Baux 侯爵（Marquis of Baux）的頭銜仍由摩納哥親王（Prince of Monaco）保留。在行政上，該鎮完全是法國人，傳統上將 Baux 侯爵的頭銜授予摩納哥王位的繼承人，例如 Jacques 是現任摩納哥阿爾貝二世（Albert II）親王的兒子，擁有眾多頭銜，其中包括 Baux 侯爵。[1]

　　沿途能看見各式奇形異狀的白色石灰岩山岩，也有人形容雷伯鎮是個「外星

---

[1] https://en.wikipedia.org/wiki/Les_Baux-de-Provence

人遺跡」。小鎮位於 245 公尺高的陡峭險峻岩脊之上，一條上坡的石板路引領人們上到城堡廢墟（鬼城），到了現代，雷伯鎮反而成為極有特色的石頭堡壘山城，堡壘中陳列有全尺寸的攻城武器，包括歐洲最大投石機（trébuchet），管理單位於每年 4 月至 9 月期間每天啟動投石機展示投石數次，吸引遊客。[2] 山城裏的建築，用了大量的石材，可能是利用當時開山後的石材就地取材。

城堡防禦工事雖已遭自毀近四百年，但其高聳城牆堅固厚實，易守難攻，仍讓人印象深刻，當地人有智慧遠離兵災，知道「懷璧其罪」，自動要求拆除防禦工事，避免堅固城池引來戰亂，成為殺伐重地，導致生靈塗炭，也值得後人深思。

在城堡裡，看到的最主要植物是迷迭香（Rosemary），不僅占地廣大，而且有淺色和深色兩不同品種，香氣襲人，同時其原產地本就是地中海沿岸；根據「認識植物」網站，迷迭香除作園藝庭植觀賞用，因全株香氣濃烈，用途廣泛，小花可綴飾沙拉、水果或甜點，葉片可消除魚、肉類腥味，或加入煎烤、燉煮、醃漬、海鮮等食物中增添料理風味，法國及義大利菜最常採用。亦可泡茶、泡澡、釀酒、藥用、製造香料、提煉芳香精油，或供製香皂、乳液、乳霜、沐浴乳、洗髮精、香水等美容產品，乾燥的花朵和葉片可作為茶包或香包袋，是近年極受歡迎的香藥草植物之一。[3] 由於在清華雖常見迷迭香，但都是零星種植與分布，在原產地見到大片此香藥草植物，也是大開眼界。

晚宿於約二十公里外的文化古都亞爾（Arles），晚餐在一中餐店用自助餐（buffet a volonté），頗為豐盛，得以大快朵頤。

▲ 雷伯鎮（陶雨台空拍）　　▲ 位於石灰岩山之上

[2] https://en.wikipedia.org/wiki/Château_des_Baux
[3] http://kplant.biodiv.tw/ 迷迭香 / 迷迭香 .htm

▲ 16 光芒銀星徽章 　　　　　　　　▲ 名義上仍是 Monaco 封地

▲ 城堡平面示意圖 　　　　　　　　▲ 城堡說明圖

▲ 歐洲最大投石機 　▲ 廢墟仍很有可觀

▲ 制高點在望 　　　　　　　　　　▲ 街頭巷尾（陳幼雪攝）

▲ 尋幽訪密（程海東攝）

▲ 大片迷迭香

▲ 石頭山城

▲ 就地取材

▲ 大快朵頤（陳幼雪攝）

▲ 鋁土礦（Bauxite）石

2023年蔚藍海岸南法十日遊（十一）：梵谷的足跡

2023 年 2 月 24 日　星期五

2月1日（星期三），旅程第六天，一早展開尋找梵谷之旅。亞爾（Arles）於 1981 年被聯合國列為世界文化遺產，主要因此地的古羅馬遺跡，而非由於大畫家梵谷在生命末年曾在此生活與作畫。

文森‧梵谷（Vincent van，1853-1890）是荷蘭後印象派畫家。他是表現主義的先驅，並深深影響了二十世紀藝術，尤其是野獸派與德國表現主義。梵谷的作品，如《星夜》、《向日葵》、《有烏鴉的麥田》等，現已躋身於全球最知名的藝術作品的行列。

梵谷在 1888 年 2 月來亞爾旅居，同年 8 月，畫下了《向日葵》系列。12月 23 日在與名畫家高更爭吵後，割掉了自己的左耳。1889 年 1 月 7 日梵谷康復回到租屋，隨後的幾個月中仍然需要不時前往醫院檢查精神，3 月在 30 名鎮民聯署之下，警察強行將梵谷安置於醫院中接受治療。4 月他搬到菲力克斯醫生家。又過了兩個月梵谷終於離開亞爾，自願住進了羅訥河口省聖雷米的精神病院。總計在亞爾居住時間，僅一年多，但在人生末期，畫風較成熟，在亞爾利用此地景色，創作了 3 百多幅油畫，不少被目為傑作。他最著名的作品多半是他在生前最後兩年創作的，期間梵谷的作品乏人問津，深陷於精神疾病和貧困中，最後導致他在 1890 年 7 月 27 日傍晚，37 歲的梵谷用左輪手槍自殺，結束了悲劇人生。[1]

尋找梵谷之旅首先從旅館步行至梵谷紀念館，這是由他曾住過的療養院改建而成，門檻上方有神的居所（Hotel Dieu，聖家）字樣，按法文中 Hotel 可以代

---

[1] https://zh.wikipedia.org/zh-tw/ 文森特‧梵高

表居所或醫院，此地就是一般稱的療養院。進門後即見療養院花園，梵谷名作「亞爾聖家花園」（Le Jardin de la Maison de Sainte a Arles）即以此取景，梵谷曾在 1889 年 4 月信中描述：「建築物是一個像阿拉伯建築一樣的拱形長廊，粉刷成白色。長廊中間是一個古老的花園，中間有一個池塘和八種不同的花，包括勿忘我、聖誕玫瑰、海葵、毛茛、壁花、雛菊等，並有橘子樹和夾竹桃，所以這是一張充滿春天花朵和綠色植物的平台......。」即使到今天，庭園中央種滿五彩繽紛的花朵，景色跟他的畫作頗為相似，思之為梵谷的悲慘命運感到悸動。

亞爾另一梵谷足跡是他常光顧的咖啡店，他的畫作「夜間咖啡館」（Le Café de nuit）及「夜晚的咖啡館露台」（Café Terrace at Night）均以此為背景；關於後者，梵谷曾在信中說：「在過去的幾天裡，一幅新的咖啡館外面的畫作正好打斷了我的工作。露台上，點點滴滴的人影在喝酒。一盞巨大的黃色燈籠照亮了露台、立面、人行道，甚至照亮了街道的鵝卵石，呈現出紫粉色。在佈滿星星的藍天下，通向遠方的街道上的房子的山牆是深藍色或紫羅蘭色，還有一棵綠色的樹。現在有一幅沒有黑色的夜畫。只有美麗的藍色、紫色和綠色，在這些環境中，燈火通明的廣場呈淡硫磺色、檸檬綠。我非常喜歡晚上在現場作畫。過去他們都是畫畫，白天畫畫。但我發現直接畫東西很適合我。確實，我可能會在黑暗中用藍色代替綠色，用藍色丁香代替粉紅色丁香，因為您無法清楚地分辨出色調的性質。但這是擺脫傳統黑夜的唯一方法，光線微弱、蒼白、發白，而事實上，僅僅一根蠟燭本身就能給我們帶來最豐富的黃色和橙色，」[2] 自然是對該畫最好的說明。這幅畫和咖啡館都出現在 1956 年括寇克‧道格拉斯（Kirk Douglass）主演的電影《梵谷傳》*"Lust for Life"* 和後來的 *"Vincent and the Doctor"*（2010 年）中。[3]

當天咖啡館實景地之咖啡館（現已改名為「梵谷咖啡館」）並未營業，但從梵谷作畫角度觀察，景色依稀相似，歷經超過百年滄桑，感懷油然而生。另一方面，大夥不免在此拍「藝術照」留念。

在電影《梵谷傳》中，有梵谷（Kirk Douglas 飾）與高更（Anthony Quinn，安東尼‧昆飾）在咖啡店前劇照，安東尼‧昆因此片獲得奧斯卡最佳男配角獎，寇克‧道格拉斯雖入圍，但未獲得最佳男主角獎。

---

[2] https://www.flickr.com/photos/deanspic/7085888675
[3] https://en.wikipedia.org/wiki/Café_Terrace_at_Night

▲ Arles 空拍照（陶雨台攝） 　　　　　　▲ 梵谷「亞爾聖家療養院花園」油畫

▲ 梵谷油畫實景 　　　　　　　　　　　▲ 療養院大門

▲ 與名畫及實景合影（葉吉倫攝） 　　　▲ 風景依舊

062　地景旅遊與漫談

▲ 門檻上方 Hotel Dieu（聖家）字樣 　　▲ 療養院 3D 圖（取自 Google Map）

▲ 花園空拍照（陶雨台攝）

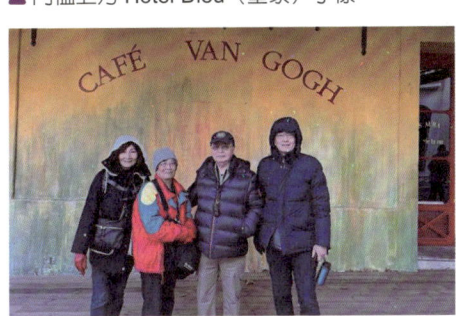

▲ 已改名為「梵谷咖啡館」 　　▲「梵谷咖啡館」

▲「夜晚的咖啡館露台」油畫（影片擷圖） 　　▲ 梵谷與高更在咖啡店前（影片擷圖）

▲ 我們在這裡

▲ 百年滄桑

▲ 原名「夜間咖啡館」

▲ 「藝術照」

▲ 諾貝爾文學獎得主 Frederic Mistral 雕像

2023 年蔚藍海岸南法十日遊（十二）：亞爾古羅馬遺跡群

2023 年 2 月 25 日　星期六

　　亞爾被指定為《世界文化遺產》（1981 年），是因為其保有的羅馬古遺群；其城市建於古羅馬時期，市區內有亞爾競技場（Arènes d'Arles）、古代劇場（Théâtre Antique d'Arles）等多處古羅馬建築。

　　古羅馬競技場，建於公元 90 年，可容納 20,000 多名觀眾觀看戰車比賽和血腥的肉搏戰。建築長 136 米，寬 109 米，有 120 個拱門。它有一個橢圓形的競技場，周圍環繞著看台、兩層的拱廊（總共 60 個）、看台、走廊系統、許多通道走廊的排水系統和樓梯，以便人群快速離開。顯然受到羅馬鬥獸場的啟發（72-80 年），建造稍晚（90 年）。建築師用一個環形走廊取代鬥獸場外的雙重走廊系統。

　　隨著 5 世紀西羅馬帝國的衰落，競技場成為居民的避難所，並被改造成一座有四座塔樓的堡壘（南塔樓未修復），環繞著 200 多座房屋，成為一個真正的城鎮，其公共廣場建在競技場的中心，並有兩座小教堂，一座在建築的中央，另一座在西塔樓的底部。

　　這種新的住宅形式一直持續到 18 世紀末，1825 年，法國歷史古蹟的概念開始轉變。次年，競技場內建造的房屋開始被徵用，到 1830 年已可在競技場舉辦再度開放後第一場活動。梵谷曾在 1888 年作畫《亞爾競技場》（Les Arènes d'Arles），描繪了在鬥牛場參觀鬥牛的人群。按法文 Arènes 原意是沙，因場中刻意鋪設沙地，可以吸納格鬥的動物或人傷亡所流之血，人類傷害生命的殘忍性格令人嘆息。[1]

---

[1] https://en.wikipedia.org/wiki/Arles_Amphitheatre

亞爾另一古羅馬遺蹟是共和國廣場（Place de la République）的方尖碑，離「梵谷咖啡館」不到五十公尺，在廣場中的亞爾方尖碑（Obélisque d'Arles），在 1840 年即被定為歷史古蹟，列於受保護的名單中。自 1981 年以來，它一直被匡列於聯合國教科文組織《世界文化遺產》名錄上的「亞爾羅馬和羅馬式古蹟」的範圍內。

根據說明，與羅馬時期或更早時期的其他方尖碑相比，這座方尖碑的形狀非常纖細，應不是埃及方尖碑，高度（包括底座）約為 20 米。它所用的紅色花崗岩表明它起源於小亞細亞，可能來自 Troy（特洛伊地區）。它完全沒有銘文，甚至沒有羅馬銘文。

方尖碑於公元 4 世紀在君士坦丁大帝統治下豎立，於 1389 年被重新發現：在路易十四的統治下，1676 年官員們決定將它豎立在新市政廳前的皇家廣場（現為共和國廣場）石頭底座上，以刻在基座表面上的拉丁文字，彰顯路易十四的榮耀；方尖碑頂飾隨著時代和政治體制的變化而變化：1866 年，頂飾被永久移除，取而代之的是一個非常低調的青銅金字塔，底座則飾有 19 世紀雕塑的噴水口與青銅雄獅。[2]

正對方尖碑為亞爾市政廳（Hôtel de Ville d'Arles），兩旁則分別為聖亞納堂（Église Sainte-Anne d'Arles）與聖托菲姆教堂（Cathédrale Saint-Trophime），建築雕飾均頗為精美。

亞爾除競技場、方尖碑外，有許多羅馬古蹟與博物館，多在附近步行距離以內，限於時間，只能過門而不入。中午在附近 La Bohemia 廳用餐，主菜為雞腿，風味頗佳。

▲ Arles 競技場　　　　　　　　　▲ 競技場空拍（陶雨台攝）

---

[2] https://fr.wikipedia.org/wiki/Obélisque d'Arles

▲ 兩層拱廊

▲ 居民避難所塔樓

▲ 每層 60 個拱門

▲ 梵谷《亞爾競技場》畫作

▲ 橢圓形競技場

▲ 周圍環繞著看台

▲ 收穫滿滿

2023 年蔚藍海岸南法十日遊（十二）：亞爾古羅馬遺跡群　067

▲ 古蹟多多

▲ 競技場與劇場 3D 圖（取自 Google Map）

▲ 廣場中央方碑

▲ 高度約 20 米

▲ 底座有青銅噴水口與雄獅雕飾

▲ 亞爾市政廳

068　地景旅遊與漫談

▲ 市政廳大門雕飾

▲ 聖托菲姆教堂

▲ 教堂大門雕飾

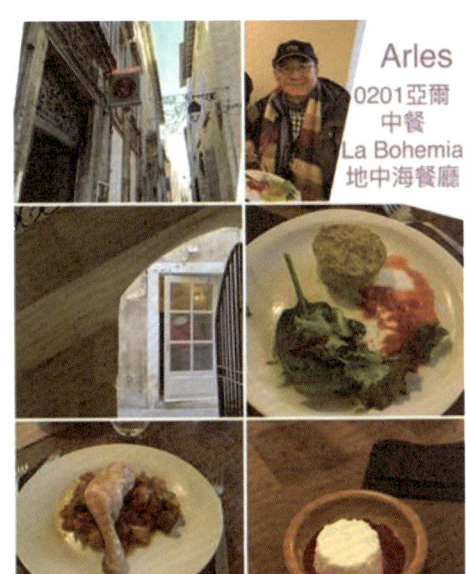

▲ 地中海餐廳風味餐（陳幼雪攝）

▲ 哈囉老汪（汪建民攝）

2023 年蔚藍海岸南法十日遊（十二）：亞爾古羅馬遺跡群

2023 年蔚藍海岸南法十日遊（十三）：歐洲最大城堡

2023 年 2 月 26 日　星期日

　　午飯後往約兩百公里外的卡爾卡頌（Carcassonne），該地以保有歐洲最大的城堡而馳名，擁有雙層城牆的城堡（Cité de Carcassonne），固若金湯予人一種無法攻破的感覺；卡爾卡頌也於 1997 年，被聯合國教科文組織（UNESCO）列為「世界文化遺產城市」。

　　城堡位於奧德（l'Aude）河右岸，始建於羅馬時期，曾為這一地區重要的防禦工事，直到 1659 年，法國與西班牙簽訂庇里牛斯條約（Treaty of the Pyrenees），該城堡在戰略上的重要性才逐漸消失。1997 年，卡爾卡頌城堡被納入聯合國教科文組織的世界文化遺產。

　　當地居民普遍認為，「卡爾卡頌」一名來源於十六世紀卡爾卡夫人（Dame Carcas）傳說。相傳他曾用計為城市解圍，並吹起了號角。在法語裡，吹號的動作叫 Sonne，卡爾卡王后吹號演變為「Caras-sonne」，即今日「卡爾卡頌」一名的來源。但法國史學家普遍對該傳說的真實性表示懷疑，他們認為「卡爾卡頌」的名稱更有可能來源於古拉丁語單詞「Kar」和「Kass」，分別意為「石頭」和「橡樹」。[1][2][3]

　　公元前 122 年，羅馬人占領了普羅旺斯和朗格多克（Languedoc）地區，「卡爾卡頌」因地理位置重要而成為了一個軍事要塞，在 3 世紀，羅馬人決定將其改建為設防城。城堡即在此期間建成。該城堡在 11 世紀大規模增建，1247 年併入法國，成為邊境要塞。屢經征戰，但城堡大致完整無損。1849 年，

---

[1]　https://zh.wikipedia.org/zh-tw/ 卡爾卡松
[2]　https://fr.wikipedia.org/wiki/Carcassonne
[3]　https://fr.wikipedia.org/wiki/Dame_Carcas

法國政府決定拆除防禦工事，但是遭到群眾強烈抗議，在著名考古學家、歷史學家領導下，成功的讓城堡得以作為歷史古蹟加以保護。1853 年，政府修改決定，開始長期修復工作，目前綿延 3 公里，有 52 座塔樓。[4][5]

由於巴士不能進城，一行帶著過夜必要物品步行進城，並入住旅館；在城門口右邊，豎立了一座卡爾卡夫人，作為城堡的精神象徵，進城後沿石板窄路，不久後即見到一青銅雕像，乃為紀念保護城堡有功的學者克羅斯—邁勒維耶（Jean-Pierre Cros-Mayrevieille，1810-1876），不遠處，即為住宿旅館 Hotel Le Donjon，也就因為原為城堡中監獄而取名。

接著展開環繞城堡巡禮，城高牆固，正如金城湯池，法國政府長期修復工作，做得相當徹底，城堡防衛的功能，隨著火器的發展，大致上已消失，如今成為觀光重地，供人憑弔，也是當年不惜投入大量資源，興建城堡的王公貴族，所不能想像的。「古今多少事，盡付笑談中」，說來輕鬆，背後有多少殺伐聲，值得深思。

小鎮如許多法南城鎮一樣，房屋建築與鋪設道路，皆用石材，沿途經過卡爾卡夫人旅館（Auberge de Dame Carcas）以及販售應景的頭盔、護衣、刀劍、弓矢等玩具禮品店，玩具多數可能來自中國大陸，如是在西方與中國關係分歧緊張之際，也頗為弔詭。

晚上在旅館附近的餐館用風味餐，其樂融融。

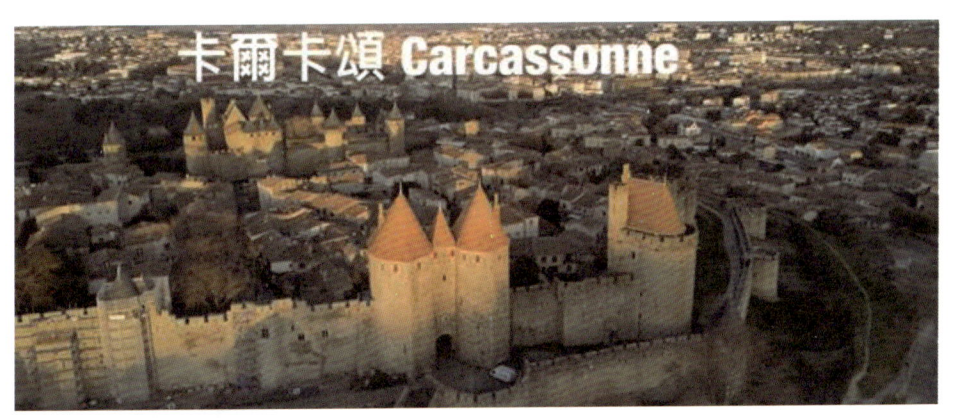

▲ 城堡空拍圖（陶雨台攝）

---

[4] https://zh.wikipedia.org/zh-tw/ 卡爾卡松城堡
[5] https://fr.wikipedia.org/wiki/Cité_de_Carcassonne

▲ 城堡在望

▲ 城堡大門

▲ 再下一城

▲ 卡爾卡夫人石像 　　▲ 護堡有功學者銅像 　　▲ 雙層城牆

▲ 固若金湯 　　▲ 有 52 座塔樓

▲ 入住 Hotel Le Donjon（監牢） 　　▲ 卡爾卡夫人旅館

▲ 禮品店櫥窗

▲ 各色攻防玩具

▲ 風味餐（陳幼雪攝）

▲ 其樂融融（陳幼雪提供）

2023 年蔚藍海岸南法十日遊（十四）：
古羅馬水道橋

2023 年 2 月 27 日　星期一

　　行程第七天，2 月 2 日（星期四），一早自卡爾卡頌出發，到約兩百公里外的尼姆（Nimes）附近參觀另一古羅馬建築遺蹟，有兩千年歷史之古羅馬水道，位於嘉德東河上之——嘉德水道橋（Pont Du Gard），此為兩千年前古羅馬人宏偉的水利工程；嘉德橋照字面的意思就是跨越嘉德河的橋梁；嘉德河是由隆河（rivière Rhône）許多支流匯集而成，而當中有幾條支流被叫做嘉德東河（rivière Gardon），又名嘉德河（rivière Gard）；由於嘉德橋也輸水，叫水道橋更能達意。也是人類共同文化財產，親臨其上更見偉大，除觀賞美麗的嘉德河谷風光外，更讚嘆古羅馬人建築技藝之精湛！

　　在奧古斯都全盛時期，嘉德南邊的尼姆是在羅馬的統治之下。當時，要保證城內居民的飲用水得到足量的供應，還必須從尼姆以北 50 公里外修建渠道，將泉水運送到目的地，嘉德橋便是這一工程中很小的一部分。許多渠道是修在地下的，經過周密謹慎的計算和設計，使其有高低不平的段落。這就是運用一個簡單的地勢落差避免了安裝、設置壓力系統來排除水流動過程中的障礙和促進水流動的動力。位於地表的一段橫渠需跨越嘉德東河（附近約 21 公里處），於是建造了嘉德橋。它是這輸水管道的一部分，同時也是跨越嘉德東河的通道，供敞篷雙輪馬車、行人通行。

　　嘉德水道橋是古羅馬人在西元一世紀時修築的高架水道，以其建築的雄偉著稱。橋身高度 49 米，是古羅馬時期最高的橋樑。橋身共有三層，最長的一層（上層）長度為 275 公尺。建築該橋全部使用就地取材的石灰岩。第一層：6 個橋拱，142 公尺長，寬 6 公尺，高 22 公尺；中間層：11 個橋拱，242 公尺長，寬 4 公尺，高 20 公尺；第三層：35 個橋拱，275 公尺長，寬 3 公尺，高

7公尺。在第一層有一條道路，在第三層則為輸水道，輸水道為 1.8 公尺深，1.2 公尺寬。[1]

這條引水道每公里的落差僅 25 釐米，是當時所成就的工程中落差最小的，這在當時更是罕見之作。估計有近千名工人投入這項工事，僅僅五年便完成了這項浩大的工程。值得一提的是，嘉德水道橋的保存狀況非常完整，讓人們得以在兩千年後的今天，仍能一瞻當時工程技術之偉大。這是法國現存唯一的一座三層水道橋。

這一建築傑作是法國的重點保護對象。因其建築工程技術的典範作用及其非凡的歷史見證作用，法國政府於 1840 年就將該橋列為「歷史建築」加以保護，並多次進行了修復工程。1973 年又依據法國《1930 年法》以環境保護名義將其列為環境建築，1984 年法國政府又以「嘉德橋」的名義向聯合國教科文組織申請將其列入世界文化遺產名錄，1985 年 7 月獲得批准。

公元 2000 年，法國政府對嘉德橋進行範圍更廣的遺址保護工程計劃，在橋的附近劃出 15 公頃土地，作為反映加里格（Garrigue）植被（地中海沿岸植被）形態，供遊人參觀。人們可以在橄欖樹和橡樹林中散步，通過音響解說和實景模型來了解這一地區的農牧業生產、村落和文化歷史概貌。

中午在附近觀景餐廳 Les Terrasses 用餐，位於嘉德水道橋下的這家餐廳，興建於十九世紀，原本是一家客棧，經過修整，呈現簡約內斂的當代風格，置身其中，享用地中海風味美食，悠閒而寫意。[2]

在從卡爾卡頌到尼姆途中，看到一些風力發電機，是來南法後首見；一路上都體驗到南法風力強勁，應是很好發電的風場，所見風力發電機的密度，則要比 2019 年在德國旅遊看到的低了很多，想是因為法國核能發電很發達，不僅自足，而且可部分供應包括德國的鄰近各國，利用風電的誘因較小之故。另一方面，在途中休息站看到販售長度超過一公尺的法式庇里牛斯的傳統（Tradition des Pyrénées）香腸，重一公斤，售價 22.9 歐元，頗覺新奇，不知風味如何。

---

[1] https://zh.wikipedia.org/zh-tw/ 加爾橋
[2] http://pontdugard.com/hk/jia-de-shui-dao-qiao

▲ 位於嘉德東河之上（陶雨台空拍）

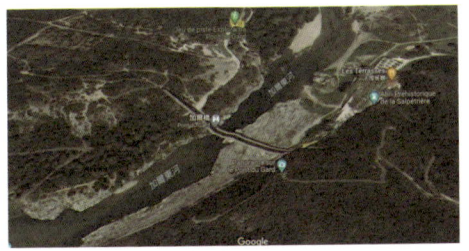

▲ 嘉德水道橋 3D 位置圖（取自 Google Map）

▲ 建築技藝高超

▲ 建築雄偉

▲ 最佳角度

▲ 上下三層

▲ 嘉德東河是隆河支流

▲ 水道橋邊 　　　　　　　　　　　　▲ 水道橋上

0202
嘉德水道橋中餐

▲ 風力發電機

▲ 悠閒而寫意（陳幼雪攝）

▲ 簡約內斂當代風格（汪建民攝） 　　▲ 巨型法式香腸

2023 年蔚藍海岸南法十日遊（十五）：教宗城亞維農

2023 年 2 月 27 日　星期一

　　午餐後即前往不到三十公里外的名城亞維農（Avignon）；亞維農所以出名，最主要原因有二，一是此地連續誕生過七位法國教宗，在歐洲史上絕無僅有；第二是城外河上有一座斷橋，正是法國最為人熟知的童謠「在亞維農橋上」（*Sur le Pont d'Avignon*）靈感來源。

　　Sur le Pont d'Avignon 歌詞講述了在亞維農橋（正式名稱為 Pont Saint-Bénézet）上表演的舞蹈，其歷史可以追溯到到 15 世紀。舞蹈實際上發生在橋下而不是橋上（sous le Pont d'Avignon，而不是 sur）。其歌詞共分四節，導遊在巴士上教唱為第一節：Sur le Pont d'Avignon，L'on y danse, l'on y danse；Sur le Pont d'Avignon，L'on y danse tous en rond.（譯為：在亞維農橋上，他們在那裡跳舞，他們在那裡跳舞，在亞維農橋的橋上，他們都在那兒圍成圈跳舞）。[1] 悅耳並簡單易學，可能大多數團友認為是會唱的第一首法國歌曲。其實相信大家小時候一定唱過「兩隻老虎」，而這歌是由法國童謠「雅克修士」（*Frère Jacques*）翻唱而來。[2]

　　至於為何在隆河（Rhône）上的亞維農橋斷橋被放棄不修，是因為每次隆河氾濫時橋拱都會倒塌，維護起來非常昂貴，在 17 世紀中葉被廢棄，亞維農端的四個拱門和門樓倖免於難。因童謠《在亞維農橋上》，這座橋變得世界知名，成為這座城市的地標以及旅遊景點。這座橋在第二次世界大戰和隨後的洪水中曾遭到進一步破壞，但斷橋基本架構仍在；倖存的拱門與教皇宮、聖母大教堂和亞維農歷史中心的其他古蹟於 1995 年一起被列為世界遺產。[3]

---

[1]　https://en.wikipedia.org/wiki/Sur_le_Pont_d'Avignon
[2]　https://zh.wikipedia.org/zh-tw/雅克兄弟
[3]　https://en.wikipedia.org/wiki/Pont_Saint-Saint-Bénézet

由於大巴士不能進城，也與卡爾卡頌一樣，攜帶必要過夜物品入住離城門不遠的旅館，稍事休息後，即步行到附近的「教宗宮」（Palais des Papes）；「教宗宮」是歐洲最大、最重要的中世紀哥德式建築。不僅是教宗的宮殿，也是一座要塞。在十四世紀期間，亞維農「教宗宮」是聖座的所在地。從 1334 年到 1394 年，歷史上有六次的教宗選舉是在亞維農「教宗宮」舉行。[4,5]

　　到亞維農之前，不知天主教廷曾有與此地有關的一段崎嶇歷史，竟有連續七位教宗居住在亞維農，而不是在羅馬，源於教宗與法國王室之間的衝突，法國菲利普四世（Philip IV of France）迫使陷入僵局的秘密會議選舉法國克萊門特五世（Clement V）為教皇，將他的宮廷遷至亞維農，並在那裡待了 67 年。七位在亞維農的教宗，都是法國人，並受法國王室影響。1376 年，當時教宗將他的宮廷遷往羅馬，他去世後，繼任者導致了西方分裂。因而有第二代亞維農教宗，後來被宣告非法，大分裂於 1417 年在康斯坦茨議會（Council of Constance）大會決議後結束，從此天主教廷一直留在羅馬。[6]

　　「教宗宮」實際上是兩個連在一起的建築：坐落在堅不可摧的 Doms 岩石上的本篤十二世（Benedict XII）的舊宮殿，以及亞維農教皇中最奢華的克萊門特六世（Clement VI）的新宮殿。它們共同構成了中世紀最大的哥德式建築。它也是國際哥德式建築風格的最佳範例之一。

　　來到教宗廣場，首先見到「亞維農主教座堂」（Cathédrale Notre-Dame-des-Doms d'Avignon），其右為「沃克呂茲省檔案館」（Archives départementales de Vaucluse），再右就是「教宗宮」；主教座堂建築為普羅旺斯羅馬式風格，鐘樓上聳立的聖母雕像是在 1859 年添加。[7] 檔案館位於「舊宮殿」中的翼樓，有許多珍貴收藏，由於建築物的年代不允許妥善保存文件所需的工作，也不允許存儲或與公眾交流，某些重要部份無法配備空調和電梯，該省議會於 2016 年投票通過建設新大樓，目前仍在重建中。[8]

　　教宗廣場北側有「小宮殿美術館」（Musee de Petit Palais），它於 1976 年開業，收藏了亞維農畫派和意大利的文藝復興時期繪畫，叫「小宮殿」以有

4　https://zh.wikipedia.org/zh-tw/ 教宗宮_（亞維農）
5　https://en.wikipedia.org/wiki/Palais_des_Papes
6　https://en.wikipedia.org/wiki/Avignon_Papacy
7　https://fr.wikipedia.org/wiki/Cathédrale_Notre-Dame-des-Doms_d'Avignon
8　https://fr.wikipedia.org/wiki/Archives_départementales_de_Vaucluse

別於「教宗宮」。⁹ 相對一側則有 Hôtel des Monnaies，門面雕飾頗為精美。

接著在亞維農城內漫步。在「教宗宮」轉角處即為時鐘廣場（Place de l'Horloge），首先見到亞維農歌劇院（Opéra Grand Avignon），其次就是市政廳（Hôtel de Ville d'Avignon），沿共和國街（Rue de la République）瀏覽街景與櫥窗約半小時後回旅館歇息。

晚上在旅館附近用義式風味餐，主菜是義大利麵，一席盡歡，

▲ 空拍圖（陶雨台攝）

▲ 普羅旺斯羅馬式風格建築

▲ 斷橋空拍圖（陶雨台攝）

▲ 以斷橋為背景

▲ 聖母雕像於 1859 年安裝

9　https://en.wikipedia.org/wiki/Mus%C3%A9e_du_Petit_Palais,_Avignon

▲ 主教座堂前耶穌受難像（陳幼雪攝） 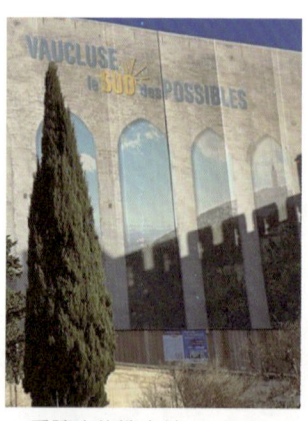　▲ 重建中的檔案館 　▲ 教宗的宮殿

▲ 哥德式建築 　▲ 也是要塞 　▲ 門面吊飾精美

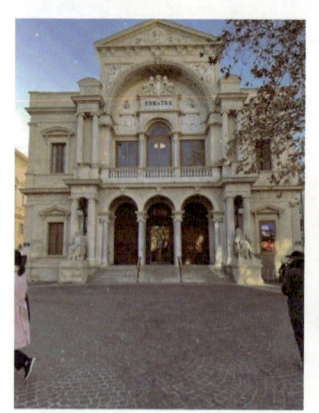

▲ 歌劇院 　▲ 市政廳 　▲ 市政廳鐘塔

▲ 漫步共和國街

▲ 活動範圍 3D 圖（取自 Google Map）

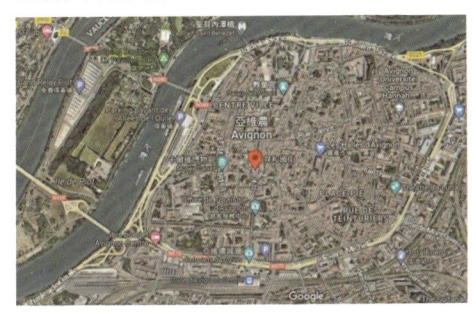

▲ 亞維農城區 3D 圖（取自 Google Map）

▲ 亞維農城堡

▲ 亞維農城堡與斷橋

▲ 一席盡歡（陳幼雪攝）

▲ 享用咖啡

2023 年蔚藍海岸南法十日遊（十五）：教宗城亞維農　083

2023 年蔚藍海岸南法十日遊（十六）：
教皇新堡葡萄酒莊

2023 年 3 月 3 日　星期五

　　2 月 3 日，行程第八天，早晨首先到距亞維農不到二十公里的教皇新堡，展開「隆河酒鄉品酒之旅」。

　　法國葡萄酒以俗稱雙 B 的波爾多（Bordeaux）、勃根地（Burgundy）二個產區聞名於世，不過根據二百多年前文獻的記載，法國隆河（Rhône）產區的紅酒，是早年法國巴黎高級餐廳最愛。

　　隆河產區種葡萄釀酒，已有近二千年歷史。距今約七百年前，因羅馬教廷內部紛爭，教皇（教宗）把羅馬教廷暫遷到亞維農，教廷才開始逐漸接觸隆河產區的葡萄酒；之後的教皇更在亞維農附近興建夏季行宮，南隆河葡萄酒正式成為教廷用酒，這就是「教皇新堡」葡萄酒名稱的由來。

　　Châteauneuf-du-Pape 是南隆河最優異的葡萄酒產區，Château 是「城堡」之意，neuf 是「新」，Pape 是「教皇」，因此直譯為「教皇新堡」；這裡的葡萄園遍布細石（Fines Roches），白天充分吸收了陽光的熱度，晚上則緩緩釋放出來，因此形成了此區葡萄酒特殊的風土條件。[1]

　　教皇新堡是葡萄酒法定產區。此地葡萄園面積 3200 公頃，葡萄酒年產量 1100 餘萬公升。同時出產紅葡萄酒與白葡萄酒，其中主要為紅葡萄酒。[2] 1923 年起草並頒布的各種教皇新堡生產規則是法國第一部「受控產區」（Appellation Contrôlée）規則，為後來的「原產地名稱控制」（Appellation d'origine contrôlée，AOC）規則提供了原型。最初的 AOC 規定允許使用 10 個

---

[1]　https://www.businesstoday.com.tw/article/category/183030/post/202111030070/
[2]　https://zh.wikipedia.org/zh-tw/ 教皇新堡 _（葡萄酒產區）

品種，1936 年修正為 13 個，2009 年修正為 18 個。該規則設定了最低酒精含量葡萄酒並設定產量限制以及可以在哪些地區種植哪些類型的葡萄，另一項要求是，如果土地不夠乾旱，無法同時種植薰衣草和百里香，則不得種植葡萄。[3]

這些葡萄酒傳統上被包裝在獨特的深色酒瓶中，酒瓶上印有教皇的王權和徽章。然而，最近一些生產商放棄了完整的教皇印章，取而代之的是一個更通用的圖標，同時仍然保留了同樣沉重的玻璃酒瓶。葡萄酒的酒精度通常很高，一般為 14-15.5%，並且根據產區規則必須至少為 12.5%，而且不允許加糖。控制產量被認為是「教皇新堡」葡萄酒成功的關鍵，主要葡萄品種在大量生產時往往釀造出稀薄而溫和的葡萄酒。AOC 要求將產量限制在每英畝 368 加侖，幾乎是波爾多允許產量的一半。

使用小橡木桶在教皇新堡地區並未廣泛使用，部分原因是主要品種葡萄在多孔木桶中容易氧化。取而代之的是在大型水泥罐中釀造，而其他葡萄品種則在稱為 foudres 的大型舊桶中釀造，這些舊桶不像小橡木桶那樣具有相同的「橡木味」特徵。[3]

當天品酒的酒莊是在建築甚為壯觀的城堡式細石莊園酒窖（Les Caves Du Château Des Fines Roche），其 19 世紀末建築為封建與文藝復興時期風格的組合，主要品牌為 Domaines Mousset，目前店主是 Mousset 家族第五代；其網站介紹：「是一獨立的葡萄種植者、AOC Châteauneuf du Pape 和 Domaines Mousset 的生產商，提供參觀酒窖的機會。可以品嚐到家族釀製的 AOC Châteauneuf du Pape 年份的白葡萄酒和紅葡萄酒，以及 AOC Côtes du Rhône（隆河岸）紅葡萄酒和桃紅葡萄酒」，「通過參觀葡萄園、品酒廳與酒窖，將以品嚐我們葡萄園的葡萄酒結束參觀。」[4] 當天葡萄尚未到結果期，見識到此地葡萄樹與波爾多一樣，相當低矮；在酒窖中主要活動是品酒及購物，各有其樂趣。販賣商品除酒外，有香皂、橄欖和塗抹醬、松露、餅乾、草藥和鹽、橄欖油、醋和芥末蜂蜜等，大家各取所需，買氣甚旺。

---

[3] https://en.wikipedia.org/wiki/Châteauneuf-du-Pape_AOC
[4] https://www.domainesmousset.com/fr/

▲ 城堡式酒莊　　　　　　　　　　▲ 建築壯觀（陳幼雪攝）

▲ 葡萄樹屬矮種　　　　　　　　　▲ 細石莊園酒窖（陳幼雪攝）

▲ 註冊商標　　　　　　　　　　　▲ 品酒行家（汪建民提供）

▲ 招牌酒（陳幼雪攝） 　　▲ 各式商品 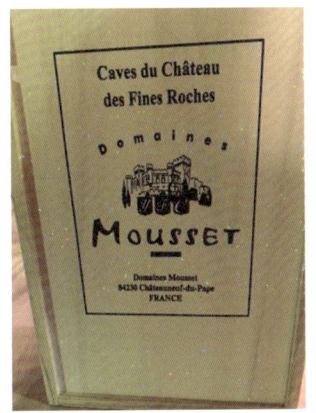　　▲ Domaines Mousset 品牌

▲ 酒窖一角（葉均蔚攝）

▲ 大型舊木桶 　　▲ 各取所需

2023 年蔚藍海岸南法十日遊（十六）：教皇新堡葡萄酒莊　087

2023 年蔚藍海岸南法十日遊（十七）：古羅馬凱旋門

2023 年 3 月 4 日　星期六

接著往北行僅約十公里、到達古城歐宏綺（Orange），參觀古羅馬帝國時期的古劇場（Théâtre Antique d'Orange）及凱旋門（Arc de Triomphe）。一路上已參觀多處古羅馬遺跡，顯示當年羅馬的雄健，與在法南的強大影響。

由於在巴黎有著名的凱旋門，此地凱旋門通常要冠名，叫「歐宏綺凱旋門」（The Triumphal Arch of Orange）。按「巴黎凱旋門」是拿破崙為紀念 1805 年打敗俄奧聯軍的勝利，於 1806 年下令修建。拿破崙被推翻後，凱旋門工程中途輟止。1830 年波旁王朝被推翻後又重新復工，到 1836 年才全部竣工。[1]

「歐宏綺凱旋門」建造時間存在著爭議，但目前接受銘文證據研究支持奧古斯都（Augustus）皇帝統治時期（公元前 27 年—公元 14 年）的日期。凱旋門上刻有公元 27 年獻給提比略（Tiberius）皇帝的銘文。由於保存完好，凱旋門與古劇院一起於 1981 年被列入聯合國教科文組織《世界遺產名錄》。

這座拱門最初是用即未抹灰的石塊建造的。它有三個拱門，中間的拱門比兩側的拱門大。整個結構長 19.57 米，寬 8.40 米，高達 19.21 米。每個立面都有四個半接合的科林斯柱（Corinthian Columns）。拱門是現存最古老的設計範例，後來才在羅馬本土使用。據推測，這些可見的麻點或孔洞是中世紀對藝術或歷史無知的弓弩手練習時留下的。

拱門裝飾有各種軍事主題浮雕，包括海戰、戰利品以及羅馬人與敵人步戰或馬戰。向北的戰鬥浮雕上可以看到一名手持 Legio II Augusta 盾牌的羅馬步

---

[1] https://zh.wikipedia.org/zh-tw/ 巴黎凱旋門

兵。拱門在 1820 年代後期進行了修復工作。[2]

凱旋門位於國家秩序廣場（Square des ordres nationaux）中央，浮雕雖有侵蝕現象，雕飾大致可辨，但不及網站上所見清晰，顯示歲月連石雕也不饒。

世界不少地方有許多名為凱旋門的建築，凱旋門是一個象徵性的建築物，代表著勝利和榮譽。它也是一個紀念性的建築，以紀念歷史事件和人物，主要還是一時一地領導人想要誇讚自己的功績；雖然勞民傷財，往往成為歷史和文化遺跡，尤其通常建築雄偉，也成為重要的旅遊景點，吸引各地遊客打卡。

「巴黎凱旋門」曾是最高的凱旋門（約 50 米高），直到 1938 年墨西哥城的革命紀念塔建成，「平壤凱旋門」於 1982 年完工，是以巴黎凱旋門為藍本，略高 60 公尺。「墨西哥革命紀念塔」是為紀念 1910 年墨西哥革命，是一座開放建築，也被用作墨西哥革命英雄的陵墓。[3]「平壤凱旋門」是為了慶祝北韓的最高領袖金日成 70 大壽和兩次戰勝入侵北韓的日本及美國入侵者，使北韓獲得獨立及建立社會主義制度的國家。[4]

位於巴黎附近的「拉德芳斯的新凱旋門」（La Grande Arche de la Défense，Arche de la Défense），高 110 公尺。雖然它沒有被命名為凱旋門，但它是在同一模型上以凱旋門的視角設計的，有資格成為世界上最高的拱門。[5]

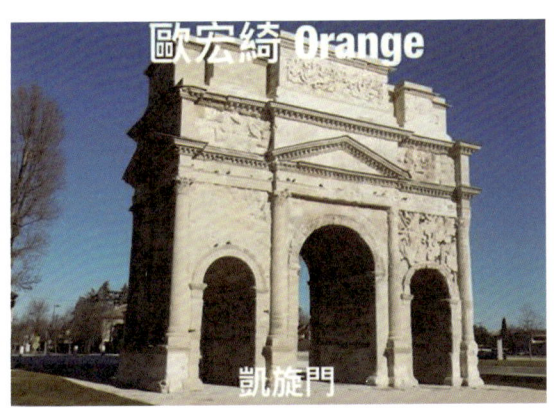

▲ 古羅馬凱旋門（陶雨台空拍）

▲ 高約 20 米

---

[2] https://en.wikipedia.org/wiki/Triumphal_Arch_of_Orange
[3] https://zh.wikipedia.org/zh-tw/ 革命紀念塔
[4] https://zh.wikipedia.org/zh-tw/ 凱旋門 _（平壤市）
[5] https://zh.wikipedia.org/zh-tw/ 新凱旋門

▲ 現存最古老設計範例 　　▲ 浮雕分三層 　　▲ 四個科林斯柱

▲ 向南浮雕說明 　　▲ 位於廣場中央（Google 3D Map）

2023 年蔚藍海岸南法十日遊（十八）：
古羅馬劇場

2023 年 3 月 4 日　星期六

　　隨後往約兩公里外的古羅馬劇場：它建於公元前一世紀奧古斯都（Augustus）統治時期，是世界上保存最完好的羅馬劇院之一。古蹟包括維持其原始尺寸（寬 104 米，高 35 米）外牆，以及門廊西側的一個拱門。

　　舞台由木地板製成，下面裝有器材，長 61 米，深 9 米：它比管弦樂隊高約 1.10 米，由一堵矮牆支撐。後面是簾坑（演出時放下）。舞台牆（拉丁文：frons scænæ）高 35 米，曾裝飾有雕像、飾帶和大理石柱，仍留有一些痕跡。牆有三扇門：中央的皇家門和兩側的門（次要演員的入口）。皇家大門上方是半人馬的飾帶。舞台牆的壁龕中有一尊巨大的雕像，高 3.50 米，其頭部並非原物。它被一些人認為是奧古斯都皇帝的雕像，但根據其他人的說法，像主是公元 2 世紀的人物，比這位皇帝晚得多。

　　看台（cavea）可容納約 9,000 名觀眾，根據他們的社會等級劃分。它分為三個區域，共 34 階，由牆隔開。下面，管弦樂隊形成一個半圓形，由欄杆與各層隔開。第一區稱為 ima cavea，由二十層組成，其中前三層是為騎士保留的，銘文 Eq（uitum）g（radus）III 證明了這一點。第二區（中間層，稱為 media cavea）由九層組成，容納商人、羅馬公民，而第三部分（最高層，稱為 summa cavea）由五層組成，僅容納妓女、奴隸和非羅馬國籍的人。後台的大型房間則用於接待公眾。

　　該建築曾於公元 391 年關閉，在中世紀被重新用於其他目的而免遭破壞。在 16 世紀，劇院在宗教戰爭期間成為避難所，隨後被住宅區入侵；1823 年左右啟動復建計劃，讓這座劇院逐漸恢復光彩。工程在 19 世紀下半葉持續進行，到 1930 年，重建工作才告一段落，雖然有人批評：「由於這些修復，只

有前三層的幾塊磚仍然是古董」，劇院從 1981 年以來一直被列入聯合國教科文組織《世界遺產名錄》。原來舞台木屋頂已於公元四世紀時燒毀，到本世紀，劇院又重蓋舞台屋頂以保護牆壁並允許懸掛照明，新屋頂佔據了原羅馬屋頂的位置，但使用了玻璃和金屬等新材料。歷年來，古劇場被利用慶祝「羅馬日」、演出「歐宏奇雜耍」、古代藝術愛好者聚會，同時自 2019 年以來，每年舉行 Positiv Festival，專注於電子音樂和創意音樂，吸引電音界的大咖及「明日之星」。[1]

在劇院旁，另有一建於公元二世紀的大型神廟的遺址，從示意圖來看，頗具規模，但目前僅餘廢墟，當日繁華光耀景象，已不復見，所謂「勝景難再，梓澤丘墟」，僅能供後人憑弔。

中午在附近小酒館（La Cantina）餐廳用餐，其布置甚為別緻，如置身洞穴中，午餐享用普羅旺斯烤雞，風味似乎與台灣烤雞沒有不一樣；倒是進出飯店之走廊兩旁牆壁上，掛滿在劇場演出劇目照片，包括 Aida, Carmen, La Boheme, Madam Buttefly, Rigoletto, Tosca, Turando 等有名劇目，頗令人神往。

▲ 古劇場 3D 影像（取自 Google Map）　▲ 劇院外牆

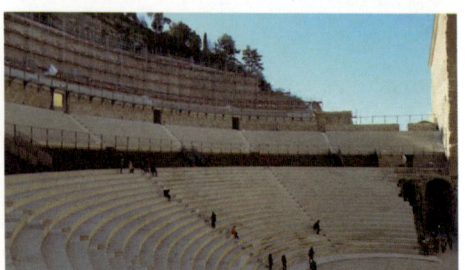

▲ 雕像高 3.50 米　▲ 看台分三區（陶雨台空拍）

---

[1] https://fr.wikipedia.org/wiki/Théâtre_antique_d'Orange

▲ 原始拱門

▲ 劇院與神廟示意圖

▲ 舞台與看台

▲ 神廟遺址

▲ 舞台與舞台牆

▲ 如置身洞穴中（汪建民攝）

▲ 風味餐（陳幼雪攝）

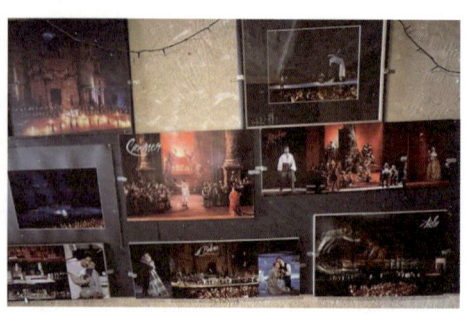

▲ 令人神往

2023 年蔚藍海岸南法十日遊（十九）：《小王子》作者家鄉

2023 年 3 月 5 日　星期日

午餐後前往約兩百公里外的里昂，也是此次旅程的終點站；里昂是法國第三大城，人口約五十萬人，也是著名的國際都市，歷史悠久，部分歷史和建築地標被聯合國教科文組織列為《世界遺產城市》，名稱為：「里昂歷史遺蹟」。[1]

巴士進城停在 Bellecour 廣場（Place Bellecour）邊，下車後首先見到的是聖修伯里（Antoine de Saint-Exupéry，1900-1944）與小王子的雕像，聖修伯里是里昂人，以著作《小王子》聞名，而里昂機場也以其命名。[2] 按《小王子》自 1943 年問世以來，已成全世界最暢銷的書籍之一，迄今已售出兩億冊，有 250 多種語言版本，並被廣泛改編為廣播劇、舞台劇、電影、電視劇和芭蕾舞劇、音樂劇等衍生作品。[3]

Bellecour 廣場是法國第五大廣場，也是歐洲最大的步行廣場。它呈梯形，一側為 300 米 x 220 米，另一側為 190 米，它的中心是路易十四的騎馬雕像，還有兩個提供旅遊局服務的亭子、一個兒童小公園、一個噴泉和兩個小酒館。Bellecour 名稱原由 bella curtis（美麗的花園）而來，幾經更名，一度叫「平等廣場」（Place de l'Égalité），第二次世界大戰後改用此名至今。[3]

接著在附近漫步，沿購物大街共和國街（rue de la République）到「共和國廣場」（Place de la République），市容整齊，建築高雅，街道清潔有序，見證里昂的熱鬧繁華，有優質的城市治理。附近有 Jacobins 廣場（Place des Jacobins），它在法國大革命期間，曾被命名為「博愛廣場」（Place de la Fraternité），與附近的

---

[1] https://zh.wikipedia.org/zh-tw/ 里昂
[2] https://zh.wikipedia.org/zh-tw/ 安托萬・德・聖埃克絮佩里
[3] https://zh.wikipedia.org/zh-tw/ 小王子

「平等廣場」相呼應，[4] 法國大革命時，以「自由、平等、博愛」號召；有趣的是，在里昂果然有「自由廣場」（Place de la Liberté），但在里昂郊區而非前兩廣場所在之里昂第二區。按里昂分九區，在索恩河（Saône）和隆河（Rhône）兩條河流之間的半島（Presqu'île）上，是第二、第一和第四區。第二區包括市中心的大部分地區，一直延伸到兩條河流的匯合處。[5]

　　Jacobins 廣場創建於 1556 年，1856 年又增加了一座噴泉。該廣場屬於被聯合國教科文組織列為世界遺產的區域，是里昂最著名的廣場之一。里昂市政府於 1877 年以藝術為名，決定在 Jacobins 廣場上建造一座新噴泉，中間四尊雕像均為與里昂有淵源的著名藝術家 Jean-Hippolyte Flandrin（1809-1864），Gérard Audran（1640-1703），Guillaume Coustou（1677-1746）與 Philibert de l'Orme（1514-1570），噴泉於 1885 年啟用。同時廣場以法國 Jacobins 派命名，有一段複雜的因緣，最主要是廣場地點與道明會（Dominicans）修士中 Jacobins 派有地緣關係。[6] 按 Jacobins 派是法國大革命發展期間在政治上最有名的和最有影響力的派別，因其主要人物在巴黎 Jacobins 修道院聚會而得名。[7]

　　晚餐在第三區的中餐館皇宮酒家（Le Palais de Chine）用餐，中式七菜一湯加水果，大家圍圓桌共享；比較起來，此次旅程在法式餐廳一律用三件式套餐，包括前菜、主菜與甜點，飲料須另點，也未見圓桌，相當不同；另外酒家在台灣似乎別有含意，但從唐朝杜牧詩句：「借問酒家何處有」，應知原意就是賣酒之家，其演變值得探究。晚餐後又回到第二區入住旅館。

▲ Bellecour 廣場（陶雨台空拍）　　▲ 聖修伯里紀念碑　　▲ 聖修伯里與小王子

[4]　https://fr.wikipedia.org/wiki/Place_Bellecour
[5]　https://en.wikipedia.org/wiki/Lyon
[6]　https://en.wikipedia.org/wiki/Place_des_Jacobins
[7]　https://zh.wikipedia.org/zh-tw/ 雅各賓俱樂部

096　地景旅遊與漫談

▲ Bellecour 廣場 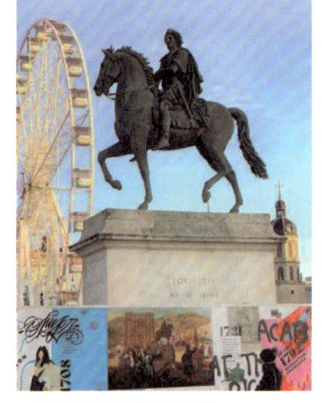　　　　　▲ 路易十四騎馬雕像 　　　　▲ 聖修伯里紀念碑

▲ 位於兩河之間（取自 Google Map） 　　▲ 名店街（取自 Google Map）

▲ Jacobins 廣場噴泉 　　　▲ 藝術家雕像 　　　　　　　▲ Philibert de l'Orme 雕像

▲借問酒家何處有　　▲圍圓桌共享（汪建民提供）

2023 年蔚藍海岸南法十日遊（二十）：聖母之城

2023 年 3 月 6 日　星期一

　　旅程第九天，也就是在法南的最後一天，把握機會在下午登機返台前在里昂觀光；首先驅車到弗維耶（Fourvière）山丘上之「弗維耶聖母大教堂」（La Basilique Notre Dame de Fourvière），弗維耶是由羅馬皇帝圖拉真（Trajan）的羅馬市集（forum vetus），稱為「老市集」（法文：Vieux-Forum）轉來。[1]

　　「弗維耶聖母大教堂」是一座天主教次級聖殿，1872 年與 1896 年之間由私人出資，在該市的制高點建造，作為基督教價值觀戰勝 1870 年「里昂公社」的社會主義者的標誌。建築設計兼具羅馬式（Romanesque）和拜占庭（Byzantine）式，選擇了在當時不尋常的兩種非哥德式設計。它具有精緻的馬賽克、彩色玻璃和「聖約瑟夫教堂」。聖殿提供導遊，設有宗教藝術博物館，每年接待 200 萬遊客。

　　「聖母大教堂」雄踞在山頂，聳立在城市上方，是俯瞰城市的有利地點；並且成為城市的象徵。聖殿有有四個主塔，和一個鐘樓。其頂部為聖母的鍍金雕像，也讓里昂被稱為「聖母之城」（Ville Mariale）。1998 年，整個里昂歷史中心被列為世界遺產，「聖母大教堂」也包含在內。[2]

　　「大教堂」最明顯的特點是有四個角塔：兩個在前面，兩個在唱詩班開始的右邊。這些塔高 48 米，在頂端略微張開。塔樓根據四大美德命名：在西立面上，西北塔代表力量（Force），西南塔代表正義（Justice）；在面向里昂的東側，北塔代表審慎（Prudence），南塔代表節制（Temperance）。塔樓被認為是「阿拉伯式」、源自「阿拉伯—諾曼（Arabo-Normande）建築」、「受西

---

[1] https://zh.wikipedia.org/zh-tw/ 塞維耶聖母聖殿
[2] https://fr.wikipedia.org/wiki/Basilique_Notre-Dame_de_Fourvière

西里影響」、「東方主義的」以及「接近穆斯林尖塔」等。

西立面有兩個尖塔，楣板和塔腳均細加雕飾，1892 年至 1894 年間，山形牆的支撐被雕刻成女像天使柱，並將山形牆抬高，顯得更形莊重；楣板本身表達跪在佔據構圖中心的聖母子前的里昂名人的膜拜，上面有三位天使。後殿頂部有一尊天使長邁克爾（l'archange Michel）的雕像，由鑄造「自由女神像」同一工坊製作。[2]

「聖母大教堂」的內部由兩座疊加的教堂組成。上教堂以三個圓頂為主，並由六個彩色玻璃窗照亮，這些玻璃窗提供的光線突出了華麗的裝飾。上教堂由三個大中殿和三個拱形拱形隔間組成，整個上教堂由十六根柱子支撐。有八個小教堂，後殿有七扇高窗照亮。在側牆上，兩位藝術家設計的六塊 50 平方米的馬賽克鑲板在左側說明了聖母與教會的關係，在右側說明了聖母與法國的關係。[3] 上、下教堂通過一個雙層樓梯相連，下教堂獻給耶穌基督的養父約瑟夫。整個下層教堂的肖像表達了約瑟夫謹慎參與聖母和耶穌生活的想法。[2]

教堂外「弗維耶廣場」中（Place de Fourvière）有一高約三米教宗若望—保祿二世（Jean-Paul II）雕像，紀念其於 1986 年來訪 25 周年。同時因為教堂位於里昂制高點山頭，在教堂後之觀景台眺望，里昂市中心區一覽無餘，特別是第二區的 Bellcour 廣場，很是顯眼。

▲ 里昂城市象徵（陶雨台空拍）　　　　▲ 雄踞在山頂（取自 Google Map）

---

[3] https://www.fourviere.org/fr/vie-du-site-notre-dame-de-fourviere/notre-dame-de-fourviere/la-basilique/

▲ 西立面有兩個尖塔 　　▲ 合影留念（葉吉倫攝） 　　▲ 華麗門柱

▲ 山形牆更形莊重 　　▲ 聳立在里昂上方 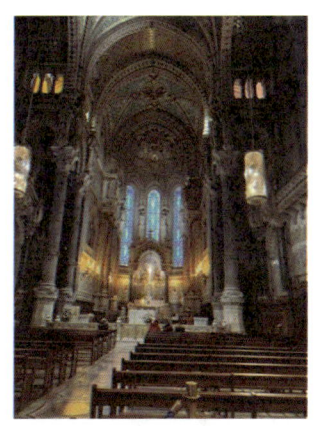　　▲ 富麗內裝

▲ 前殿聖母抱聖嬰像 　　▲ 神愛世人 　　▲ 馬賽克鑲板

2023年蔚藍海岸南法十日遊（二十）：聖母之城

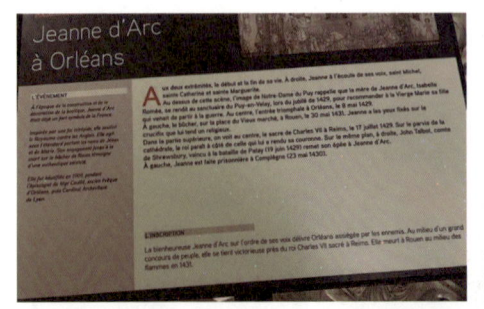

▲ 鑲板說明　　　　　　　　　　▲ 遠眺里昂市中心區

▲ 每年接待 200 萬遊客　　　　　▲ 俯視 Bellcour 廣場

▲ 教宗若望—保祿二世雕像　　　▲ 里昂市中心區模型

2023年蔚藍海岸南法十日遊（二十一）：風華依舊

2023年3月6日　星期一

　　下山後到老城區觀光，先於昨日第二區同樣地點停車，再步行到第五區參觀「里昂大教堂」（Cathédrale Saint-Jean-Baptiste），或「施洗者約翰大教堂」，是天主教里昂總教區的主教座堂。大教堂也稱為「主教座堂」（Primatiale），乃因在1079年教宗任命里昂總主教以「高盧主教長」（Primat des Gaules）的頭銜，為法國的首席總主教。「里昂大教堂」於12世紀開始建造於一6世紀教堂廢墟上，完成於1476年，在「弗維耶聖母大教堂」興建之前，「里昂大教堂」是該市最雄偉的教堂，[1] 曾領風騷，且風華依舊。

　　建築內部長80米，唱詩班寬20米，中殿高32.5米。後殿和唱詩班採用羅馬式（Romanesque）設計；中殿和立面是哥特式（Gothic）。[2] 原因是最初打算建造一羅馬式教堂，建造中途主事者改變主意，使後段變成哥特式。

　　建築的西立面主要是古典哥特式，正面有三個非常華麗的門戶，其柱子上覆蓋著象徵性和敘事性的徽記。其上為一個到它高度約三分之一的彩色玻璃玫瑰窗。在其上則是一個超出了兩個立面塔樓的三角形山牆。

　　後殿呈多邊形，有七個邊，同時有環繞著它的懸高拱廊，祭台上方彩色窗每扇分七段，描述不同宗教場景，高窗則為有十二使徒人像之彩色玻璃窗。在教堂中有多個玫瑰花窗，各有主題，敘述聖經故事，非常精緻。[3]

　　大教堂中還有一座著名的十七世紀天文鐘。9米高的時鐘星盤指示月亮、太陽、地球以及星星的日期和位置。大教堂天文鐘的第一個文獻證據來自

---

[1] https://zh.wikipedia.org/zh-tw/里昂主教座堂
[2] https://en.wikipedia.org/wiki/Lyon_Cathedral
[3] https://fr.wikipedia.org/wiki/Primatiale_Saint-Jean_de_Lyon

1383 年,但它在 1562 年被毀,而於 1661 年重建。1954 年的最後一次修復重置了時鐘的 66 年一輪的萬年曆。到 2019 年為止都是準確的。

據敘述:「中央塔八角形支撐著幾個自動人物。左邊的天使轉動沙漏後,右邊的天使為敲鐘的三位天使報時,奏響讚美詩。聖母瑪利亞跪在教堂裡,打開教堂門時轉向天使,同時一隻鴿子降臨,代表聖靈。瑞士衛隊圍繞圓頂旋轉。機芯在整點響起時停止。在中心,七尊彩繪木雕雕像每二十四小時輪轉一次」,很是熱鬧,但目前處於非活動狀態。

正面的兩個錶盤分別是下方的萬年曆和上方的星盤。後者代表了鐘錶最原始、最科學的機制。移動部分放置十二個月、十二生肖和 365 天的一年。放置在這部分的圓圈代表太陽在里昂天空中的軌跡。一則讓人無言的消息是,天文鐘在 2013 年曾遭人用鐵棒摧毀了作品的幾個部分而嚴重受損。此人宣稱他的動機是:「因為時鐘的華麗會影響信徒專注於他們的祈禱」。[4]

教堂前為聖若瑟廣場(Place Saint Jean),在廣場中央,有一於 1844 年建造的新文藝復興風格聖若瑟噴泉(Fontaine Saint Jean),其中有名家製作的施洗者聖約翰為基督施洗的雕塑。[5]

▲ 古典哥特式正面 　　　▲ 華麗的大門 　　　▲ 玫瑰花窗

---

[4] https://en.wikipedia.org/wiki/Lyon_astronomical_clock
[5] https://fr.wikipedia.org/wiki/Place_Saint-Jean_(Lyon)

▲ 三角形山牆 　　　　▲ 羅馬式後殿 　　　　▲ 天文鐘

▲ 木雕人物應時而動 　▲ 多彩玫瑰花窗 　　　▲ 敘述聖經故事

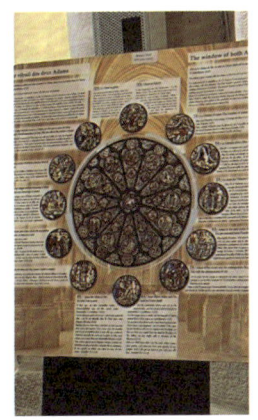

▲ 聖經故事說明 　　　▲ 新文藝復興風格噴泉 　▲ 南法留念（葉吉倫攝）

2023 年蔚藍海岸南法十日遊（二十二）：美好的未來

2023 年 3 月 7 日　星期二

在老城區漫步，從大教堂前出發，沿聖若瑟街（Rue Saint-Jean）街，不到一百公尺之遙，即是「微縮模型和電影博物館」（Musée Cinéma et Miniature）。該館是於 2005 年創立的私人博物館。博物館收藏兩類永久收藏品：一個專門用於微型藝術的收藏品，另一個收藏品用於電影拍攝中的特技道具與原始設備和零件。在十二個房間陳列面具和假肢、鑲嵌背景、電子動畫、微型車輛、微型佈景、真人大小佈景、模型、服裝、定格動畫、3D 動畫等。在館外可窺見院中「蝙蝠人飛車」與「米高梅獅」的模型。[1] 值得一提的是里昂也是電影的誕生地，1895 年盧米埃爾兄弟（Auguste and Louis Lumière）在此曾拍攝下世界第一部電影《工廠大門》（Workers Leaving The Lumière Factory in Lyon）。[2] 在網路上，從影片看到工人群眾，不分男女，個個衣冠楚楚，讓人感慨當時中國剛剛在甲午戰爭落敗，在照片中看到的一般民眾貧窮無助，兩國差異極大。

其餘時間，主要用於瀏覽老城區街道旁店家櫥窗，各式商品琳瑯滿目，擺設極具巧思，招牌式樣賞心悅目，再加上路邊攤的花卉與水果，頗有可觀。同時在返回第二區途中，回望山頭之「聖母大教堂」，很能感受到其雄偉壯麗。

為順利搭上下午返台的飛機。在老城區漫步後即往約三十公里外的里昂機場出發。途經索恩河與隆河匯流處的「匯流博物館」（Musée des Confluences），建築甚為別緻，在巴士行進中，要找到好的視角拍攝不易。按該博物館是一自然歷史、人類學、社會和文明博物館，承接原里昂「Gimet 自

---

[1]　https://fr.wikipedia.org/wiki/Musée_Miniature_et_Cinéma
[2]　https://zh.wikipedia.org/zh-tw/工廠大門

然歷史博物館」，於2014年開放，建築呈解構主義風格，收藏超過200萬件。[3]

　　里昂機場於1975年揭幕並開放使用，在2000年為紀念在地作家安托萬・德・聖修伯里（Antoine de Saint-Exupéry）誕辰一百週年而更名。[4] 建築甚為新穎；可能是里昂少雨，巴士停靠地與機場入口，中間有一段並無遮廊，比較不會造成旅客不便。

　　下車不遠處，有一「美好的未來」雕像（Statue Brila Estonteco），是於2017年揭幕，由名家雕塑的青銅雕像，展示身體前傾並伸展著左臂的聖修伯里人像，右手放在獅子的頭上，而獅子的前爪則拿著一本書和一支鉛筆。獅子寓意里昂，跟隨著招向未來的仁慈長者聖修伯里，書和鉛筆隱喻文化和創作，象徵里昂的人文價值。[5] 顯示里昂以愛與文創作為城市願景，以共創「美好的未來」，而在里昂所見所聞人文景觀似相契合，值得台灣城市效法。

　　在雕像前曾有一年輕人，主動提議幫忙為個人與雕像合照攝影，由於聽過不少在法國大都市類似場景中，攝影者拿到相機後隨即掉頭拔腿飛奔而去，而使人痛失手機情事，看此人長手長腳，似跑步好手，為求安全，只好婉拒。

　　入口大廳以及其外部遮廊設計成圓弧狀，從正面看，似一高科技頭盔，建築頂端與側面均以鋼條與透明玻璃板相間安排，彷彿骨胳一般，具有醒目的視覺效果，同時採光充足，美觀與實用兼具，非常具有特色。

　　根據預定行程，一行於當地時間4日下午3:10出發，飛6小時20分，到杜拜轉機，再飛近8小時，約於台灣時間5日下午2:25抵達桃園機場，確實做到「快快樂樂出門，平平安安回家」，結束充實愉快的南法十日遊。

▲ 山頭聖母像（汪建民攝）　　▲ 微縮模型和電影博物館

---

[3]　https://fr.wikipedia.org/wiki/Musée_des_Confluences
[4]　https://en.wikipedia.org/wiki/Lyon-Saint-Exupéry_Airport
[5]　http://www.brilaestonteco.com/project/le-projet-brila-estonteco/

▲ 聖母大教堂雄偉壯麗 　　▲ 米高梅獅 　　▲ 蝙蝠人飛車

▲ 玻璃飾品 　　▲ 裁縫師 　　▲ 玩具店

▲ 零食店 　　▲ 糖果店 　　▲ 小木偶孤立門前

▲ 小木偶會彈琴（陳幼雪攝） 　▲ 別緻的肉店招牌（葉均蔚攝） 　▲ 仙客來盆栽

▲ 各色蘋果 　▲ 匯流博物館 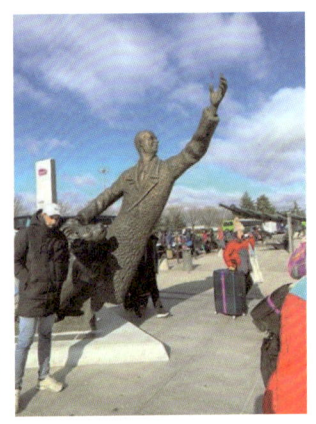　▲「美好的未來」雕像

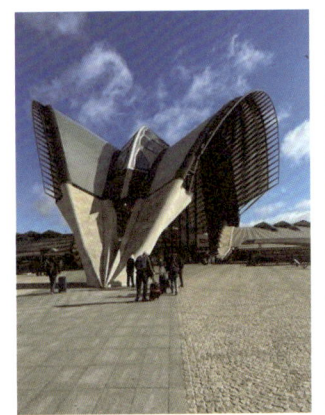

▲ 似一高科技頭盔 　▲ 美觀與實用兼具 　▲ 再見里昂

2023 年蔚藍海岸南法十日遊（二十三）：多情應笑我

2023 年 3 月 11 日　星期六

自 2 月 5 日從南法返台，陸續將所見所聞寫成遊記，沒有想到各有主題的文章累積達到二十二篇之多，而且完成時間比預計晚了許多，終於在日前殺青，算是鬆了一口氣。

約一月來，有讀者反應似在看連載小說，隨著暢遊南法；有朋友看到在南法最後一天的文章說：「最後一天！有點感傷」，令人感動，也有朋友讀了決定改變旅法計劃，攜眷到南法一遊；但相信也有人會覺得「沒完沒了」，見到此文，產生「有完沒完」疑問，在此正告，除非另有特殊情況，不會再有續集；要言筆者記述主旨在自娛，並藉此略為查閱一些相關資料，以廣見聞，為旅遊增值；與旅伴和親朋好友分享，如有共鳴（或「共振」，借某團友語），則為「意外之喜」。

近年來整理文稿，深深體悟到「沒有紀錄，就等於沒有發生」，所以在 2019 年「寮國之旅」（1 月）開始，陸續有「北京之旅」（6 月）、「浪漫古城德國之旅」（7 月）的記述，尤其「德國之旅」，實際約十一天，夜宿十晚，總共分二十篇記述，後來均刊於同年 11 月出版的拙作《清華行思與隨筆（下）》中，不少同遊旅伴反應，看了如「舊地重遊」，而自己每次翻閱，似乎也再神遊一次，深覺沒有白費工夫，反而對以往到各地旅遊，不管當時如何沉浸其中，如果沒有記述，現今只剩模糊記憶，甚感可惜與遺憾。[1]

此次南法行，旅遊「充實而愉快」三要素，也就是「天時、地利、人和」，

---

[1] 後續「2019 年杭州之旅」三篇、「2019 年臺南之旅」五篇、「2022 年花東之旅」八篇、「2022 年宜蘭之旅」兩篇、「宮廟之旅」六篇、「安徽文人墨客之旅」兩篇以及「板橋林家花園」遊記均刊於 2023 年 2 月出版的拙作《清華行思與隨筆（四）》（https://lihjchen1004.blogspot.com/2023/02/blog-post_96.html）中。

一樣不缺；首先是天時，新冠疫情連綿三年，領悟到原來習以為常的組團歡樂遊不是「理所當然」，一旦解封，雖仍稍有確診疑慮，「南法十日遊」組團在旅行社報價之前已經秒殺，讓多人向隅，最後一行三十一人堂皇上路，所以有此盛況，與大家在疫情期間，未能出國遊玩，而略有積蓄可能不無關係；同時也因「賓士旅行社」與許多團友結緣二十餘年，大家早建立相互的信任感有關。

在「地利」方面，南法是有名的旅遊標的，資源豐富，此行除在里昂，有短暫時間略有陰霾外，其他日子在白天處處皆見蔚藍天空，經常是萬里無雲，不管是在海岸、山區或都市，有觀賞不盡的美景與歷史文物古蹟，在旅遊書中，了解南法值得觀賞的地點非常之多，要一一走訪可能要一個月以上，如此看來，未來或可再來南法，補足缺憾。

與「天時、地利」均有關的是旅遊期間，南法天氣除一片晴朗外，溫度雖稍低，只要有衣物適度保暖，沒有寒凍感覺，另外由於非當地旅遊旺季，而中國大陸尚未解封，所以不見遊人如織景象，旅遊團到許多地方，都是唯一，得到難得靜心觀賞的旅遊加值。

至於「人和」，團友幾乎全是多年旅遊夥伴，絕無奧客，尤其難能可貴的是全程沒有發生過「人等人」的情事，大夥友善而歡樂，同時團員中除空拍專家外，不乏攝影高手，在 Line 群組中，慷慨分享，豐富大家旅遊經驗，而相伴多年的導遊，又再一次貼心服務，讓人「足感心」；歸程中，已有人在談未來「中亞行」、「東歐行」、「西葡行」、「紐西蘭之旅」等，讓人充滿期待。

▲馬賽海岸

▲ 蔚藍海岸 　　▲ 藝術村店家 　　▲ 修道院

▲ 中世紀城堡 　　▲ 市政府鐘樓

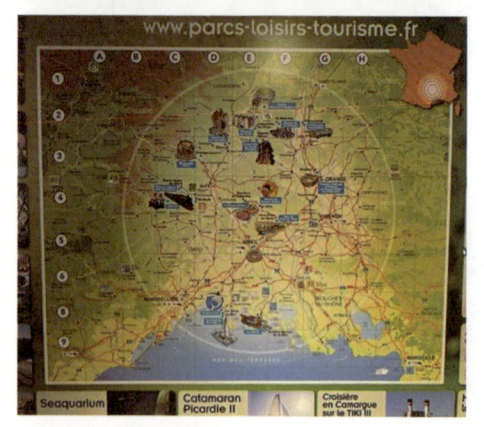

▲ 南法旅遊資源豐富

2023 年奧匈與巴爾幹四國記遊（一）

2023 年 8 月 24 日　星期四

前言

近年來養成寫遊記習慣，並上載於本人「清華行思與隨筆」部落格中與友朋分享；旅途中不少「老」團友問起何時可見奧匈與巴爾幹四國記遊，當時估計約一月後，而確實在其間包括大陸蘇州昆山與浙江義烏一週行，以及處理身邊事務後，剛好於返台一月後較得空開始整理旅遊見聞；感謝團友們分享許多珍貴照片與觀感，假設大家都是自娛娛人，冒昧雖記名但逕行採用，同時遊記採「且戰且走」式，後續篇章將不定期發佈。

由於新冠疫情趨緩，睽違三年的暑期旅遊終於得以恢復；基於各種考量，商定於 7 月 11 日至 7 月 24 日，作奧匈與巴爾幹四國前後十四日遊；由於離台飛機誤點，約於 7 月 12 日凌晨出發，再經中途轉機，於二十一小時後方抵維也納（當地時間下午三時），歸程約於 7 月 23 日下午九時由塞拉耶佛搭機返台，總共在中南歐遊歷時間略多於十一天。

在年初南法之旅時，即談到暑假旅遊目的地，在諸多建議中，以奧匈或巴爾幹前南斯拉夫分離出克羅埃西亞等小國優先，不意幾經周折，最後行程包括奧匈加巴爾幹四國共六國，以住宿地來劃分，計在奧匈各二日，克羅埃西亞四日，斯洛維尼亞、黑山共和國與波士尼亞各一日，巴爾幹四國約占三分之二時間。

選擇奧地利，主因是奧地利首都維也納等地，人文地景豐富，匈牙利則與其接壤，並曾是奧匈帝國的重要一環；南歐的斯洛維尼亞、克羅埃西亞兩國長期由奧地利帝國和奧匈帝國統治，有緊密的關聯，再加上不走回頭路之路線規劃順路的黑山共和國與波士尼亞，旅程涵蓋六國，在短短十一天中，可謂行程滿滿。

奧地利首都維也納是舊地重遊，風采依舊，倒是匈牙利以及巴爾幹四國歷經兩次世界大戰以及共黨長期統治，不僅沒有一窮二白景象，仍展現出相當安和樂利的風貌，使人意外。

在維基百科中，可查到六國之大致概況如下：

	奧地利	匈牙利	斯洛文尼亞	克羅埃西亞	黑山共和國	波士尼亞	台灣
面積(平方公里)	83,869	93,030	20,273	56,594	13,812	51,129	36,197
人口	9,027,999	9,730,000	2,108,708	4,076,246	622,359	3,511,372	23,375,314
人均GDP (PPP) (美元)	64,751	40,944	32,027	36,201	24,877	17,471	62,696
人均GDP (國際匯率) (美元)	53,370	20,335	21,369	17,737	9,673	6,725	33,143
人類發展指數	0.914	0.854	0.902	0.851	0.816	0.769	0.926
基尼指數	0.26	0.283	0.25	0.283	0.367	0.338	0.341

可看出就人口和面積，奧地利與匈牙利名列前茅，以人均GDP（PPP）來看，奧地利最富裕，黑山共和國和波士尼亞則情況較差，但從人類發展指數[1]而言，除波士尼亞為0.769，其餘都「極高」（0.8以上），從貧富差距指標基尼係數[2]來看，走訪前面四國，屬分配較平均國家，黑山共和國和波士尼亞指數等級中等。

如與台灣人均GDP（國際匯率）33,143美元，人均GDP（PPP）62,696美元，人類發展指數：0.926，基尼係數：0.341比較，人均GDP（PPP）與人

---

[1] https://zh.wikipedia.org/zh-tw/人類發展指數

人類發展指數（英語：Human Development Index，縮寫為HDI）、人類發展水準或人文發展指數，是聯合國開發計劃署從1990年開始發布的一個指數，用以衡量各國社會經濟發展程度的標準，並依此將各國和地區劃分為四種等級：極高、高、中、低共四組。只有被列入第一組「極高」（0.8以上）的國家才有可能成為已開發國家。

指數值根據出生時的平均壽命、受教育年限（包括平均受教育年限和預期受教育年限）、人均國民總所得三項指標計算出，在世界範圍內可作為各國之間的比較。

[2] https://zh.wikipedia.org/zh-cn/基尼係數

基尼係數（英語：Gini coefficient），是20世紀初義大利學者柯拉多・基尼根據洛倫茲曲線所定義的判斷年收入分配公平程度的指標，是比例數值，在0和1之間。基尼指數（Gini index）是基尼係數乘100倍作百分比表示。在民眾收入中，基尼係數最大為「1」，最小為「0」。前者表示居民之間的年收入分配絕對不平均（即該年所有收入都集中在一個人手裡，其餘的國民沒有收入），而後者則表示居民之間的該年收入分配絕對平均（即人與人之間收入絕對平等）。基尼係數的實際數值只能介於這兩種極端情況，即0～1之間。基尼係數越小，年收入分配越平均；基尼係數越大，年收入分配越不平均。要注意基尼係數只計算某一時段，如一年的收入，不計算已有資產，因此它不能反映國民的總積累財富分配情況。

聯合國開發計畫署等組織規定：若低於0.2表示指數等級極低；0.2-0.29表示指數等級低；0.3-0.39表示指數等級中等；0.4-0.59表示指數等級高；0.6以上表示指數等級極高。

類發展指數，約達奧地利水準，但生活品質則明顯不及，如由數字說話，一是貧富較不均，二是人口密度過高（646 人／平方公里），而奧地利為 101.4 人／平方公里，略可說明。

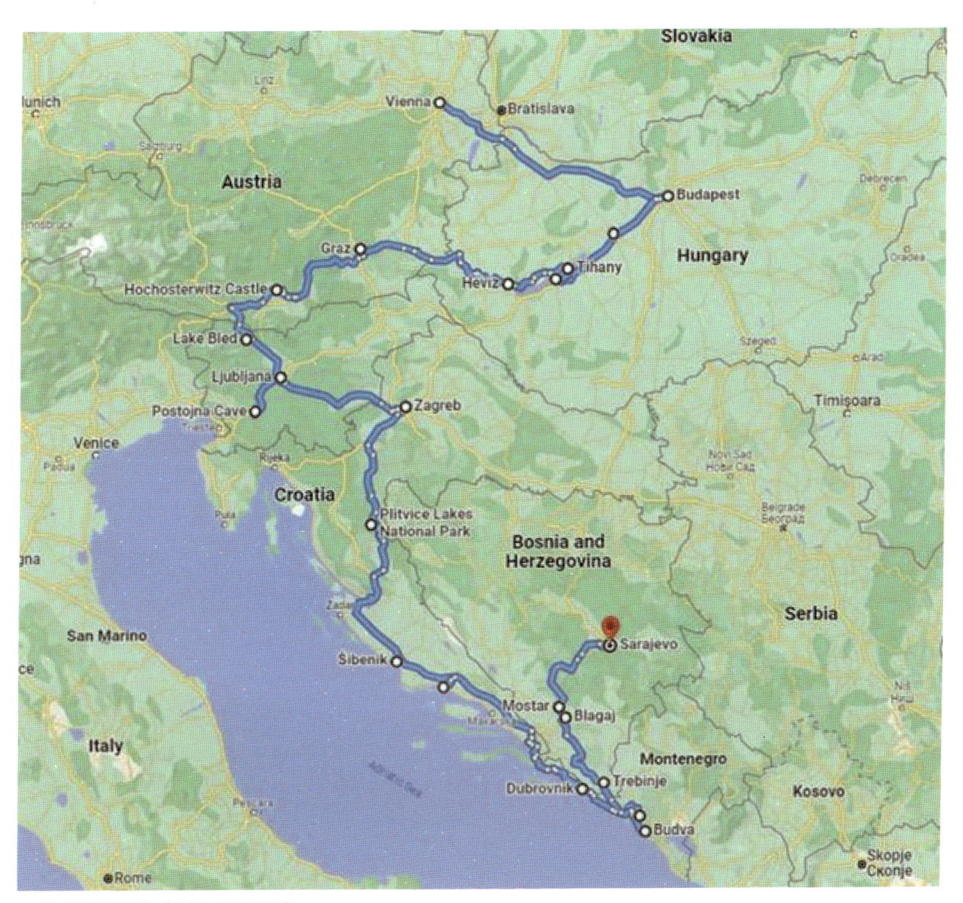

▲ 旅程路線圖（楊志傑製作）

2023 年奧匈與巴爾幹四國記遊（二）：世界文化遺產與美艷花木

2023 年 8 月 25 日　星期五

　　到歐洲旅遊，由於當地有許多「世界文化遺產」，所以旅程設計，往往會沿這些熱門景點而行，所謂「追遺」，奧匈與巴爾幹四國行也不例外，此行有幸造訪的勝地包括：

　　奧地利[1]：

　　美泉宮（Schoenbrunn Palace，德語：Schloss Schönbrunn）及其花園（申遺成功或備選年分：1996，以下同），

▲ 美泉宮（陳學安攝）

---

[1] https://zh.wikipedia.org/zh-tw/ 奧地利世界遺產名錄

格拉茲（Graz）城──歷史中心與埃根博格城堡（2000），

▲ 格拉茲城

維也納歷史中心（2001），2017年，因當地政府計劃在世界遺產保護項目附近新建高層建築，該項目被列入《瀕危世界遺產名錄》。

▲ 市立公園

預備名單：
霍赫奧斯特維茨（Hochosterwitz）城堡（1994）。

▲霍赫奧斯特維茨城堡

匈牙利[2]：
布達佩斯（多瑙河兩岸、布達城堡區和安德拉什大街）（1987）。

▲布達城堡

---

[2] https://zh.wikipedia.org/zh-tw/ 匈牙利世界遺產名錄

克羅埃西亞[3]：

布里特威斯湖（Lake Plitvice）國家公園（1979），

▲ 布里特威斯湖

斯普利特（Split）古建築群及戴克里先（Dioclitian）宮殿（1979），

▲ 遺跡內戴克里先宮殿示意圖

---

[3] https://zh.wikipedia.org/zh-tw/ 克羅埃西亞世界遺產名錄

杜布羅夫尼克（Dubronik）古城（1979），

▲杜布羅夫尼克古城

西貝尼克（Sibenik）的聖詹姆斯大教堂（Cathedral St. James）（2000），

▲聖詹姆斯大教堂

15 至 17 世紀威尼斯共和國的防禦工事（2017）。

▲ 防禦工事

黑山共和國[4]

科托爾（Kotor）自然保護區和文化歷史區（1979），

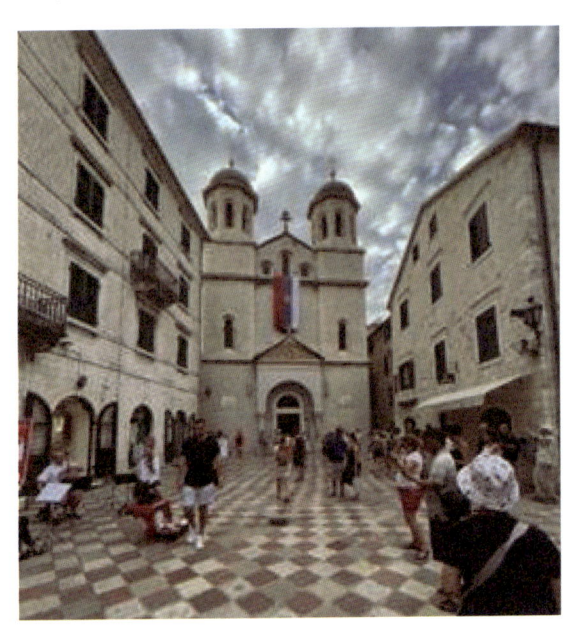

▲ 科托爾市景

---

[4] https://zh.wikipedia.org/zh-tw/ 黑山世界遺產名錄

莫斯塔爾（Mostar）舊城和舊橋地區（2005），

▲莫斯塔爾舊橋地區

15 至 17 世紀威尼斯共和國的防禦工事[5]（2017）。

▲防禦工事

---

[5] 跨國文化遺產

波士尼亞[6]：

預備名單：

塞拉耶佛（Sarajevo）：全球多元文化的獨特象徵——永不設防的城市（1997）。

▲拉丁橋事件撼動世界

---

[6] https://zh.wikipedia.org/zh-tw/ 波士尼亞與赫塞哥維納世界遺產列表

比較讓人意外的是斯洛維尼亞的波斯托伊那洞（Postojna Caves）以及布雷德湖（Lake Bled）以及匈牙利蒂豪尼（Tihany）本篤修道院（Benedict Abbey）並未列入「世界文化遺產」中。

　　中南歐在七月份天氣普遍燠熱，溽暑之際出遊，頗須一番耐力。足以補償的是此際繁花盛開，而當地人愛花惜花，在公共設施或私人場所，鄉間道路旁邊，舉目都可看到許多美麗花卉，交織成一幅幅美麗景象，美不勝收，讓人大飽眼福。

　　沿途所見，印象最深刻的紫薇花處處開，賞心悅目之餘，某些地方怒放的程度讓人驚豔不止，另外普遍可見的就是在台灣北部除黃色以外，已少見的紅色、粉色以及白色的夾竹桃紛紛盛開，也爭奇鬥艷，同時在多處可見高可及人的向日葵花田，明麗照人，其餘常在街頭巷尾，步道之旁，屢見驚喜，花團錦簇，堪稱族繁不及備載。讓人如置身「賞花樂園」中。

▲ 怒放的紫薇花

▲ 盛開的紅色夾竹桃

▲ 向日葵花田

▲ 明麗照人

2023 年奧匈與巴爾幹四國記遊（三）：
維也納美泉宮

2023 年 8 月 26 日　星期六

　　1998 年曾有維也納一遊，當時是乘到義大利佛羅倫斯（Florence）開會轉機之便，在文化名城盤桓三日，走訪多處名勝，意猶未盡，所以此次旅程安排不到一日遊，蜻蜓點水一番，自是不足，但聊勝於無。

　　由於土耳其航空公司班機誤點，到下午三時許方抵達維也納，出關後先至英雄廣場（Heroes Square）及周邊霍夫堡（Hofburg，Castle of the Court）等短暫停留拍照後，直奔最負盛名景點之一的美泉宮（Schoenbrunn Palace，德語：Schloss Schönbrunn）及其花園；根據聯合國「世界文化遺產」景點介紹（略）：「從 18 世紀到 1918 年，美泉宮是神聖羅馬帝國及奧地利帝國（包括奧匈帝國）哈布斯堡王朝皇帝的皇宮。它是以洛可可風格建造的單獨的、自成一體的建築工程。由三位名建築師設計。也是世界上最古老的持續經營的動物園——美泉宮動物園的所在地，該動物園於 1752 年建成，整體呈現為顯著的巴洛克建築風格，是整體藝術的完美代表。」[1]

　　美泉宮全體採用金色和黑色，是長期統治著奧地利的皇室——哈布斯堡（Habsburg）家族的代表顏色，總面積達 2.6 萬平方米。其名字來源於神聖羅馬帝國馬蒂亞斯（Matthias）皇帝，傳說 1612 年他在狩獵途中，飲用此處泉水，見此泉清澈見底、味道甜美，遂以神聖羅馬皇帝的身分將這座泉水賜名為「美泉」，此後「美泉」成為附近地區的代稱。

　　1743 年，奧地利女大公瑪麗亞・特蕾莎（Maria Theresa）為彰顯皇家權威，下令在此地興建一座氣勢磅礴的皇宮和巴洛克式花園，此後美泉宮一直被

---

[1] https://zh.wikipedia.org/zh-tw/ 奧地利世界遺產名錄

擴建。拿破崙戰爭時期，在此宣佈解散神聖羅馬帝國，成立奧地利帝國，1871年又改組奧匈帝國，1918年，隨著奧匈帝國在一戰的戰敗以及隨之而來的解體，此宮殿成為奧地利共和國的博物館，讓平民也能一窺皇家的輝煌，感受哈布斯堡帝國昔日的氣派。

發生在美泉宮的重要歷史事件包括在拿破崙戰敗後，反法聯盟國於1814年9月至1815年6月在此舉行「維也納會議」，瓜分歐洲。1961年6月3日至4日，冷戰期間兩個超級大國的領袖，即美國總統甘迺迪（Kennedy）和蘇聯總理赫魯雪夫（Khrushchev）之間的首腦會談就發生在美泉宮。在中立國奧地利首都維也納所舉行的這場會議旨在減少冷戰期間兩個超級大國之間的緊張關係。[2]

現在的美泉宮共有1,441間房間，其中45間對外開放供參觀，由一華裔解說員導覽，領略皇家起居以及執行公務場所之豪奢，頗能感受到宮廷氣氛，導覽解說詳盡，只是已近閉館時間，對每年吸引超過五百萬名遊客的皇家花園（入博物館參觀遊客約一百五十萬人）最多只能驚鴻一瞥，相當可惜。幸有年輕團友快步攝得珍貴照片，讓大家雖未目睹，也得欣賞法式園林之美。按美泉宮的最高點凱旋門（Gloriette）是花園中的羅馬式觀景亭，1998年訪奧時曾在亭中攝影留念，但舊照一時搜尋無著，無以與現今景象對照。

▲ 美泉宮博物館　　　　　　　　　▲ 造型典雅

---

[2] https://zh.wikipedia.org/zh-tw/ 美泉宮

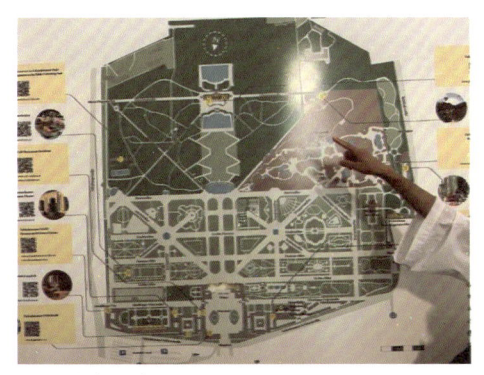

▲ 美泉宮示意圖 　　　　　　　　　▲ 宮前廣場（陳學安攝）

▲ 霍夫堡前大合照 　　　　　　　　▲ 曾是皇宮

▲ 皇家花園（陳學安攝） 　　　　　▲ 法式園林（陳學安攝）

2023 年奧匈與巴爾幹四國記遊（四）：莫札特音樂會

2023 年 8 月 27 日　星期日

　　維也納是有名的音樂之都，貝多芬、莫札特與舒伯特等古典音樂靈魂人物當年多生活在此，因此到維也納華麗廳堂，聆聽以大師作品為主的高水準音樂會，是難得的體驗。

　　經導遊安排，有興趣的團友得以在行前訂好十二日晚間「莫札特管弦樂團」音樂會入場券；音樂會在當地馳名的「音樂協會金色大廳」（Golden Hall in the Musikverein）舉行，按金色大廳是維也納愛樂樂團的永久所在地，每年在此向全球轉播新年音樂會，而且它是「維也納莫札特管弦樂團」主要舞台。

　　根據文宣，曲目包括莫札特的一百多首作品，音樂會以 18 世紀「音樂學院」的風格進行，通常演奏他眾多交響曲和獨奏協奏曲中的單個樂章，以及他最著名的歌劇中的序曲、詠嘆調和二重奏。[1] 當晚曲目包括《費加羅的婚禮》（The Marriage of Figaro）序曲、《魔笛》（Magic Flute）詠嘆調和二重奏、《小夜曲》（Eine Kleine Nachtmusik）第一樂章、第 40 號交響曲（Symphony No. 40）第一樂章，最後則演奏約翰史特勞斯（Johann Strauss）的藍色多瑙河（The Blue Danube），都是愛樂者熟悉的曲目，自然深受歡迎，效果不凡，同時歌手和演奏者，都穿著華麗的歷史服裝和戴著假髮，在金色大廳演出，營造出特殊氛圍，讓人覺得「值回票價」（中價位約七十五歐元）。

　　金色大廳是「維也納音樂協會」大樓面積最大的音樂廳，因裝修精美，且音響效果出色，是世界上最著名的音樂廳之一。建築設計由新古典主義建築師特奧費爾·翰森（Theophil Hansen）完成。1870 年 1 月 6 日，音樂廳正式啟

---

[1] https://www.mozart.co.at/konzertsaele-en.php

用，評論界對大廳（金色大廳）出色的音響效果讚嘆不已，很快聲名遠播。

金色大廳建造的年代尚未有成熟的建築聲學研究，建築師的設計直到多年後才有系統地得以科學解釋。今天看來，「鞋盒」形狀的音樂廳具有理想的比例，在此基礎上，天花板上的花格鑲板以及數量眾多的女神像柱等建築元素進一步延長了混響時間，長達兩秒。舞台木製地板下挖空的空間增強了聲音的共振效果，懸於屋架的天花板也起到了類似的作用。廳內的聽眾不論坐於遠近高低，都能享受到一樣水準的音樂演奏。大廳天花板上的畫作——阿波羅和九位繆斯女神，蔚藍的背景色與金碧輝煌的大廳形成鮮明的對比，而音樂廳內的雕塑也是由名家創作。[2][3]

▲ 維也納音樂協會大樓（楊志傑攝）

▲ 金色大廳

▲ 正面藝術女神雕像（陳學安攝）

▲ 高水準演出（楊志傑攝）

---

[2] https://zh.wikipedia.org/zh-tw/ 維也納音樂協會大樓
[3] https://en.wikipedia.org/wiki/Musikverein

▲ 女神像柱延長混響時間

▲ 花格鑲板有音響效果

▲ 安可謝幕

▲ 難得的體驗

▲ 節目單封面與封底（楊志傑攝）

▲ 節目表與入場券（楊志傑攝）

2023 年奧匈與巴爾幹四國記遊（五）：城市公園與拾遺

2023 年 8 月 28 日　星期一

一、城市公園

　　位於奧地利維也納的城市公園（Stadtpark）是一個大型市政公園，被維也納河（Wienfluss）分為兩部分，總面積為 65,000 平方米（28 英畝）。風景畫家 Josef Selleny 將該公園設計為英國園林風格，1862 年 8 月 21 日公園開幕，成為維也納的第一座公園。

　　公園裡有許多著名維也納藝術家、作家和作曲家的雕像，包括約翰・史特勞斯二世（小史特勞斯，Johann Strauss II），舒伯特（Franz Schubert）和布魯克納（Anton Bruckner）等。在小史特勞斯雕像邊的庫沙龍（Kursalon）樓和其可以進入公園的寬敞露台，是廣受歡迎的華爾茲音樂會舉辦地。1868 年 10 月 15 日，小史特勞斯在這裡舉辦他的第一場音樂會。庫沙龍因而成為音樂會和舞蹈的熱門地點，特別是在史特勞斯兄弟時代。今日經過一些改造後仍被用於舉辦舞會、音樂會。[1][2][3]

　　約翰・史特勞斯的鍍金銅像，是維也納最有名的以及被拍攝最多的雕

---

[1] https://zh.wikipedia.org/zh-tw/（城市公園）維也納
[2] https://en.wikipedia.org/wiki/Kursalon_Hübner
[3] 據 ChatGPT：「Kursalon」一詞是一個德語複合詞，由兩部分組成：「Kur-」和「-salon」。「Kur」在德語中的意思是「治癒」或「水療」，這個術語通常與健康和保健治療相關。「沙龍」是指用於接待、展覽、音樂會、舞會等的大房間或大廳。因此，「Kursalon」大致可翻譯為「水療沙龍」或「治療大廳」，一般用於表示與健康、放鬆和娛樂相關的建築物或場所，通常位於水療城鎮或度假村。而此處的 Kursalon 是一座歷史建築，最初被設計為水療館，後來成為舉辦音樂會和社交活動的熱門場所。

像之一。它揭幕於 1921 年 6 月 26 日，框架的大理石浮雕由埃德蒙赫爾默（Edmund Hellmer）創作。鍍金在 1935 年被取走，1991 年再次安裝。城市公園是維也納紀念碑和雕塑最多的公園。[4]

位於維也納河南岸的兒童公園（Kinderpark）成立於 1863 年，今天仍然主要作為遊樂場和運動場地。卡羅琳橋（Karolinenbrücke）於 1857 年建成，自 1918 年起稱為城市公園橋（Stadtparkbrücke），連接著河北岸的公園本身。[1]

由於要趕赴約 250 公里外的布達佩斯，在城市公園僅逗留約半小時，主要在小史特勞斯雕像及庫沙龍樓前拍照。1998 年曾在公園另一端舒伯特雕像前留影，二十五年後在匆忙中得見緣慳一面的小史特勞斯雕像，頗為湊巧。同時也感謝本團年輕團友飛步拍得舒伯特雕像照片，與大家共享。

▲ 城市公園（取自 Google Map）

▲ 雕像與庫沙龍 3D 圖（取自 Google Map）

▲ 維也納運河起點

---

[4] https://en.wikipedia.org/wiki/Stadtpark,_Vienna

▲ 小史特勞斯金色雕像 　　　　　　　▲ 大合照

▲ 合影留念 　　　　　　　　　　　　▲ 庫沙龍樓

▲ 花鐘 　　　　　　　　　　　　　　▲ 舒伯特雕像（陳學安攝）

二、拾遺

　　在維也納來去匆匆，照正常作息，無緣得見許多世界級的勝景，幸好旅遊團有空軍可以出動無人機偵拍，又有陸軍斥候乘夜晚時分或拂曉出擊拍照，代為擴充視野，在此轉載部分成果與團友分享。

▲ 美景宮（陶雨台空拍） 　　▲ 卡爾車站（陳學安攝）

▲ 卡爾教堂（陳學安攝） 　　▲ 聖史帝芬大教堂（陳學安攝） 　　▲ 維也納大學（陳學安攝）

▲ 維也納市政廳（陳學安攝） 　　▲ 維也納國會大廈（陳學安攝）

▲ 美景宮（陳學安攝）

▲ 奧地利國家圖書館（陳學安攝）

▲ 維也納歌劇院（陳學安攝）

▲ 維也納科技大學（陳學安攝）

2023 年奧匈與巴爾幹四國記遊（六）：布達佩斯英雄廣場

2023 年 8 月 29 日　星期二

　　自維也納往東約一小時車程，即進入匈牙利境內，原以為會看到 1970 年代美國與墨西哥邊境景象，一邊寬敞平整瀝青道路，名車絡繹於途，另一邊窄路塵土飛揚，充斥老舊車輛，不料奧匈兩地差異不大，並無違和感。除歷史淵源外，如果看數據，兩國人口、面積、人類發展指數、基尼係數皆相近，雖然奧地利較富裕，匈牙利人均 GDP（PPP）也近 41,000 美元，有一定生活水準，略可見一二。

　　匈牙利為歐盟中型面積成員國之一，九世紀後期，馬扎爾人（Magyars）來到此地，在西元一千年建立王國，並立基督教為國教。十八世紀開始被哈布斯堡（Habsburg）君主國統治。十九世紀與奧地利合組奧匈帝國，並成為歐洲的超級強權之一。

　　第一次世界大戰後，奧匈帝國瓦解，匈牙利失去了 71% 的領土和 58% 的人口，以及 32% 的馬扎爾人。在其後的動盪期，匈牙利加入了軸心國並參與第二次世界大戰，傷亡慘重。二戰後匈牙利成為蘇聯的衛星國直至 1989 年，匈牙利與奧地利互相開放邊界加速了東方集團和蘇聯的瓦解，匈牙利成為多黨議會制民主國家，但歐洲議會於 2022 年 9 月 15 日投票通過議案，表示匈牙利自 2018 年以來不再是一個完全民主的國家，並將維克多・奧班（Viktor Orbán）治下的匈牙利政府列為混合型選舉式威權政府。

　　匈牙利有著悠久的歷史，對藝術、音樂、文學、體育、科學和技術做出了重大貢獻。它是一個高收入經濟體，擁有全民醫療保健和免費中等教育。在國際事務中屬於中等強國，這主要是由於其文化和經濟影響力，並且是一個受後歡迎的旅遊目的地，在 2019 年即吸引了 2450 萬國際遊客。[1][2]

---

[1] https://zh.wikipedia.org/zh-tw/ 匈牙利
[2] https://en.wikipedia.org/wiki/Hungary

在匈牙利旅遊第一站是首都布達佩斯（Budapest），匈牙利王國原定都布達（Buda），該地區在 1241-1242 年被蒙古人掠奪。重建後的布達在 15 世紀成為文藝復興時期人文主義文化的中心之一。1873 年，由位於多瑙河西岸的布達，和老布達區及東岸的佩斯（Pest）合併而成，也成為奧匈帝國的共同首都。

歷經 1848 年匈牙利革命、第一次世界大戰、二戰慘烈圍城戰以及 1956 年的匈牙利革命，布達佩斯目前為匈牙利最主要的文化、政治和經濟中心，並在 2014 年被評為歐洲發展速度第二快的城市經濟體。布達佩斯是歐洲創新與技術研究院的總部、歐盟執法訓練機構的所在地。多瑙河沿岸的布達佩斯中心地區被列為聯合國教科文組織世界遺產，城市保存了許多著名的建築古蹟，是歐洲非常受歡迎的旅遊都市，每年吸引約 1200 萬國際遊客參觀。[3][4]

自維也納到布達佩斯約三小時車程，抵達時已過中午，首先到台灣飯店用餐；一般在歐洲用中餐雖略帶「家鄉味」，但不會有很大的期待，但此餐質量在水準之上，是另類「台灣之光」。

餐後先到附近之「英雄廣場」打卡；該廣場是布達佩斯的主要廣場，位於佩斯區安德拉什大街（Andrassy Avenue，被列為世界遺產）的末端，毗鄰布達佩斯城市公園。廣場周圍有 2 座重要建築：左側的美術博物館，和右側的藝術宮。

廣場的陳設在百餘年內經過多次更改和增設。英雄廣場的中心，是該市的地標之一──千年紀念碑，開始興建於 1896 年，為紀念馬扎爾人（Magyars）征服喀爾巴阡盆地（Carpathian Basin）一千周年。紀念碑主體刻有在九世紀創建匈牙利的七個馬扎爾部落領袖，以阿爾帕德（Arapd）大公為首雕像；兩側的柱廊於之後建成，並設有匈牙利其他歷史名人的雕像。1929 年，紀念碑主體前增設了匈牙利英雄紀念碑，以紀念一戰期間陣亡的匈牙利人。[5][6][7][8]

---

[3] https://zh.wikipedia.org/zh-tw/ 布達佩斯
[4] https://en.wikipedia.org/wiki/Budapest
[5] https://zh.wikipedia.org/zh-tw/ 英雄廣場（布達佩斯）
[6] https://zh.wikipedia.org/zh-tw/ 安德拉什大街
[7] https://en.wikipedia.org/wiki/Heroes%27_Square_（Budapest）
[8] https://en.wikipedia.org/wiki/Seven_chieftains_of_the_Magyars

▲ 另類台灣之光 　　　　　　　　▲ 英雄廣場（陳學安攝）

▲ 全員到齊

▲ 千年紀念碑（楊志傑攝） 　　▲ 大天使加百利雕像（楊志傑攝） 　　▲ 打卡留念

▲ 左側柱廊

▲ 右側柱廊

▲ 藝術宮

▲ 美術博物館

2023 年奧匈與巴爾幹四國記遊（七）：布達佩斯漁夫城堡

2023 年 8 月 30 日　星期三

　　接著驅車前往漁夫城堡（Fisherman's Bastion），英雄廣場位於佩斯區，漁夫城堡則位於多瑙河西岸的布達。它是一個新哥德式和新羅馬風格的觀景台，位於城堡山布達城堡（Buda Castle）旁，鄰近馬加什教堂（Matthias Church）。由於從新羅馬式觀景台可以欣賞到布達佩斯獨特的全景，它成為最重要的旅遊景點之一。

　　漁夫城堡的主立面與多瑙河平行，長約 140 米，其中南側過道長約 40 米，北側長 65 米，華麗的中央女兒牆長 35 米。它的七座高聳的石塔象徵著馬扎爾人的七位首長，他們於 895 年建立匈牙利。當天風和日麗，自觀景台東望，蔚藍的多瑙河與兩岸明麗建築，交織出一幅幅美麗的圖像，令人難忘。

　　城堡修建於 1895 年到 1902 年之間，得名有不同說法，一說是源於在中世紀負責守衛這一段城牆的漁民行會（the Guild of Fishermen），另一說是由當地多瑙河畔魚鎮（Fishtown）名稱而來。第二次世界大戰期間，漁夫城堡近乎毀滅。1947 年至 1948 年之間，開始了修復工程。[1][2][3]

　　觀景台後的馬加什教堂（Matthias Church）最初建於 1015 年。目前的哥德式建築興建於 14 世紀下半葉，19 世紀後期大修。它是布達中世紀第二大教堂。教堂的正式名稱是聖母教堂（Church of Our Lady of Buda），又稱為

---

[1]　https://zh.wikipedia.org/zh-tw/ 漁人堡
[2]　https://en.wikipedia.org/wiki/Fisherman%27s_Bastion
[3]　https://zh.wikipedia.org/zh-tw/ 布達城堡
　　布達城堡（Buda Castle）原來也稱作「王宮」或「王家城堡」，始於 1247 年，神聖羅馬帝國皇帝西吉斯蒙德將原來的建築物改建為哥德式王宮。哈布斯堡王朝將其重建成巴洛克式。現時布達城堡成為了匈牙利國家美術館，供遊人欣賞。布達城堡於 1987 年被聯合國教科文組織列入世界遺產。

加冕教堂（Coronation Church of Buda），但是通常以國王馬加什一世（King Matthias I）的名字稱為馬加什教堂。這座教堂不僅是幾個加冕儀式的地點，還是馬加什一世兩次舉行婚禮的地點。

教堂歷史上最黑暗的時期，是匈牙利被土耳其占領期間。1541 年，布達淪陷，這座教堂改為該城的主要清真寺，裝飾牆壁的華麗壁畫均被清除。雖然土耳其人於 1686 年趕走，直到 19 世紀末期才較成功恢復這座教堂的巴洛克風格，重現昔日輝煌，許多早期原始的哥德式元素也被發現。另外，增加它自己的新圖案（如鑽石圖案瓦和滴水嘴尖頂），成為對布達佩斯的市容最突出的特徵之一。[4,5]

在城堡與教堂間有一聖伊什特萬（St Istvan，Saint Stephen）紀念碑，是紀念匈牙利於 1000 年，在教皇主持下加冕的第一位國王。在他統治時期，馬扎爾人完成了從游牧部落向封建國家的轉變。史蒂芬一世廢除了舊有的按氏族劃分人民的辦法，實行行政區制度（設立國王省）。他在馬扎爾民族中強制推行基督教信仰。他在 1083 年即已被宣布為聖人，他的大氅和劍，以及加冕時的誓詞，直到哈布斯堡王朝的最後一位君主都一直是匈牙利國王加冕式上必不可少的內容。[6,7]

在漁夫城堡遊憩約一小時，步行到停車場搭巴士，沿途有匈牙利名將 Andras Hadik 騎馬雕像（Equestrian Statue of Andras Hadik）與國立塞切尼圖書館（National Széchényi Library）兩景點，各有其有趣故事，在此從略，但也可見布達佩斯旅遊資源之豐富。[8,9]

▲ 漁夫城堡 3D 圖（取自 Google Map）　　▲ 主立面與多瑙河平行

4　https://zh.wikipedia.org/zh-tw/馬加什教堂
5　https://en.wikipedia.org/wiki/Matthias_Church
6　https://zh.wikipedia.org/zh-tw/伊什特萬
7　https://en.wikipedia.org/wiki/Stephen_I_of_Hungary
8　https://budacastlebudapest.com/statue-andras-hadik-buda-castle-district/
9　https://en.wikipedia.org/wiki/National_Széchényi_Library

▲ 石塔象徵建國七賢（楊志傑攝）

▲ 美麗景象（陳學安攝）

▲ 一覽無餘（楊志傑攝）

▲ 鑽石圖案瓦為特色之一（楊志傑攝）

▲ 馬加什教堂（陳學安攝）

▲ 教堂空拍圖（陶雨台攝）

▲ 真的假的？　　　　　　　　　　　　▲ 導遊長相似昔日匈牙利舊友（陳學安攝）

▲ 教堂側景　　　▲ 匈牙利第一位國王（楊志傑攝）　　▲ 名將 Andras Hadik 騎馬雕像

▲ 國立塞切尼圖書館（陳學安攝）

2023 年奧匈與巴爾幹四國記遊（七）：布達佩斯漁夫城堡　143

2023 年奧匈與巴爾幹四國記遊（八）：
布達佩斯多瑙河遊船巡禮

2023 年 9 月 1 日　星期五

　　在多瑙河搭船遊河不由想起 2019 年在德國萊茵河相似經驗，沿岸風景，美不勝收，兩者都是極佳的體驗；同時兩條河流的中文名稱都與譯音相近而用詞優美，讓人好奇是由哪位高手翻譯。根據 ChatGPT：「萊茵河和多瑙河的中文名稱很可能是由早期的中國傳教士、翻譯家或是地理學者所翻譯的，但沒有特定的紀錄指出是由特定的某人所翻譯。這些河流的名稱已經存在很長的時間，而且在很多語言中都有類似的譯名，所以很難追溯到是哪一個人第一次將其譯成中文。」

　　多瑙河是歐洲第二大河，發源於德國黑森林地區，最後注入黑海，全長 2,857 公里[1]，是中東歐極為重要的國際河道，流經德國、奧地利、匈牙利、克羅埃西亞和烏克蘭等 10 個中歐及東歐國家，是世界上流經國家最多的河流。多瑙河也是歐洲文學和藝術多次描寫的對象，孕育著歐洲文化，最著名的應當數奧地利音樂家小約翰・史特勞斯作的圓舞曲《藍色多瑙河》，是維也納新年音樂會每年必演奏的保留曲目。萊茵河也是歐洲長河之一，同時也是世界上最繁忙的流域之一，全長 1,232 公里。在歷史上，萊茵河與多瑙河共同構成羅馬帝國北界，擔任貿易交通的用途。[2]

　　遊河約一小時，從布達堡附近伊莉莎白橋（Elisabeth Bridge）佩斯邊碼頭出發，向北航行，雙層遊船航行平穩而緩慢，雖然已近黃昏時分，天光仍盛，而無艷陽灼目，是仔細欣賞沿途美景的大好時光：由於坐於遊船左側，所以先自布達邊建築看起，包括布達堡、山多爾宮（總統官邸）、歸正教會

---

[1] https://zh.wikipedia.org/zh-tw/ 多瑙河
[2] https://zh.wikipedia.org/zh-tw/ 萊茵河

（Reformed Church）、漁夫城堡、馬加什教堂、聖安娜教堂、聖五傷方濟各教堂、Novotel 旅館，在接近瑪格麗特河中島（Margaret Island）之瑪格麗特橋（Margaret Bridge）迴轉。

首先映入眼簾的是國會大廈，接著是匈牙利科學院、四季酒店、洲際酒店、萬豪酒店、聖母瑪利亞教堂（Budapest Inner-City Mother Church of Our Lady of the Assumption）、中央商場、布達佩斯考文紐斯大學、Bálna 大型購物中心、Duna 醫學中心、國家劇院，到拉科奇橋（Rákóczi Bridge）再迴轉，經羅蘭大學、科技經濟大學、蓋勒特（Gellert）浴場和酒店，值得一提的是，在 235 米標高蓋勒特山頂端 Citadella 城堡中的雙手高舉棕櫚葉的自由女神像（Liberty Statue in Citadella），是布達佩斯的地標。[3][4]

總計從瑪格麗特橋到拉科奇橋約七公里，沿途所見據說是多瑙河最美的風光；由於是初到布達佩斯，人文地理均不熟悉，幸好有谷歌三度空間地圖（Google 3D Map）可查詢，事後由所攝照片，從建築樣式、標誌與地標，與其仔細對照，通常可找出答案，是現今旅遊的一大助力。

晚餐享用匈牙利燉肉風味料理，餐廳以酒窖式裝潢，燉肉頗道地，席間有拉小提琴樂手演奏台灣來客熟悉曲目助興，一席盡歡。有趣的是小提琴手深怕顧客誤會，備有中文小抄一份，言明歡迎小費，倒也頗有斬獲。

▲ 一席盡歡　　　　　　　　　　▲ 遊船與碼頭

---

[3] https://en.wikipedia.org/wiki/Citadella
[4] https://en.wikipedia.org/wiki/Liberty_Statue_（Budapest）

▲ 布達堡

▲ 山多爾宮（總統官邸）

▲ 歸正教會（Reformed Church）

▲ 漁夫城堡與馬加什教堂

▲ 漁夫城堡（陳學安攝）

▲ 馬加什教堂（陶雨台空拍）

▲ 聖安娜與聖五傷方濟各教堂

▲ 國會大廈

▲ 歐洲最大國會大廈（楊志傑攝） 　　▲ 國會大廈夜景（陳學安攝）

▲ 曾為帝都（陶雨台空拍） 　　▲ 匈牙利科學院

▲ 四季酒店 　　▲ 萬豪酒店

▲ 聖母瑪麗亞教堂 　　▲ 中央商場

2023 年奧匈與巴爾幹四國記遊（八）：布達佩斯多瑙河遊船巡禮　147

▲ 考文紐斯大學

▲ 大型購物中心

▲ 醫學中心

▲ 國家劇院

▲ 羅蘭大學

▲ 科技經濟大學

▲ 蓋勒特浴場和酒店

▲ 布達佩斯地標

▲ 自由女神紀念碑（楊志傑攝）

▲ 道地風味（陳學安攝）

▲ 美味甜點（陳學安攝）

2023 年奧匈與巴爾幹四國記遊（九）：
布達佩斯中央市場與拾遺

2023 年 9 月 1 日　星期五

一、中央市場

　　在布達佩斯最後一站是中央市場，以新鮮的農產品和選擇多樣而聞名。市場竣工於 1897 年，有超過百年歷史，是匈牙利布達佩斯最大、最古老的室內市場。共有三層。地下部分和一層主要銷售食品，包括各種生鮮食材，以及乾果和香料。二層則銷售各種手工藝品，並有一些當地風味餐廳。[1]

　　它位於著名的步行購物街 Váci 街的盡頭，自由橋佩斯一側的 Fővám 廣場。入口大門具有新哥德式風格。它的建築特色是屋頂經過修復，採用了來自佩奇（Pécs）的彩色 Zsolnay 瓷磚。建築面積 10,000 平方米，鋼結構覆蓋。第二次世界大戰期間，市場受到嚴重破壞，狀況持續惡化。直到 1991 年，經過徹底整修，才恢復了原來的輝煌。該建築於 1997 年重新開放，廣受好評，大廳是布達佩斯最受歡迎的旅遊景點之一。[2]

　　市場旁的自由橋（Liberty Bridge）建於 1894 年到 1896 年，採用當時認為最美觀的仿鏈型橋梁。奧地利皇帝兼匈牙利國王弗朗茨・約瑟夫一世（Franz Joseph I）出席了開幕儀式，並親自安裝了最後一個銀鉚釘。這座橋最初也是以這位皇帝命名。橋長 333.6 米，寬 20.1 米。橋柱的頂端裝飾著四個古代匈牙利神話中類似獵鷹的鳥銅像。許多電車經過此橋，對汽車交通造成嚴重負擔，

---

[1] https://zh.wikipedia.org/zh-tw/ 布達佩斯中央市場
[2] https://en.wikipedia.org/wiki/Great_Market_Hall_Budapest

因此有倡議，在布達佩斯地鐵四號線完成後，將其改為人行橋。[3][4]

橋另一端是蓋勒特（Gellert）廣場：在蓋勒特山下，有蓋勒特浴場和酒店；抬頭望去，蓋勒特山頂自由女神雕像清晰可見。

▲ 最大、最古老室內市場（陳學安攝）

▲ 新哥德式風格（陳學安攝）

▲ 屋頂採用彩色瓷磚（楊志傑攝）

▲ 地上兩層

▲ 鵝肝與酒類

---

[3] https://zh.wikipedia.org/zh-tw/ 自由橋
[4] https://en.wikipedia.org/wiki/Liberty_Bridge_（Budapest）

▲ 蔬菜水果 　　　　　　　　　　　▲ 辣椒成串

▲ 俄羅斯套娃 　　　　　　　　　　▲ 圍巾與衣物

▲ 各種熟食 　　　　　　　　　　　▲ 巨無霸三明治

▲ 雞農雕像 　　　　　　　　　　　▲ 自由橋（陳學安攝）

▲ 皇家紋章（陳學安攝）

▲ 橋柱頂端裝飾 Turul 銅像（陳學安攝）

▲ 山頂自由女神雕像（陳學安攝）

二、拾遺

在布達佩斯，前後也不到一天，本團斥候循例在夜晚及拂曉出動拍照，權充「第三隻眼」角色；據回報，布達佩斯可能是為節能關係，晚上十一點起，公共建築燈火全滅，所以主要只能在清晨拍照，在此轉載部分成果：

▲ 聖伊什特萬聖殿（陳學安攝） 　　　　　▲ 布達佩斯喜劇劇場（陳學安攝）

▲ 民族誌博物館（陳學安攝） 　　　　　　▲ 民族英雄 Lajos Kossuth（陳學安攝）

▲ 城市公園溫泉浴場正門（陳學安攝） 　　▲ 沃伊達奇城堡（陳學安攝）

▲ 使徒塔（陳學安攝）

▲ 划船與溜冰場（陳學安攝）

▲ 布達佩斯歌劇院（陳學安攝）

▲ 獅子噴泉（陳學安攝）

▲ 詩人 Mihaly Vorosmarty 雕像（陳學安攝）

▲ Merkantil 銀行（陳學安攝）

▲ 塞切尼鏈橋（陳學安攝）

2023 年奧匈與巴爾幹四國記遊（十）：皇家白色城堡

2023 年 9 月 2 日　星期六

　　接著前往布達佩斯西南約 65 公里之賽克斯菲瓦（Székesfehérvár），Szek 有皇室之意，Fehérvár 意為白色城堡，直譯是「皇家白色城堡」。此地為匈牙利第一任國王加冕與安葬所在之處，也是 10 至 16 世紀時的匈牙利王國首都，直到中世紀結束，匈牙利國王的加冕（共計 37 位國王）和埋葬（共 17 位）均在此。[1][2][3]

　　從巴士停車場步行往主景點，首先經過 Várfal 公園，中間有一座著名的 Püspökkút（主教井）雕像，是名建築師 Bory Jenő 手筆，頂部有一位手持劍的騎士，基座上有四位主教的雕像，該雕像於 1928 年落成後，一直矗立在市政廳廣場上，直至 1972 年，即 Székesfehérvár 千禧年，才遷至此。[4]

　　次經李斯特（Liszt Ferenc）街，街邊有推著車的卡蒂阿姨（Aunt Kati）雕像，傳說她是鎮上以及食品和蔬菜市場的知名人物。自 2001 年起，雕像就豎立在街頭，每年 11 月她的紀念日，居民們都會盛大的慶祝。[5] 又據說觸摸雕像的鼻子能夠帶來好運，難怪可以看到她的鼻子被擦得發亮。街名也讓人想起，偉大的音樂家李斯特是匈牙利人。[6]

---

[1]　https://en.wikipedia.org/wiki/Székesfehérvár

[2]　https://zh.wikipedia.org/zh-tw/塞克什白堡

[3]　根據 ChatGPT：「白色城堡因何命名，並不確定」，「在奧斯曼帝國占領期間，城堡與大教堂被毀，許多匈牙利國王和王后陵墓的確切位置也因此丟失。如今，在 Székesfehérvár 僅可以參觀大教堂的廢墟，遺址上還有一座紀念埋葬在那裡的國王和王后的紀念碑」因此現今不見城堡：「匈牙利第一位國王史蒂芬一世（King Stephen I），後來被封為匈牙利的聖史蒂芬。當大教堂在奧斯曼帝國占領期間被毀時，他的墳墓以及許多其他墳墓的確切位置都丟失了。今天，該遺址設有一座紀念碑，紀念埋葬於此的國王和王后，其中包括聖史蒂芬。」所以聖史蒂芬教堂並非史蒂芬一世的埋葬地。

[4]　https://hu.wikipedia.org/wiki/Püspökkút

[5]　https://turizmus.szekesfehervar.hu/catalog/details/220/lang/en

[6]　https://zh.wikipedia.org/zh-tw/李斯特・費倫茨

在市政廳附近街口，豎立著「鄉村蘋果雕像」（Country Apple Statue）噴泉，由一個巨大的紅色大理石球體組成，代表鄉村蘋果（országalma），這是匈牙利民族及其作為基督教王國的歷史角色的象徵。球體周圍有四個較小的球體，指著四個主要方向，以及產生動態效果的水射流。噴泉是當地人和遊客的熱門景點，在晚上被五顏六色的燈光照亮時尤其美麗。[7]

主景點聖史蒂芬教堂（The Cathedral Basilica of St. Stephen the King）就在轉角處：建築為巴洛克風格，建於1758年至1768年間。唱詩班和祭壇由奧地利著名建築師設計。內部壁畫描繪了史蒂芬一世國王的生活場景，祭壇畫代表了史蒂芬國王跪在聖母面前，華美的天花板壁畫皆由名家繪製。

巴洛克晚期講壇採用華麗的古典風格建造，類似於主祭壇。頂部的雕塑群與第一個拱頂上的壁畫代表了相同的主題。講壇是一座巨大的紅色大理石結構，配有鍍金木雕。小天使般的天使坐在帶有四形體符號的壁架上。頂部有一組雕塑，描繪了教會戰勝偶像崇拜的故事。教會的形象可以從他頭上的皇冠辨認出來。他手裡拿著十字架、聖杯和法典。偶像崇拜表現為一個躺著的男性人物，拼命地抓住一個小偶像，一尊古老的半身像落在他背後的地上。整組雕像由一個在白雲頂上吹笛的小天使注視著，頗有故事。[8]

在教堂前側，有一當地主教 Kálmáncsai Domonkos 雕像，表揚其對匈牙利王國與教會的貢獻。[9] 教堂旁的市政廳前，則另見「第十輕騎兵團紀念碑」（10-es huszárok lovasszobra），在石板基座上，有一個手持利劍騎士雕像，紀念第一次世界大戰中陣亡的當地輕騎兵子弟。[10]

在公園一角見一車載小書攤，顯示在此約十萬人的小市鎮中，仍有足夠市場。同時在所經之處，房舍整齊清潔，街道一塵不染，讓人印象深刻。另外值得一提的是現任總理奧班（Viktor Orban）是當地人，奧班是川普型政治人物，執政至今，前後已長達十七年，有威權傾向，並與大陸與俄羅斯友善，頗不為西方媒體所喜，負評偏多。[11]

---

[7] https://hu.wikipedia.org/wiki/Országalma（Székesfehérvár）
[8] https://en.wikipedia.org/wiki/Cathedral_Basilica_of_Székesfehérvár
[9] https://www.arcanum.com/hu/online-kiadvanyok/Tunderkert-tunderkert-1/a-varadi-puspokseg-tortenete-alapitasatol-a-jelenkorig-3B9F/elso-kotet-a-varadi-puspokok-a-puspokseg-alapitasatol-1566-evig-3BA3/otodik-konyv-a-puspokseg-otodik-szazada-14901566-4101/kalmancsehi-domokos-ii-14951501-4118/
[10] https://www.kozterkep.hu/2189/10-es-huszarok-lovasszobra
[11] https://zh.wikipedia.org/zh-tw/奧班・維克多

▲ 主教井雕像 　　　　▲ 卡蒂阿姨雕像 　　　　▲ 巴洛克風格建築（陳學安攝）

▲ 打卡留念 　　　　▲ 主祭壇 　　　　▲ 華麗的天花板（楊志傑攝）

▲ 講壇雕飾頗有故事 　　　　▲ 鄉村蘋果雕像（陳學安攝）

▲ 教堂空拍圖（陶雨台攝）

▲ Hi！雨台（陶雨台空拍）

▲ 主教雕像

▲ 輕騎兵團紀念碑（楊志傑攝）

▲ 車載小書攤

2023 年奧匈與巴爾幹四國記遊（十一）：蒂豪尼本篤修道院

2023 年 9 月 3 日　星期日

一、湖邊午餐

　　午餐在附近之湖邊庭園式餐廳用餐，雖然座位安排在戶外，但就在湖畔，又有垂柳遮蔭，並不太感燠熱；在上餐前抽空在園中欣賞各種美麗花木，別有一番樂趣。主餐是匈牙利鄉村豬排，頗有風味，倒是甜點久等不來，原來店方誤會是要打包帶走，成為有趣插曲。飯後漫步上車，有團友發現湖邊小舟一帶可作為絕美拍照背景，大家紛紛留下倩影或與另一半共曬恩愛。

▲ 湖畔垂柳邊午餐（葉吉倫攝）　　▲ 湖畔餐廳（取自 Google 3D Map）

▲ 庭園式餐廳（陳學安攝） 　　　　　　▲ 鄉村豬排風味（陳學安攝）

▲ 甜點久等不來 　　▲ 白色夾竹桃 　　▲ 玫瑰花開

▲ 大快朵頤（葉吉倫攝） 　　　　　　▲ 不能免俗

2023 年奧匈與巴爾幹四國記遊（十一）：蒂豪尼本篤修道院

二、蒂豪尼本篤修道院

　　餐後前往約七十公里外之巴拉頓湖邊蒂豪尼（Tihany）村莊，以本篤會蒂豪尼修道院（Benedictine Tihany Abbey）為中心，村莊名稱來自斯拉夫語，意為「安靜或安靜的人」。修道院由安德烈一世（Andrew I of Hungary）創建於公元 1055 年，並於 1754 年以巴洛克風格重建。安德烈一世死後也就安葬於這所修道院的地下聖堂，是迄今為止唯一保存下來的中世紀匈牙利國王的墳墓。修道院的章程是現存最早的匈牙利語文獻，章程現在存放於潘諾恩哈爾姆千年修道院（Pannonhalma Benedictine Archabbey）。修道院現在仍然運作，並因為其歷史及藝術價值以及眺望巴拉頓湖景致的優越位置而吸引眾多遊客。[1][2][3]

　　巴拉頓湖是匈牙利跨多瑙河地區的一個淡水裂谷湖。它是中歐最大的湖泊，也是該地區最重要的旅遊目的地之一。巴拉頓湖名源自斯拉夫語，意思是「泥土、沼澤」，平均深度約 3.2 米。[4]

　　蒂豪尼修道院也作為哈布斯堡王朝的註腳而名留歷史——哈布斯堡王朝與奧匈帝國的末代皇帝卡爾一世（Karl I）在 1918 年被廢黜後，曾兩度於匈牙利尋求復辟但都以失敗告終，第二次失敗後，他曾被短暫囚禁於蒂豪尼修道院，隨後他被移交給英國人。

　　蒂豪尼因迴聲（Echo）而聞名，自 18 世紀以來一直存在，總結了此地的傳奇。由於景觀的變化，迴聲已經減弱。傳說的另一部分與從巴拉頓島衝上岸的「山羊指甲」有關，它們實際上是史前蛤蜊的角。故事裡有一位公主，養著一頭金毛山羊，但她受到了懲罰（被湖之王詛咒）：山羊在巴拉頓湖消失，只留下了指甲，而公主被罰對每一位路人做出回應。村子附近仍然可以看到一座紀念呼喊女孩的雕像。[1]

　　蒂豪尼本篤會修道院是匈牙利古代聖地之一。教堂有一個中殿、兩個過道和一個聖壇，採用傳統的東方排列方式。聖壇比中殿略窄，樓層較高，其下有一塊面積相同的空間，是創始人的墓地。可通過過道東端的石階進入。關於這

---

[1] https://en.wikipedia.org/wiki/Tihany
[2] https://zh.wikipedia.org/zh-tw/ 蒂豪尼
[3] https://en.wikipedia.org/wiki/Tihany_Abbey
[4] https://en.wikipedia.org/wiki/Lake_Balaton

座建於 1055 年的修道院教堂的大小的所有線索都因隨後的改建和地板的加深而被抹去了，但中殿可能不會比現在的教堂大。

寬闊的拱形教堂於 1735 年竣工。聖壇下方保留了中世紀的地下室，中殿下方建有修道士的地下室。當時教堂還沒有裝修好，甚至沒有祭壇。然而，修道院已經完全竣工，其側翼與教堂形成了一個規則的正方形。1740 年，在外界贊助下，開始建造一座更大、更華麗的巴洛克式修道院，並於 1744 年開始擴建整個建築群。教堂於 1754 年夏天竣工，禮儀設施和附屬設施在隨後的二十年裡不斷增添。靜和停滯幾乎是整個十九世紀的特徵，最終，於 1889／1890 年的計劃進行了翻修。明顯嚴重的結構問題得到了解決，外牆得到了翻新，並對修道院的內部佈局進行了輕微的改變，以滿足當時的需求。[5][6]

▲ 巴拉頓湖（陶雨台空拍）　　▲ 修道院空拍圖（陶雨台攝）

5　https://eng.tihanyiapatsag.hu/
　1950 年，僧侶們被驅逐出修道院。只允許保留教區。該建築曾被用作貧民窟，後來成為博物館。本篤會於 1990 年返回蒂豪尼，但直到 1994 年才從政府手中收回所有權。教堂內部（壁畫和祭壇）的修復工作於 1992 年開始，整個建築群的翻修工作於 1996 年開始，經歷了幾個階段，直到內部裝修完成。外部空間和周圍環境達到了二十一世紀修道院生活所需的形式。
　蒂豪尼修道院由一棟兩層建築組成，與潘農哈爾馬修道院（Archabbey of Pannonhalma）和城市本篤會房屋相比非常小。前者於 1996 年被列入世界文化遺產，包括蒂豪尼修道院的「巴拉頓高地文化景觀」則於 2017 年被列入預備名單。

6　https://en.wikipedia.org/wiki/Benedictines
　本篤會（Benectine）的正式名稱是聖本篤會（拉丁語：Ordo Sancti Benedicti，縮寫為 OSB），是天主教會遵循聖本篤會規則的一個修道院宗教團體。根據宗教習慣的顏色，他們有時也被稱為黑僧侶（Black Monk）。本篤會由 Benedict of Nursia 於 529 年創立，通過制定自己的規則，奠定了修道院制度的基礎。
　本篤會並不在單一的等級制度下運作，而是自治修道院組織的集合，並於 1893 年共同成立本篤會聯合會（Benedictine Confederation）在國際上維護該宗教團體共同利益，同時選舉一位大主教為代表。

▲ 指向未來 　　　　　　▲ 雙層建築 　　　　　　▲ 主祭壇（楊志傑攝）

▲ 華麗天花板（楊志傑攝） 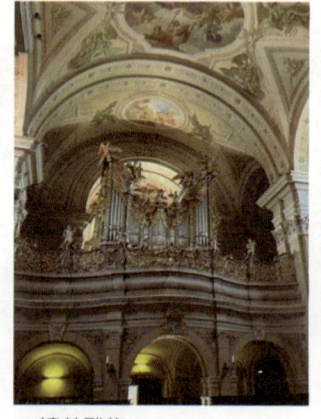　▲ 精美雕飾 　　　　　　▲ 地下聖堂

▲ 地下室文物展（陳學安攝） 　▲ 安德烈一世夫婦雕像 　▲ 僧侶雕像酒招

▲ 賞心樂事 　　　　　　　　　　▲ 薰衣草商店（陳學安攝）

▲ 薰衣草香氣襲人 　　▲ 薰衣草商品 　　　　▲ 列隊出遊

2023 年奧匈與巴爾幹四國記遊（十二）：匈牙利黑維茲湖

2023 年 9 月 4 日　星期一

十四日晚宿黑維茲湖邊之黑維茲（Hévíz），黑維茲湖是世界第二大，歐洲最大的溫泉湖，也是生物學上最大的活躍天然湖，面積達 47,500 平方米（47.5 公頃）。其溫度受到來自地下 38 米的冷熱泉水的影響，水溫為 40℃。湖泊的生物穩定性通過水溫來體現，多年來水溫沒有發生變化，即使在最冷的冬天，水溫也不會低於 24℃。因而全年都可以在湖中沐浴。夏季水溫則可達 37℃。一般相信湖水具有治療的功效，同時湖水左右湧動，也從下往上流動，因而可以帶來類似按摩的衝擊效果。[1,2]

黑維茲是匈牙利的小鎮，2014 年人口僅不到五千人，但每年有百萬遊客，其中 80% 是長期顧客。據說黑維茲湖之水對許多疾病有療效，黑維茲之名與治療和健康維護交織在一起。各種研究證明並支持藥用的水和泥土的特殊元素以及與此相關治療和療法體系的功效，特別是針對風濕及肌肉骨骼患者。黑維茲的湖床是由一層 1 到 7 米厚全天然而且主要由有機成分組成的藥用泥覆蓋，藥泥呈暗灰色並且質地柔軟。藥泥被製成泥包在治療中使用。[3]

由於部分團友並沒有準備在溫泉中洗浴或游泳，所以在十五日早上一股團友前往洗溫泉浴，另一股在旅館休整或自由活動。我等出外散步時，很驚喜地發現附近的向日葵花田，花正盛開，一望無際，高可及人，身處花海中，其樂陶陶，也是大開眼界。

本團斥候參加溫泉洗浴活動，據回報，地點就在距酒店約三百公尺之黑維茲

---

[1] https://en.wikipedia.org/wiki/Hévíz
[2] https://zh.wikipedia.org/zh-tw/ 黑維茲湖
[3] https://zh.wikipedia.org/zh-tw/ 黑維茲

溫泉湖（Thermal Lake of Heviz），大夥也是興致高昂，樂在其中，得以不虛此行。

中午在附近購物中心中的餐館用餐，與同桌新識自美國到維也納會合的團友談起，原來巧是兩位大學同班同學好友，又再次體驗英語說：「You never know who knows whom!」（你不知道誰認識誰！）此語本是要人說話謹慎，在此倒是因提起而喜逢故舊老友。

午餐原以為仍是匈牙利最著名的料理之一的紅酒牛肉。後來才知是鹿肉料理，算是「不說不知道」，幸好沒有「一說嚇一跳」。[4][5][6]

餐後在購物中心友約有半小時的自由活動時間，團友們或購物或「櫥窗觀光」（Window Shopping），或觀賞花木，各取所需，皆大歡喜。

▲ 喜逢兩故舊之老友　　　　　　　　▲ 酒店打卡照

---

[4] ChatGPT：「匈牙利紅酒牛肉燉肉（Hungarian Beef Stew with Red Wine）是一種濃郁的燉菜，通常使用紅酒來增加深度和風味。紅酒為燉肉提供了額外的豐富度和複雜性。其主要成分為牛肉、紅酒、洋蔥、紅椒粉、蔬菜（如胡蘿蔔、洋芋等）、大蒜和其他香料。」

[5] ChatGPT：「goulash 是英語中的詞彙，來源於匈牙利的 gulyás。在許多國家，尤其是在美國，goulash 的版本可能與傳統的匈牙利 gulyás 有所不同。例如，美國的一些版本可能包括使用細牛肉和通心粉，這與傳統的匈牙利版本完全不同。」

[6] ChatGPT：「gulyás（或 goulash）與匈牙利紅酒牛肉燉肉有所不同，儘管這兩道菜都使用了牛肉和紅椒粉作為主要成分，但它們的烹飪方法、風味和口感有所不同。goulash 更偏向於湯，而匈牙利紅酒牛肉燉肉則是一種濃郁的燉菜。」

▲ 高可及人

▲ 陶醉花田中（陶雨台空拍）

▲ 隨日移動

▲ 黑維茲浴場（陶雨台空拍）

▲ 樂在其中（楊志傑攝）

▲ 午餐餐館（陳學安攝）

▲ 鹿肉料理（陳學安攝）

▲ 相逢何必曾相識（葉吉倫攝）

▲ 優格甜湯（陳學安攝）

▲ 購物中心一角

▲ 大減價中

▲ 倒掛金鐘花

▲ 圓錐繡球花

▲ 四季秋海棠

2023年奧匈與巴爾幹四國記遊（十三）：
歐洲文化之都格拉茲

2023 年 9 月 5 日　星期二

　　午餐後赴黑維茲以西約 160 公里之奧地利第二大城市格拉茲（德語：Graz），該市的人口接近三十萬，是中歐重鎮，數百年來是斯洛維尼亞政治和文化中心，擁有悠久的學術傳統。格拉茲被稱為學院和大學城，擁有四所學院和四所大學。該市共有超過 60,000 名學生，被譽為花園城市，還以設計之都聞名。由於格拉茲是圍繞城堡山修建的，「格拉茲」之名得自斯洛維尼亞語「城堡」。

　　格拉茲歷史中心（Altstadt）是中歐保存最完好的城市中心之一。1999 年，格拉茲城歷史中心（City of Graz-Historic Centre）登錄世界文化遺產名錄，其歷史的完整保存部分地得益於 1970 年代早期公眾對當時的古城再開發計劃的強烈抗議。1998 年，格拉茲獲選「2003 歐洲文化之都」。[1][2]

　　首先是一睹格拉茲的地標穆爾島（德語：Murinsel）；它實際上並不是一座島嶼，而是在穆爾河中間一個人造的漂浮平台，形如巨大的貝殼，長達 47 米。有兩座人行橋通往穆爾河的兩岸。平台的中心形成一個圓形劇場。在扭曲的圓頂下面有一個咖啡館和一個活動場地。穆爾島由紐約藝術家維托・阿肯錫（Vito Acconci）為格拉茲設計，也是「2003 歐洲文化之都」活動的作品之一。[3][4]

　　其次到附近的格拉茲美術館（Kunsthaus Graz）；是當地最前衛的地標，建築也為「2003 歐洲文化之都」慶祝活動的一部分，專門用於展示 1960 年代後的當代藝術。該建築採用不同尋常的現代主義建築形式，尺度巨大，由科林・傅里涅與彼得・庫克（Colin Fournier and Sir Peter Cook）合作設計。根

---

[1]　https://en.wikipedia.org/wiki/Graz
[2]　https://zh.wikipedia.org/zh-tw/格拉茲
[3]　https://en.wikipedia.org/wiki/Murinsel
[4]　https://zh.wikipedia.org/zh-tw/穆爾島

據說明，美術館的設計力求突破傳統的方式來建構展覽空間，並採用新材料和製造技術。由於其形狀與周圍巴洛克式的歷史氛圍和大片紅色屋頂形成鮮明對比，它被當地人稱為「友好的外星人」（Friendly Alien）。但這也是建築的目的之一：刺激人們去思考、發想、留意身邊美的事物。[5][6]

接著步行到舊市區，以 Schäffners 遊樂場（Schäffners am Tummelplatz）為集合地點，約有一小時自由活動時間；最受人矚目的當屬附近的紳士街（Herrnegasse），也是最精華的購物大道，沿街有許多著名的歷史建築，包括主廣場（Hauptplatz）[7]周圍之市政廳（Rathaus der Stadt Graz）[8]、約翰大公噴泉紀念碑（Erzherzog-Johann-Brunnen）、呂格之家（Luegg House）[9][10]、附近街邊之州政廳（Grazer Landhaus）[11]、彩繪屋（Gemaltes Haus）、聖血教區教堂（Kirche zum Heiligen Blut）[12] 以及不到四百公尺外 Eisernen 廣場（Am Eisernen Tor）之瑪麗安柱（Mariensäule）與噴泉[13]。

如習慣健走，做足功課，在緊迫時間下，也可一覽附近之斐迪南二世皇帝的陵墓（Mausoleum Kaiser Ferdinands II）[14]、聖基爾斯主教座堂（Grazer Dom）[15]、格拉茲城堡（Grazer Burg）[16]、歌劇院（Graz Opera）[17]、Mariahilf 教堂（Kirche Mariahilf）[18]、阿爾戈斯之眼（Argus Eyes）建築[19] 等，人文地理景觀之豐富、密度之高，讓人驚嘆。

值得注意的是格拉茲現由奧地利共產黨（Communist Party of Austria，KPÖ）執政，在 2021 年選舉中選出該黨女性領袖為市長，而共產黨在奧地利國家層級選舉中並不得勢。[1]

---

[5] https://en.wikipedia.org/wiki/Kunsthaus_Graz
[6] https://zh.wikipedia.org/zh-tw/格拉茲美術館
[7] https://de.wikipedia.org/wiki/Hauptplatz_（Graz）
[8] https://www.graztourismus.at/de/sightseeing-kultur/sehenswuerdigkeiten/das-luegghaus_shg_6953
[9] https://www.maierctm.com/ueber-uns/luegg-haeuser/
[10] https://www.graztourismus.at/de/sightseeing-kultur/sehenswuerdigkeiten/das-luegghaus_shg_6953
[11] https://zh.wikipedia.org/zh-tw/格拉茲州政廳
[12] https://zh.wikipedia.org/zh-tw/聖血堂（格拉茲）
[13] https://de.wikipedia.org/wiki/Am_Eisernen_Tor_（Graz）
[14] https://www.rotasenin.com/mausoleum-of-emperor-ferdinand-ii-graz/
[15] https://zh.wikipedia.org/zh-tw/聖基爾斯主教座堂（格拉茲）
[16] https://zh.wikipedia.org/zh-tw/格拉茲城堡
[17] https://en.wikipedia.org/wiki/Graz_Opera
[18] https://de.wikipedia.org/wiki/Mariahilferkirche_（Graz）
[19] https://www.jansen.com/en/building-systems-profile-systems-steel/references/overview-of-references/detail/argos.html

▲ 地標穆爾島（陶雨台空拍） 　　　　　▲ 河中人造平台（楊志傑攝）

▲ 最前衛地標（楊志傑攝） 　　　　　　▲ 約翰大公噴泉（陳學安攝）

▲ 市政廳（陳學安攝） 　　　　　　　　▲ 呂格（Luegg）即轉角之意（陳學安攝）

▲ 州政廳（陳學安攝） 　▲ 彩繪屋（陳學安攝） 　▲ 聖血教區教堂（陳學安攝）

▲ 瑪麗安柱　　▲ 斐迪南二世皇帝陵墓（陳學安攝）　　▲ 廣場噴泉

▲ 街口商業大樓　　▲ 格拉茲城堡（陳學安攝）

▲ 歌劇院（楊志傑攝）　　▲ 阿爾戈斯之眼（楊志傑攝）　　▲ 羅馬皇帝餐廳（陳學安攝）

▲ 皇家麵包店（陳學安攝）

▲ Mariahilf 教堂

2023 年奧匈與巴爾幹四國記遊（十四）：固若金湯

2023 年 9 月 6 日　星期三

十六日上午遊覽霍恩斯特維茲城堡（Hochorsterwitz Castle，德語：Burg Hochosterwitz），是此行在奧地利的最後一站：該堡位於格拉茲西南約 165 公里，有全球 25 座「一生必去一次的最美城堡」之譽，是歐洲重要的文化古蹟，也是奧地利最有名、最令人印象深刻的中世紀城堡。城堡位於一塊高 172 公尺的巨岩上，共有 14 道城門，固若金湯，號稱從來沒有被敵人攻破過。[1][2]

由於城堡於山丘上居高臨下，矗立於周圍廣闊空曠田野之中，當日又風和日麗，遠遠在望。由於導遊事先賣關子，大家原有心理準備接受在大熱天攀高的挑戰，抵達時才驚喜地發現可乘電軌車直上山頂，按電軌車設施建造於 1993 年。通過高度為 105 公尺而傾斜角度 50-58 度軌道，可以在 95 秒內運送 8 人到據點。據統計，該系統迄今已有近 100 萬旅客使用。[3]

西側是城堡的中央正面。中間部分有七個窗戶，是最古老的建築，其歷史可追溯至 1540 年左右。大約在 1673 年，擴建工程向南延伸，在女兒牆的基礎上設置了樓梯和上層畫廊。重建的走道位於小教堂兩側，迷你教堂有彩繪天花板和牆壁壁畫，以及典型的祭壇。戶外陳列了一套盔甲，讓夠高的團友得以拍打卡照。

堡內軍械庫現改裝為兵器展覽館，展示中古時代軍械，包括狩獵武器、大砲和 14 世紀初的轟炸器，可能是世界上已知最古老的火器，以及鎧甲、戟、劍等與入侵軍隊作戰所需的裝備，另有土耳其戰爭中的戰利品包括弩、弓箭和

---

[1] https://en.wikipedia.org/wiki/Hochosterwitz_Castle 歷史記載約在 1122 年後，恩斯特維茲（Osterwitz）貴族家族獲得該封地；15 世紀，最後一位奧斯特維茨的領主格奧爾格（Georg of Osterwitz）在土耳其入侵中被俘，並於 1476 年死在監獄中，沒有留下後裔。

[2] https://zh.wikipedia.org/zh-tw/霍赫奧斯特維茨城堡

[3] https://www.burg-hochosterwitz.com/en/

匕首。牆壁上裝飾著大量的家庭肖像和歷史畫，陳列櫃中都是具有特殊歷史價值的作品，與城堡或家族歷史相關。

除參觀展館外，堡中也有美麗花園，目前紫薇花正盛開，從城堡上遠望或俯視，綠色草地與森林，在藍天白雲下，相映成畫，風景絕美，令人心曠神怡。

中餐在中庭樹下戶外餐廳享用佳餚與美點，同時可點咖啡與其他飲料，在團友所操控的無人機出現在眼前時，大夥紛紛熱情招喚，興致高昂，一片歡樂，充分顯示「掀團」出遊的可貴。

午餐後沿著620米長的步道步行下山，須穿過14個城門，每個城門各有其名，門邊牆上都有一個指示密封該特定城門的防禦機制的圖表。結構極其巧妙；入侵者必須先攻破一座座城門，而此時他們自己卻會遭到四面襲擊，因而城堡對敵人來說難以攻克。

城門的設計可謂面面俱到，例如當時為了發射大炮和其它火器而必不可缺的火灶就被分散佈置在各處。與火源的保存相似，水的儲備也是防禦上一個必不可缺的環節，因為水一方面可以防止因射擊火器而導致起火，另一方面也可用於澆滅城堡內的其它零星火災。城門與哨塔內均因而備有水桶，三件原物現在城堡庭院內展出。

有人認為：「美是主觀的，好是客觀的」，世界上美麗城堡很多，霍恩斯特維茲城堡是否是全球25座「一生必去一次的最美城堡」難有定論，但其依陡峭山丘而建，有重重堅固防守大門，遠望全景雄偉壯麗，的確獨一無二，絕對是旅遊上選。

▲ 熱情招喚（陶雨台空拍）　　　▲ 城堡在望（楊志傑攝）

▲ 固若金湯（陶雨台空拍）　　　▲ 傾斜軌道（陳學安攝）

▲ 風景秀麗

▲ 抵達峰頂　　　　　　　　　　▲ 厚實城牆（陳學安攝）

2023 年奧匈與巴爾幹四國記遊（十四）：固若金湯　177

▲ 家族歷史

▲ 華麗迷你教堂

▲ 迷你武士紀念品

▲ 中庭大樹下餐廳（陳學安攝）

▲ 美麗花園（陳學安攝）

▲ 佳餚當前（陳學安攝）

▲ 午餐時分（葉吉倫攝）

▲ 防守機制指引

▲ 重重關卡（楊志傑攝）

▲ 堅固城門（楊志傑攝）

▲ 開始攻堅（陳學安攝）

2023 年奧匈與巴爾幹四國記遊（十五）：最美藍湖

2023 年 9 月 8 日　星期五

午餐後赴約一百公里外的布雷德湖（Lake Bled）遊覽；布雷德湖在斯洛維尼亞（Slovenia）境內，該國是歐洲新興國家，國土面積為 20,273 平方公里，全國人口約 205 萬人，半數以上居民信仰羅馬天主教。雖然是中歐國家，但是在歷史和文化上深受南歐的義大利和東南歐的克羅埃西亞和塞爾維亞影響，斯洛維尼亞在 1991 年 6 月 25 日獨立之前為前南斯拉夫社會主義聯邦共和國的一個加盟共和國（斯洛維尼亞社會主義共和國），長期為斯拉夫國家中人均 GDP 最高的國家。[1,2]

布雷德湖是一個冰蝕湖，長 2,120 米，寬 1,380 米，面積平方公里，最大深度 30.6 米，海拔高度 475 米。該湖位於風景如畫的環境中，被群山和森林環抱。一座中世紀城堡布雷德堡（Bled Castle）聳立於湖的北岸。布萊德島（Bled Island）由布萊德湖包圍著，是斯洛維尼亞唯一一個的天然島嶼。島上有幾棟建築，最大的是聖母蒙召升天教堂（Church of Assumption of Mary），並飾有中世紀壁畫和豐富的巴洛克藝術。教堂擁有高達 52 米的塔樓，內有 99 級台階，教堂建於十七世紀末，定期在此舉行婚禮。站在布雷德城堡上俯視整

---

[1] https://en.wikipedia.org/wiki/Slovenia
14 世紀時斯洛維尼亞大部分成為哈布斯堡王朝的領地，該王朝即奧匈帝國的建立者。1918 年，奧匈帝國在第一次世界大戰中戰敗，旋即崩潰。斯洛維尼亞成為塞爾維亞人、克羅埃西亞人和斯洛維尼亞人王國的一部分。第二次世界大戰後又以加盟共和國的身份重歸南斯拉夫。南斯拉夫時期的斯洛維尼亞是六個加盟共和國當中最富裕的一個。
在蘇聯瓦解後，斯洛維尼亞正式宣佈獨立，曾與南斯拉夫間有「十日戰爭」。1992 年，歐洲共同體承認斯洛維尼亞為獨立國家，並接納斯洛維尼亞加入聯合國。同年，斯洛維尼亞正式獨立。2004 年 3 月斯洛維尼亞加入了北約組織，5 月 1 日加入歐盟，在 2007 年 1 月正式啟用歐元，2007 年 12 月 21 日成為申根公約會員國。

[2] https://zh.wikipedia.org/zh-tw/ 斯洛維尼亞

個湖面,湖中心的小島彷彿鑲嵌在布萊德湖的眼睛,因此有「歐洲之眼」稱呼,同時也是世界十大名湖之一。

　　前往布雷德島的傳統交通工具是一艘被稱為「pletna」的木船。Pletna 意為「平底船」。Pletna 的形狀與意大利貢多拉(Gondola)相似,可容納 20 名乘客。現代船隻仍然是手工製造的,並且可以通過其色彩繽紛的遮陽篷來識別。槳手運用掌舵技術,用兩支槳推動和駕駛船隻穿過湖面。槳手的角色可以追溯到 1740 年,當時奧地利的瑪麗亞・特蕾莎(Maria Theresa)授予當地 22 個家庭獨家權利,可以載送宗教朝聖者穿過布雷德湖前往布雷德島進行禮拜。該職業仍受到限制。許多現代槳手都是最初 22 個家族的直系後裔。[3,4]

　　抵達目的地後,首先搭木船到布雷德島,由於湖面約只有日月潭 1／5 大小,在槳手熟練的駕駛下,輕舟片刻就到達湖心島;要造訪教堂得先爬 99 層階梯;傳說若新人要在島上教堂結婚,得抱著新娘爬階梯!挑戰實在不小。99 在中文中與久久諧音,代表長久是吉利話,在西方文化中也是含意豐富,光在基督教聖經中,就在多處出現,並有多重含意,不知此處 99 階是根據哪個典故而設計。[5]

　　島上主要景點即是教堂,有著悠久的歷史,據說在 1509 年的一場大地震中遭到嚴重破壞,所以它被徹底修復成那個時期典型的早期巴洛克風格。今天的教堂有一個美麗的鍍金雕刻主祭壇,側面祭壇也很炫麗。這座教堂的鐘樓高 54 米,建於 15 世紀,經歷過兩次嚴重地震和雷擊,曾多次翻修。教堂周圍的所有建築以及與教堂相關的景點都保留了從 17 世紀至今的特色形象。[6]

　　晚餐在酒店用自助餐,菜餚一般在水準之上,品嘗到當地特產奶油蛋糕(Bled Cream Cake),口感甚好,名不虛傳。[7]

　　飯後在附近湖邊公園(Karvana Park)散步,傍晚不再炎熱,得以細細觀賞當前湖光山色美景,以及各種美麗花卉,頗為愜意。

---

[3]　https://en.wikipedia.org/wiki/Lake_Bled
[4]　https://zh.wikipedia.org/zh-tw/布萊德湖
[5]　https://www.biblestudy.org/bibleref/meaning-of-numbers-in-bible/99.html
[6]　https://www.slovenijanadlani.si/cerkev/
[7]　https://the-slovenia.com/en/slovenia/blejska-kremsnita-bled-cream-cake/

▲ 九十九階之上 　　　　　　　　▲ 歐洲之眼（陶雨台空拍）

▲ 布雷德堡（陶雨台空拍） 　　　▲ 布雷德堡（楊志傑攝）

▲ 最美藍湖 　　　　　　　　　　▲ 教堂矗立島上（楊志傑攝）

▲ 湖水清澈（陳學安攝）

▲ 平底船上（葉吉倫攝）　　　▲ 如在畫中

▲ 鍍金主祭壇（陳學安攝）　　▲ 教堂鐘樓（陳學安攝）　　▲ 抹大拉的馬利亞雕像

▲ 特色奶油蛋糕 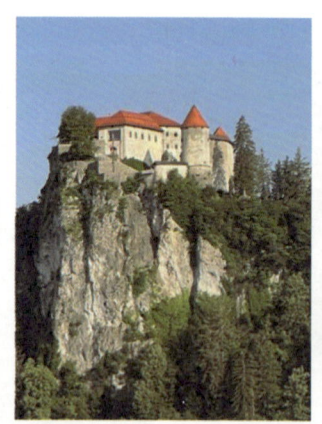　　▲ 懸崖之上 　　▲ 聖瑪蒂娜教區教堂

▲ 堡中一角（陳學安攝） 　　▲ 地方政府公署

2023 年奧匈與巴爾幹四國記遊（十六）：別有洞天

2023 年 9 月 16 日　星期六

　　早上自布雷德鎮南行約一百公里到波斯托伊那（Postojna），參觀著名的天然鐘乳石洞，洞穴的規模顯然比在廣西、貴州與雲南見到許多巧奪天工的龐大鐘乳石洞還要大很多，壯麗景色令人歎為觀止，可謂「別有洞天」。

　　波斯托伊那洞穴是由皮夫卡河（Pivka River）歷經數百萬年的侵蝕而形成的，是一個 24,340 米長，深達 115 米的喀斯特（Karst）洞穴系統。遠在 1819 年，斐迪南大公參觀了這些洞穴，使這些洞穴從此正式成為旅遊勝地。1884 年，甚至在首府盧布爾雅那（Ljubljana）之前就增加了電力照明。第一列供遊客使用的洞穴列車則於 1872 年開始行駛。1945 年後，燃氣小火車被電動小火車取代。雖然洞穴系統長 24 公里，但只有 5 公里向公眾開放。石洞也是頂級旅遊景點之一。據統計，每年有超過百萬遊客。[1][2][3][4]

---

[1] https://en.wikipedia.org/wiki/Postojna_Cave

[2] https://zh.wikipedia.org/zh-tw/喀斯特地形
「喀斯特」源於斯洛維尼亞伊斯特拉（Istra）半島的的喀斯特高原（當地稱為 Kras，意為岩石裸露的地方，德語為 Karst）。這裡是在中生代形成了分布廣泛的厚實的石灰岩層。經過長時間的水流侵蝕，形成了可能是世界上最典型的喀斯特地貌之一。地理學家最早在該地做有系統的岩溶地貌研究。十九世紀中葉，地質學家們將這種石灰岩層所特有的地貌冠名以「喀斯特」。
喀斯特地形的形成通常是酸性雨和石灰岩層所造成。隨著地表下的岩石不斷與水反應，將不溶的碳酸鹽在與二氧化碳的共同作用下不斷生成可溶但不穩定的碳酸氫鹽，在排水較好的地下岩層就能形成一個大的溶洞。溶洞中的水在流動時，其溶解的碳酸氫鹽就可能分解，再度形成不溶的碳酸鹽沉降在地面。溶洞中從高處落下這樣的水滴就可能在很短的時間內將碳酸鹽沉降在溶洞頂部，而另一部分則會在地面沉降。上部的碳酸鹽沉降往往形成一個倒錐形的鐘乳石，而地面上會形成形如其名的石筍。

[3] https://en.wikipedia.org/wiki/Karst

[4] https://www.postojnska-jama.eu/en/
該洞穴系統長 24.34 公里（15.12 英里），由通過同一條地下河相互連接的四個洞穴組成。然而，根據洞穴學規則，連接洞穴的通道和虹吸管必須由人類步行或游過才能被認為是一個整體。連接兩個主要洞穴系統將使其成為斯洛文尼亞最長的洞穴系統，也是歐洲最長的洞穴系統之一。兩個洞穴之

到石洞入口，首先要穿越石洞公園，途中看到不少美麗花卉，尤其是以往沒有見過的松果菊，有粉、白兩款，頗令人驚艷；入口在公園之一角，首先搭電動火車深入地下，時而穿過狹窄坑道，時而現身於巨大廳堂，到終點後。剩餘的 1.5 公里則由步行遊覽，可近距離欣賞奇景，並拍照留念；整個遊覽時間約 1.5 小時。由於洞內溫度全年恆定，約 10℃，一般須加外套保暖，但也看到一些穿露背裝的女士，只能說個人稟賦不同。[4]

　　沿途可看到形形色色石筍、鐘乳石和看起來像折疊的窗簾而被稱為窗簾或帷幔的結構，變化多端，可想像生成各種仿真結構，如銀針、白色花椰菜、沙堡等。鐘乳石洞內由一道深溝分成兩個區域，分別為大山區和美麗洞區，該深溝懸空處便以俄羅斯橋搭接。按該橋是在第一次世界大戰期間，俄羅斯戰俘被迫建造的橋樑，因而命名。另外第二次世界大戰期間，德國占領軍利用該洞穴儲存飛機燃料，這些燃料於 1944 年 4 月被斯洛維尼亞游擊隊摧毀，大火連燒七天，燒毀了大片洞穴。

　　同時這些洞穴也是當地特有的洞螈（Proteus anguinus）的家園，它是世界上最大的穴居兩棲動物。洞穴之旅包括一個水族館，裡面有一些洞螈。由於洞螈畏光，在昏暗光線下，要碰運氣，才能看清楚洞螈活動，而旅遊團就正好有團友不僅幸運地得以目睹，而且拍得珍貴照片與影片。按洞螈長約 25-30 公分，在水裡會釋放微弱電流，7 年不吃東西也能存活；它同時也是波斯托納鐘乳石洞的吉祥物，在禮品店可看到大量的洞螈布偶。

　　中午在石洞旁酒店餐廳享用道地風味料理。酒店甚為豪華氣派，又有地利之便，但偌大餐廳頗見冷清，不知是否與景氣有關。

　　經查波斯托伊那洞穴並未列入世界文化遺產，推測可能受同屬斯洛維尼亞的什科茨揚洞群早於 1995 年申遺成功捷足先登牽累。[5,6]

　　間仍有 400 米（1,300 英尺）的距離，這使得洞穴系統的長度在 31,000 米（102,000 英尺）至 35,000 米（115,000 英尺）之間。

[5] https://zh.wikipedia.org/zh-tw/ 什科茨揚洞群
[6] https://www.park-skocjanske-jame.si/

▲ 享用風味料理（葉吉倫攝） 　　　　▲ 公園指示圖（陳學安攝）

▲ 溶岩洞在望（楊志傑攝） 　　　　▲ 洞穴入口（陳學安攝）

▲ 電動小火車 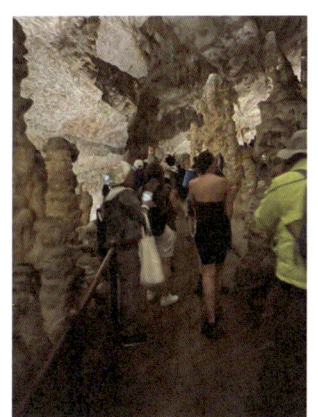　　　▲ 天賦異稟 　　　▲ 俄羅斯橋（楊志傑攝）

2023 年奧匈與巴爾幹四國記遊（十六）：別有洞天　187

▲ 俄羅斯橋上　　▲ 義大利麵鐘乳石　　▲ 溶岩石塔（陳學安攝）

▲ 溶岩堡壘（陳學安攝）　　▲ 窗簾式溶岩（陳學安攝）　　▲ 鐘乳石柱

▲ 銀針鐘乳石　　▲ 花椰菜鐘乳石（楊志傑攝）　　▲ 可容萬人會議廳

▲ 特有的洞螈（陳學安攝） 　　▲ 洞螈布偶（陳學安攝）

▲ 挑高餐廳（陳學安攝） 　　▲ 風味料理（陳學安攝）

▲ 白色松果菊 　　▲ 粉色松果菊

2023年奧匈與巴爾幹四國記遊（十六）：別有洞天

2023年奧匈與巴爾幹四國記遊（十七）：美麗都城（一）

2023年9月22日　星期五

　　午餐後前往東北方向約五十公里外之被列入世界文化遺產預備名單的城市——盧比亞納（Ljubljana），它是一文化大熔爐，也是斯洛維尼亞的首都、最大城市，面積163.8平方公里，人口約29.3萬（2019年統計），同時是政治、經濟、文化中心。該市是斯洛維尼亞中央政府及其各部、國會和總統的駐地。由於交通聯繫、產業集中、科研機構和產業傳統等方面的優勢，在斯洛維尼亞得以擁有首席經濟地位。

　　該地處於阿爾卑斯山山麓的河谷盆地，風景宜人。城市的建築氛圍明顯受到了來自奧地利和義大利的強烈影響，位於河畔的市中心地帶，遍布文藝復興風格、巴洛克風格、新古典主義和新藝術運動風格的古老建築與橋梁，高地上始建於中世紀的城堡則俯瞰整個古城。[1]

　　從巴士下車後，步行約一百公尺到市中心的普雷雪倫廣場（Prešeren Square）。廣場東邊建有斯洛維尼亞著名詩人普雷雪倫（France Prešeren）的銅像。附近還有多座著名觀光地，如方濟會報喜教堂、三重橋、飛龍橋等，2007年曾進行大幅修建，該年9月變成行人專用區，只准有許可證的鄰近住客使用車輛。[2,3]

　　雕像中的詩人，面向他心愛的戀人曾經居住的窗戶，身著當時的服裝，手持象徵他的詩歌的書。雕塑高3.5公尺，在他後上方有一坐在岩石上，手裡拿著一根月桂樹枝的藝術女神繆斯雕塑，整個紀念碑高9.6公尺。[4]

　　廣場一邊為盧比亞納河，上有三重橋（Triple Bridge），連接歷史悠久的

---

[1]　https://en.wikipedia.org/wiki/Ljubljana
[2]　https://en.wikipedia.org/wiki/Prešeren_Square
[3]　https://zh.wikipedia.org/zh-tw/普雷雪倫廣場
[4]　https://en.wikipedia.org/wiki/Prešeren_Monument_（Ljubljana）

中世紀小鎮和現代城市。為了防止建於 1842 年的石拱橋成為交通瓶頸，建築師 Jože Plečnik 於 1929 年設計了橋樑的延伸部分，在橋的兩側各建了兩座與原橋方向略微偏離的人行橋，該橋於 1932 年 4 月通車。自 2021 年 8 月起被列入聯合國教科文組織世界遺產名錄預備名單。[5]

廣場邊的另一醒目景點是巴洛克風格粉紅色的方濟會報喜教堂（Franciscan Church of the Annunciation），它的粉紅色象徵方濟會修道院。[6] 另外在到廣場途中，經過號稱該市最著名，甚至最美麗的建築物 Vurnik 大樓（Vutnik House）或合作商業銀行大樓（Cooperative Business Bank Building），外牆以斯洛維尼亞紅、白、藍三色的色彩組合裝飾，極為華麗耀眼。[7]

接著沿河步行到下一景點飛龍橋，經過許多咖啡座，欣賞到當地人悠閒生活的一面；龍是該市的象徵，它代表著力量、勇氣和偉大。龍最初只是城市徽章上方的裝飾。在巴洛克時期，成為徽章的一部分，而在 19 世紀，尤其是 20 世紀，它的重要性超過了塔樓和其他元素。飛龍橋建於 1901 年，橋的主要景點是四個角落的基座上站立的四尊龍雕像。此外，橋上還裝飾著十六尊較小的龍雕像。[8] 沿途也見到不少神話中人物雕像，如普羅米修斯、亞當與夏娃等，散發濃郁藝術氣息。

次往綠頂雙塔的聖尼古拉斯大教堂，途經中央市場以及露天市集，雖然午後天氣炎熱，仍不乏問津顧客；附近有盧比安納市政廳（Ljubljana Town Hall），不只是市政府重要官員辦公的地方，更蘊藏著豐富的藝術、建築與歷史，非常值得探索。最初的建築建於 1484 年，為哥德式風格，但目前的建築則都是在 18 世紀初時重建的，經歷了巴洛克風格的翻修。正門外市鎮廣場（Mestni Trg）中有三水噴泉（Robba Fountain 或 Fountain of Three Carniolan Rivers）。噴泉中巴洛克風格的紀念碑，是 18 世紀威尼斯雕刻家法蘭西斯科·羅巴（Francesco Robba）的作品，以華麗裝飾刻畫出三名河神。[9][10]

---

[5] https://en.wikipedia.org/wiki/Triple_Bridge
[6] https://en.wikipedia.org/wiki/Franciscan_Church_of_the_Annunciation
[7] https://en.wikipedia.org/wiki/Cooperative_Business_Bank_Building_（Ljubljana）
[8] https://en.wikipedia.org/wiki/Dragon_Bridge_（Ljubljana）
[9] https://en.wikipedia.org/wiki/Ljubljana_Town_Hall
[10] https://zh.wikipedia.org/zh-tw/盧比安納市政廳

該地區已知最早的居住點，是在青銅時代建於水上的木屋。公元 15 年，羅馬帝國在此建立艾摩那殖民地（Colonia Iulia Aemona）。452 年，艾摩那被阿提拉的匈人帝國洗劫並摧毀。6 世紀時斯拉夫民族的一支斯洛維尼亞人抵達此地。

　　1895 年復活節期間，一場地震破壞了該市的很大一部分。後來經過翻建並且相當普遍地改變為新藝術運動建築，與保存下來的早期的巴洛克風格的建築一同存在。隨著 1918 年奧匈帝國的崩潰，盧比安納成為塞爾維亞 - 克羅埃西亞 - 斯洛維尼亞王國（The Kingdom of Serbs, Croats and Slovenes）內斯洛維尼亞的非正式首都，1929 年，成為南斯拉夫王國 Drava Banovina 的正式省會。1955 年，南斯拉夫總統約瑟普・布羅茲・狄托授予盧比安納市「英雄城市」的稱號，因為人民在第二次世界大戰中顯示出來的英雄主義。第二次世界大戰以後，盧比安納成為南斯拉夫斯洛維尼亞社會主義共和國（Socialist Republic of Slovenia, part of the Socialist Federal Republic of Yugoslavia）的首府。1991 年十日戰爭後，南斯拉夫人民軍撤出，斯洛維尼亞取得獨立，仍以該市為首都。

▲ ①普雷雪倫廣場（陶雨台空拍）
　②三重橋（陶雨台空拍）
　③普雷雪倫雕像
　④粉紅色教堂（楊志傑攝）

▲ 最美麗建築（楊志傑攝） 　▲ 新穎造型建築（楊志傑攝） 　▲ 飛龍橋

▲ 河邊咖啡座 　　　　　　　　　　　　　　　　　　▲ 普羅米修斯雕像（楊志傑攝）

▲ 亞當與夏娃雕像（陳學安攝） 　▲ 市政廳 　　　　　▲ 三水噴泉（陳學安攝）

2023年奧匈與巴爾幹四國記遊（十七）：美麗都城（一）　193

2023 年奧匈與巴爾幹四國記遊（十八）：美麗都城（二）

2023 年 9 月 23 日　星期六

聖尼各老主教座堂（Saint Nicholas's Cathedral）亦稱盧比亞納主教座堂（Ljubljana Cathedral），是天主教盧比亞納總教區的主教座堂，其綠色圓頂和雙塔是盧比亞納醒目的地標，最初是一座哥德式建築，於 18 世紀早期被改建為巴洛克式建築。[1][2]

修建工程於 1701 年至 1706 年間進行，新建築於 1706 年 8 月舉行了第一次禮拜。教堂面向東方，東側十字路口上方有八角形圓頂，西側有兩個鐘樓。鐘樓之間有一個分段的半圓形山牆，後由三角形山牆取代。

教堂的外牆裝飾有 19 世紀和 20 世紀的壁龕，裡面有六尊主教和聖人的砂岩雕像、巴洛克宗教壁畫、古羅馬墓碑以及其他一些石碑收藏。南牆東側有一個側門，現在被命名為盧比亞納門，並用 20 世紀盧比亞納主教的肖像為裝飾。西側有一座裝飾明亮的哥德式聖母憐子雕像，是早期哥德式大教堂的複製品。在立面右上方圖飾著帶有羅馬數字和拉丁語座右銘的日晷（Nescitis diem neque horam）——「你不知道日期或時間」），可追溯到 1826 年，但於 1989 年進行了翻修。

教堂的大廳採用巴洛克式的格局，這種格局的特色是建築會呈現為拉丁十字架的形狀。同時以世界知名藝術家巴洛克風格的雕塑和壁畫為裝飾，顯得氣勢恢弘，富麗堂皇，天花板壁畫光彩耀目，華麗而不失典雅，襯托出濃厚的宗教氣氛。

盧比亞納城堡（Ljubljana Castle）是著名地標，而盧城的徽章（Coat of Arms）即以城堡與其上之飛龍為主視覺；由於來去匆匆，自由活動時間有

---

[1] https://en.wikipedia.org/wiki/Ljubljana_Cathedral
[2] https://zh.wikipedia.org/zh-tw/ 聖尼各老主教座堂（盧比安納）

限,團友們多用於參觀教堂或逛街,而未嘗試趕往城堡一遊。難得的是有團友事前做足了功課,把握登山電車時間,在時限下,完成壯舉,並拍下不少珍貴照片與大家分享,充當本團延伸耳目頗為稱職。

　　城堡建於中世紀,位於盧比亞納城堡山上,可俯瞰老城區。據考古調查發現,城堡一帶在西元前 1200 年就已經有建築存在。現在的城堡則主要修建於 16 至 17 世紀,修建的主要目的是抵禦鄂圖曼帝國和農民反抗。1905 年,城堡由盧比亞納市政府收購,對外開放成為觀光景點。[3][4][5]

　　傍晚離開盧比亞納前往克羅埃西亞的首都薩格勒布晚餐夜宿;總計在斯洛維尼亞約一天半,歷經布雷德湖、波斯托伊那岩洞以及盧比亞納市三大景區,有迷人的湖色山光,也有壯麗奇幻的鐘乳石洞,再加上美麗而精緻的盧比亞納城,處處一片安和樂利景象,在酷暑之中遊覽,仍然覺得收穫滿滿、不虛此行。尤其在此次旅遊之前,對斯洛維尼亞的主要印象只是自南斯拉夫分出的一個小國,不知「小國寡民」的人文地理內涵如此豐富,可謂大開眼界;值得注意的是,斯洛維尼亞與奧地利在歷史文化上有很緊密的關聯,斯洛維尼亞獨立後,於 2004 年 3 月加入了北約組織,5 月 1 日加入歐盟,而奧地利在第二次世界大戰後,即宣布為「永久中立國」,政治外交上如何調和,值得探究。

▲ 圓頂與鐘樓　　　　▲ 南立面　　　　▲ 盧比亞納門

---

[3] https://en.wikipedia.org/wiki/Ljubljana_Castle
[4] https://zh.wikipedia.org/zh-tw/ 盧比安納城
[5] https://www.ljubljanskigrad.si/en/

▲ 壁龕與彩色壁畫（楊志傑攝） 　　　　　　▲ 聖母憐子雕像（陳學安攝）

▲ 宏偉華麗 　　　　　▲ 富麗堂皇 　　　　　▲ 聖殿與主祭台

▲ 主祭台 　　　　　　▲ 華麗不失典雅 　　　▲ 鑲金吊飾佈道台

▲ 日晷（陳學安攝）　　　　　　　　▲ 管風琴音箱

▲「飛龍在城堡上」市徽（楊志傑攝）　▲ 登山電車軌道（楊志傑攝）

▲ 登山電車車站（陳學安攝）　　　　▲ 城堡模型（陳學安攝）

2023年奧匈與巴爾幹四國記遊（十八）：美麗都城（二）

▲ 堡內庭院（陳學安攝）

▲ 城堡正門（陳學安攝）

▲ 瞭望塔與凸窗（陳學安攝）

▲ 俯瞰市區（陳學安攝）

▲ 「飛龍在城堡上」藝品（陳學安攝）

2023 年奧匈與巴爾幹四國記遊（十九）：薩格勒布（一）

2023 年 9 月 30 日　星期六

　　十七日晚在克羅埃西亞的首都薩格勒布（Zagreb）晚餐並夜宿，深夜旅店曾發生停電插曲，難得的是工程人員漏夜搶修，約一、二時許修復，由於高溫炎熱難耐，難免影響不少團友的安眠。

　　第二天早上就在薩格勒布市區觀光。該市也是克國最大城市。在 2021 年的正式人口普查中，市區人口近九十萬人，連同郊區，是該國唯一超過百萬人口的大都市區。在 1945 年，隨著人口快速的膨脹和城市的擴張，成為克羅埃西亞邦國的首都。克羅埃西亞在 1991 年獨立公投後，也宣告為其首都。

　　市區的面積並不大，大致分為上城及下城，自中世紀以來，此地便是克羅埃西亞的地理、政治、宗教、經濟與文化中心，有許多著名的研究者、藝術家及運動選手來自於此城，融合了各個時期的歷史古蹟與人民風俗，仍舊保存古典魅力及豐富人情味，讓這城市散發出濃郁的文化藝術氣息。[1,2]

　　首先前往市中心耶拉齊洽（Ban Jelačić Square）廣場，耶拉齊洽是克國於 1848 年脫離奧地利獨立時的民族英雄，廣場北面中有一其向南騎著駿馬，手揮軍刀雕像。廣場東邊則有 Manduševac 噴泉，水源來自流經地下的梅德韋什恰克河（Medveščak）。現在的廣場上有古典主義、分離主義和現代主義等不同建築風格的建築，其中許多擁有古樸外觀，需要翻新。[3,4,5]

　　接著往附近的薩格勒布主教座堂（Zagreb Cathedral）。它是克羅埃西亞

---

[1] https://en.wikipedia.org/wiki/Zagreb
[2] https://zh.wikipedia.org/zh-tw/ 薩格勒布
[3] https://en.wikipedia.org/wiki/Ban_Jelačić_Square
[4] https://zh.wikipedia.org/wiki/ 耶拉其恰廣場
[5] https://en.wikipedia.org/wiki/Josip_Jelačić

第二高的建築,也是阿爾卑斯山東南部最具紀念意義的哥德式聖殿建築。大教堂是典型的哥德式建築,其突出的尖塔是從城市的大部分地方都可以看到的地標,它的兩個尖塔之一在 2020 年地震嚴重受損,現正修復中。教堂前則有一高聳的聖母升天紀念碑(Monument of the Assumption of the Blessed Virgin Mary),於 2003 年揭幕。位於大教堂前的一座高 31 公尺的山頂上,雕像本身高 14 公尺。它被金氏世界紀錄認證為世界上最高的聖母金色雕像。[6][7]

其次目標為聖馬可廣場(St. Mark's Square)。途經 Dola 農夫市集與「石門」(Stone Gate);Dolac 農夫市集是薩格勒布最著名的農貿市場,以其傳統的露天市場、攤位和地下市場的組合而聞名,自 1930 年以來一直是該市的主要交易場所。周遭商店林立,廣場及街邊,塑有各式各樣雕像,顯示當地人的藝術品味與幽默,以及人文價值,頗值觀賞與合影。[8]

克羅埃西亞是個人口僅約四百萬的小國,但在許多方面相當突出,最著名的歷史人物是尼古拉・特斯拉(Nikola Tesla),是電力商業化的重要推動者,並因主要設計現代交流電供電系統而最為人知。[9]現在電動車著名品牌之一特斯拉(Tesla)即以他命名,同時克國人的發明,還有降落傘(1617 年)、領帶以及鋼筆(Fountain Pen)、自動鉛筆、保溫瓶、電池等,很多日常用品都是由一個叫 Slavoljub Eduard Penkala 的克羅埃西亞人在二十世紀初發明並製作銷售的。鋼筆的英文名字(Pen)即起源於發明它的人名。另外指紋鑑定、汽車計速儀表盤,也是克國人的發明,相當驚人。[10] 至於導遊提到煤氣燈也是當地人發明,在網路上則尚未找到確切證據。[11]

普用的「領帶」,原是 17 世紀法國路易十三國王僱傭克羅埃西亞軍隊來打仗,前來的克羅埃西亞士兵們都在脖子上繫了一塊鮮艷的布,作為軍隊制服的一部分。這些領帶有著裝飾作用,也能讓人一眼分出敵我關係。戰爭勝利後,路易十三將其命名為「La Cravate」,也就是法語裡「領帶」的意思,還要求貴族們必須佩戴領帶來參加皇室活動,以顯重視。這種裝飾引起崇尚時髦

---

[6] https://en.wikipedia.org/wiki/Zagreb_Cathedral
[7] https://zh.wikipedia.org/zh-tw/ 札格瑞布主教座堂
[8] https://en.wikipedia.org/wiki/Dolac_Market
[9] https://zh.wikipedia.org/zh-tw/ 尼古拉・特斯拉
[10] https://ppfocus.com/0/aubf558f9.html
[11] https://en.wikipedia.org/wiki/Gas-discharge_lamp

的巴黎人特別是法國貴族的極大興趣,隨即爭相模仿,後來領帶逐漸演變成在正式場合的重要服飾。

每年的 10 月 18 日,薩格勒布市中心都會舉辦饒有風味的「領帶節」,以紀念克羅埃西亞人當年對於這一時尚產物的發明。直到今天,領帶仍是克羅埃西亞人引以為傲的國家文化遺產。國民領帶品牌 CROATA 不僅僅是一個配飾品牌,而是克羅埃西亞民族文化的象徵。[10]

▲ 民族英雄雕像(楊志傑攝)

▲ Manduševac 噴泉(陳學安攝)

▲ 到此一遊

▲ 精工雕飾(楊志傑攝)

▲ 屋簷雕像(楊志傑攝)

▲ 主教座堂整修中 　　▲ 精緻的門面 　　▲ 世界最高聖母金色雕像（陳學安攝）

▲ 盡收眼底（楊志傑攝） 　　▲ 農夫市集（楊志傑攝）

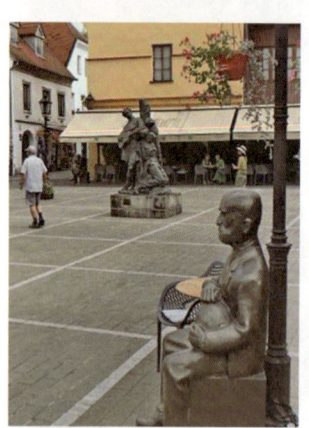

▲ 雕像處處（楊志傑攝） 　　▲ 先知雕像（陳學安攝） 　　▲ 降落傘發明人

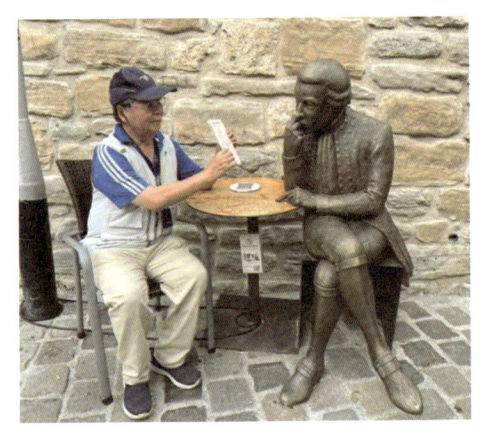

▲ 請考慮一下

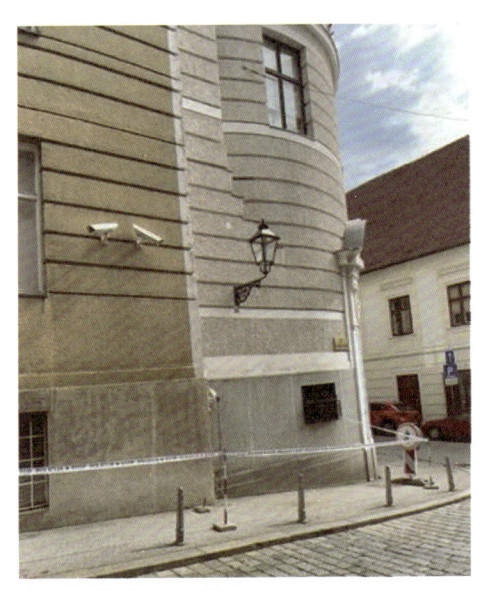

▲ 文化象徵（楊志傑攝）

▲ 煤氣燈發明人待考

2023 年奧匈與巴爾幹四國記遊（二十）：薩格勒布（二）

2023 年 9 月 30 日　星期六

經過市場，即可見到歷史建築「石門」（克文：Kamenita vrata，Kamenita：石質，vrata：門），是舊薩格勒布保存最完好的古蹟之一。這是一座形狀像長方形塔樓的建築，有車輛通道。它曾是，而且是僅存的，防禦城堡的六個入口之一，建於 1262 年。它也是薩格勒布的守護神石門聖瑪麗的家。1731 年一場大火，石門被焚毀，但發現聖母瑪利亞的畫像完好無損。因此大門被重新裝修，通道裡有一座小教堂，裡面可以看到保存下來的照片，裡面的牆上還寫著許多感謝守護神的話語。傳說當地人如果碰到好運，會到此點一支蠟燭以表示感恩。由於石門在「克羅埃西亞龍兄弟」協會的努力下免遭拆除，如今他們的總部位於樓上歷史悠久的大廳。[1][2]

聖馬可教堂（St. Mark's Church）就位於聖馬可廣場中央。兩邊有克羅埃西亞政府大廈、克羅埃西亞國會大廈等重要建築，這裡也是克羅埃西亞總統的就職地點。[3][4]

聖馬可教堂修建時為羅馬式建築，14 世紀時期禮拜堂和拱頂改為哥德式建築。教堂屋頂上由彩色瓷磚拼成克羅埃西亞王國和薩格勒布市（紅底白城堡）的徽章，鮮明而有特色。聖馬可教堂最有價值的部分是它的南門，門戶的哥德式構圖由放置在十一個淺壁龕中的十五個雕像組成，就其藝術組成和雕像數量而言，是中歐南部最豐富、最有價值的哥德式門戶。可惜當日也因維修遭

---

[1] https://hr.wikipedia.org/wiki/Kamenita_vrata
[2] https://www.spottedbylocals.com/zagreb/kamenita-vrata/
[3] https://en.wikipedia.org/wiki/St._Mark%27s_Square,_Zagreb
[4] https://zh.wikipedia.org/zh-tw/ 聖馬可廣場（札格瑞布）

到遮蔽，無緣一睹。[5,6]

在步行到上巴士地點前，路經市議會大樓（Gradska skupština Grada Zagreba）、東儀天主教聖西里爾與美多德主教座堂（Grkokatolička konkatedrala sv. Ćirila i Metoda）、失戀博物館（Muzej prekinutih veza）、洛特爾薩克塔（警盜鐘之塔，Top Kula Lotrščak）等景點；特別值得注意的是：在市議會大樓正門旁有一特斯拉（Nikola Tesla）紀念牌；Lotrščak 塔是一座防禦塔，歷史可追溯至 13 世紀，是為了守護當時城牆的南門而建造的。名字源自拉丁語，意思是「警盜之鐘」，指的是 1646 年掛在塔上的鐘，敲鐘時代表賊人來襲。[7,8] 失戀博物館（Museum of Broken Relationships）是一間專門收藏情侶分手所棄置禮物的博物館。此博物館於 2011 年獲得歐洲年度博物館獎中的其中一個獎項，以表揚其創意。[9,10]

在往午餐飯店途中，曾在一松露商店（Truffle Shop）短暫停留，該店正如其名，主要販賣有關松露商品，由於頗具特色且多樣化，團友們各取所需，也讓店員們笑逐顏開。

午餐在 Rastoke（滋長）飯店用香烤乳豬餐；抵達時，烤豬正在飯店外空地進行，迅速成為「盤中飧」，思之頗令人感慨，孔子說：「君子遠庖廚」，良有以也。

▲ 石門北側 　　　　▲ 聖母教堂 　　　　▲ 通道旁祈禱

5　https://en.wikipedia.org/wiki/St._Mark%27s_Church,_Zagreb
6　https://zh.wikipedia.org/zh-tw/ 聖馬爾谷教堂（札格瑞布）
7　https://en.wikipedia.org/Lotrščak Tower
8　https://zh.wikipedia.org/zh-tw/ 洛特爾薩克塔
9　https://en.wikipedia.org/wiki/Museum_of_Broken_Relationships
10　https://zh.wikipedia.org/zh-tw/ 失戀博物館

▲ 石門西側（陳學安攝）

▲ 聖喬治屠龍雕像（陳學安攝）

▲ 整修中聖馬可教堂（楊志傑攝）

▲ 彩色瓷磚屋頂（陳學安攝）

▲ 教堂尖塔（楊志傑攝）

▲ 好不驚人（楊志傑攝）

▲ 議會大樓（楊志傑攝）

▲ 行政大樓 　　　　　　　　　　　　▲ 特斯拉紀念牌（陳學安攝）

▲ 市議會 　　　　　▲ 東儀天主教堂 　　　　▲ 失戀也有博物館？

▲ 警盜鐘之塔 　　　　　　▲ 松露商店（陳學安攝）

▲ 松露商品（陳學安攝） 　　　　　　　　▲ 酒類

▲ 美容商品 　　　　　　　　　　　　　　▲ Rastoke（滋長）飯店

▲ 烤豬進行中 　　　　　　　　　　　　　▲ 不亦快哉

▲ 珍惜盤中飧 　　　　▲ 歡迎光臨 　　　　▲ 小費不拘

2023年奧匈與巴爾幹四國記遊（二十一）：天然美景十六湖

2023年10月1日　星期日

　　午餐後往距薩格勒布約135公里之普萊維斯國家公園（Plitvice Lakes National Park），是克羅埃西亞最綺麗的國家公園。它是由水和石灰岩層變化而形成特殊的石灰華地形，且湖水會因含有各種不同礦物質成分的變化而顯得瑰麗異常，呈現出不同的風貌。[1]

　　國家公園創立於1949年，為東南歐歷史最悠久的國家公園，現在也是克羅埃西亞最大的國家公園。由於主要有16個湖泊，故公園又叫十六湖國家公園。1979年被聯合國教科文組織列為世界遺產。現在是克羅埃西亞最大的觀光地。1997年，隨著國家公園的範圍擴大至100.2平方公里，世界遺產的登錄範圍也隨之擴大。

　　公園內的湖群呈帶狀分布在蜿蜒的峽谷中，並分為上、下湖區，上湖區包含12個湖泊，湖底是白雲石；下湖區湖底位於石灰石峽谷，有4個湖泊。各湖泊由一條水路相連，由於存在較大的落差，期間形成許多大大小小的瀑布，最大的瀑布位於下湖區末端的「大瀑布」（Large Waterfall），高達78米。[2][3]

　　午餐後先入住國家公園中的旅館Hotel Jezero Plitvice（克語Jezero: Lake），位於十六湖國家公園的中心地帶，距離最大的Kozjak湖（81.5公頃）僅有300

---

[1] http://digimuse.nmns.edu.tw/portal/Topic/59-travertine
石灰華（travertine）又稱鈣華，為石灰岩洞穴或溫泉四周的多孔質碳酸鈣沉積物，組成礦物以霰石為主，部分含有方解石晶體。在石灰岩區因受到天水或地下水的溶蝕作用，不但產生溶蝕孔穴，同時，因富含碳酸鈣成分之地下水達到飽和或因細菌作用會形成一系列的鐘乳石或石灰華。
一般而言，石灰華為微晶狀的碳酸鈣，結構疏鬆且多孔質，鐘乳石較為緊密堅實。石灰華散佈世界各處，許多地區因擁有千姿百態或氣勢萬千的石灰華地形，而成為知名的觀光景點。

[2] https://en.wikipedia.org/wiki/Plitvice_Lakes_National_Park

[3] https://zh.wikipedia.org/zh-tw/ 普利特維采湖群國家公園

米。環湖觀光分兩段舉行，十八日下午，主要遊覽上湖；首先搭車到第二大湖 Prošćansko Jezero（69 公頃），也是海拔最高的湖（636 米），賞景路線主要位在湖泊兩側的小徑，由於各湖區大致平坦，湖區間從 Prošćansko 到 Kozjak 湖落差不過 101 米，而且多為下行，在山區也不太炎熱，所以總共約兩小時路程，走來尚覺輕鬆，可以專心觀賞沿途美景。

賞景時，雖然未得「天朗氣清，惠風和暢」配合，但沿途綠意盎然，多有遮蔭，湖水清澈，綠波清揚，不時見清流激湍，潺潺流水，或如簾瀑布，湖面波平如鏡，湖水在陽光照耀下，蔚藍碧綠，各顯勝場，瑰麗異常，頗為賞心悅目，所以遊目騁懷，信可樂也。

十九日上午，賞景重點在下湖，四個湖泊面積都不大（0.1 到 3.2 公頃），且落差僅 20 米，但末端陡峭，形成壯觀而高達 78 米的「大瀑布」，蔚為一大景點；相對而言，上湖最高的瀑布僅 28 米。

▲ 天然美景（陶雨台空拍）

▲ 湖間落差形成瀑布（陶雨台空拍）

▲ 湖畔步道（陶雨台空拍）

▲ 階梯狀地形（陶雨台空拍）

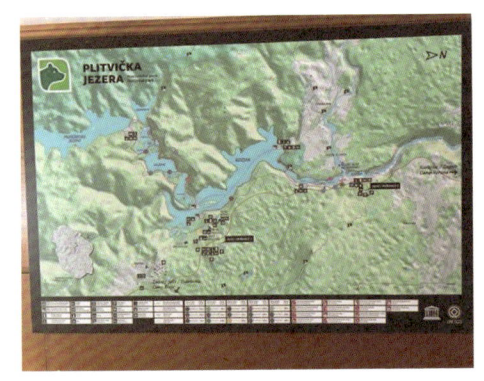

▲ 園區地圖 　　　　　　　　　▲ 接駁公車

▲ 上湖說明 　　　　　　　　　▲ 湖水清澈

▲ 清流激湍 　　▲ 瀑布初現 　　▲ 夏日召我以煙景

▲ 水清無魚乎？（陳學安攝） 　　　　　▲ 上湖最高瀑布（陳學安攝）

▲ 大塊假我以文章 　　　　　　　　　　▲ 波平如鏡（楊志傑攝）

▲ 渡口在望（楊志傑攝） 　　　　　　　▲ 下湖美景（陳學安攝）

▲ 眾樂樂（楊志傑攝）　　▲ 順流而下（陳學安攝）　　▲ 大瀑布（楊志傑攝）

2023年奧匈與巴爾幹四國記遊（二十二）：國王的城市

2023 年 11 月 5 日　星期日

午餐後往南行約 175 公里到亞得里亞海邊城市史賓尼克（Sibenik），是克羅埃西亞一座歷史名城；與亞得里亞海沿岸其他由希臘人、伊利裡亞人和羅馬人建立的城市不同，史賓尼克是由克羅埃西亞人建立的。1066 年，克羅埃西亞國王克雷西米爾四世（Petar Krešimir IV）的憲章中首次以現在的名稱提及它，並且在一段時間內，它是這位克羅埃西亞國王的駐在地，因此，史賓尼克也被稱為「克雷西米爾的城市」。[1,2]

史賓尼克兩個主要景點是聖雅各伯主教座堂（Prvostolnica sv. Jakova）和其防禦工事；大教堂是史賓尼克的天主教主教座堂，位於海岸邊不遠，建築由岩石構成，完全沒有使用木材，採用特殊技巧修建拱頂和圓頂。大教堂融哥德藝術與文藝復興藝術為一體，教堂在 1555 年正式祝聖。後堂外牆上有 71 顆人頭雕像，據說是當時捐款贊助教堂建設的的當地權貴雕像，栩栩如生，很引人注目。教堂內部設計依然保有它樸實內斂的風格，牆上的玫瑰窗透著陽光，灑進夢幻光彩。1991 年 9 月，教堂的圓頂被南斯拉夫人民軍支持的塞族部隊在炮擊史賓尼克時嚴重損壞，但是在幾年內就迅速修復，2000 年被列為世界遺產。[3,4,5]

大教堂位於整個史賓尼克的中心「共和廣場」，大部分的景點也都圍繞在共和廣場周圍，廣場上有銅像紀念建造大教堂的主要建築師喬治塞貝尼科

---

[1] https://en.wikipedia.org/wiki/Šibenik
[2] https://zh.wikipedia.org/zh-tw/ 希貝尼克
[3] https://en.wikipedia.org/wiki/Šibenik Cathedral
[4] https://zh.wikipedia.org/zh-tw/ 聖雅各伯主教座堂（希貝尼克）
[5] https://zh.wikipedia.org/zh-tw/ 克羅埃西亞世界遺產名錄

（Kip Jurja Dalmatinca），正對面的市政大樓，其文藝復興式八拱門建築，頗具特色。

　　大教堂東側為史賓尼克城市博物館（Muzej grada Šibenika，Šibenik City Museum），於 1925 年成立，位於前公爵宮內。宮殿曾是城市海防系統的一部分，建於 13-14 世紀。南翼沿著海岸從四邊形延伸至多邊形塔樓。這座四角形的塔樓被稱為親王宮塔，是沿海最大的防禦建築。在它和主教宮之間，保留著 16 世紀文藝復興時期的城門。1975 年，公爵宮的改建工程完成，博物館開始現代化運作。大門前陳列有兩門火砲，門前庭院中則展示各項古宮殿遺跡。[6]

　　博物館對面即聖塔芭芭拉教堂（Church of St. Barbara），是一座單殿堂的哥德式建築教堂。教堂的建築始於 1400 年左右。正門上方有一個哥德式壁龕，裡面有聖尼古拉斯的雕塑，是來自米蘭的意大利藝術家博尼諾（Bonino）的作品。教堂鐘樓相當別緻，很是顯眼。教堂內有一個小博物館，收藏著 14 世紀至 17 世紀期間的一些非常重要的藝術品。另外教堂邊有一巴拉瓜島的聖嬰（Estatua de hierro de Niño con Paraguas）雕塑。[7]

　　城市公園（Gradski park）位於小城東南端，內有於 2000 年揭幕，由名家雕塑的克雷希米爾四世紀念碑（Spomenik hrvatskom kralju Petru Krešimiru IV），頗具威嚴而有現代感。[8]

　　一旁並座落有聖法蘭西斯教堂（St. Francis Church，Crkva sv. Frane），建於 15 世紀下半葉在巴洛克時期，這座宏偉的建築也裝飾有巴洛克風格的祭壇。教堂和修道院內還有聖約翰博物館。博物館圖書館以其收藏的 140 部古版古抄本和手抄本收藏而聞名。[9]

　　史賓尼克市有四個堡壘，現在都是旅遊觀光景點，由於行程緊湊，只能以到同時被列入聯合國教科文組織世界遺產名錄的他地防禦工事參觀替代。[10]

---

[6] http://www.muzej-sibenik.hr/hrv/o_muzeju.asp
[7] https://hr.wikipedia.org/wiki/Crkva sv. Barbare u Šibeniku
[8] https://hr.wikipedia.org/wiki/Spomenik Petru Krešimiru IV. u Šibeniku
[9] https://hr.wikipedia.org/wiki/Hrvatsko nacionalno svetište sv. Nikole Tavelića
[10] https://zh.wikipedia.org/zh-tw/16 至 17 世紀威尼斯共和國防禦工事：陸地之國到西方的海洋之國 16 至 17 世紀威尼斯共和國防禦工事：陸地之國到西方的海洋之國（英語：Venetian Works of Defence between the 16th and 17th centuries: Stato da Terra – western Stato da Mar）是威尼斯共和國的一系列城牆防禦工事，現在分布在義大利、克羅埃西亞和蒙特內哥羅三個國家內。該項目於 2017 年被聯合國教科文組織列入世界文化遺產。

▲ 教堂在望（陳學安攝） 　　　　　　▲ 主教座堂（陶雨台空拍）

▲ 全由岩石構成（楊志傑攝） 　　　　▲ 世界文化遺產（楊志傑攝）

▲ 權貴金主人頭雕像（楊志傑攝） 　　▲ 教堂主祭壇（陳學安攝）

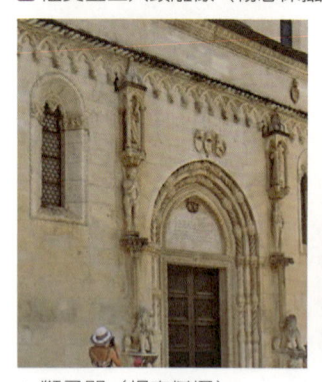

▲ 獅子門（楊志傑攝） 　　▲ 偏壇祭殿 　　▲ 後殿整修中

▲ 獅子門前

▲ 建築大師雕像

▲ 市政廳八拱門建築

▲ 城市博物館（陳學安攝）

▲ 門前火炮（陳學安攝）

▲ 庭院中建築遺跡（陳學安攝）

▲ 聖塔芭芭拉教堂　　▲ 聖嬰雕像（楊志傑攝）　　▲ 國王紀念碑（陳學安攝）

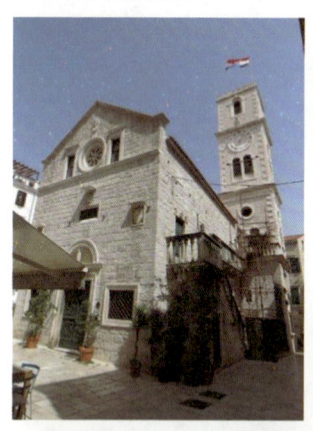

▲ 聖法蘭西斯教堂（陳學安攝）　　▲ 立面神龕（陳學安攝）　　▲ 狹窄巷弄（陳學安攝）

▲ 巴洛克式建築（楊志傑攝）　　▲ 街頭巷尾（陳學安攝）

2023年奧匈與巴爾幹四國記遊（二十三）：史普利特

2023 年 12 月 20 日　星期三

前言

　　入秋後，忙於他事，「東歐記遊」暫時中斷，十一月中旬，曾有苗栗行，依囑令先寫「最憶是山城」五篇，十二月中旬，又有台南之旅，同行朋友表示希望能早日閱讀遊記，因而奮筆撰有「戀戀台南」三篇，讓同遊東歐的長子簡訊質問「消失的克羅埃西亞呢？」備感壓力，覺得確應早日完成「東歐記遊」，算是應讀者要求。

　　自史賓尼克南行約八十五公里，即抵達古羅馬皇帝戴奧克里先（Diocletian）的皇城古都——史普利特（Split）。該地市內人口約有 18 萬（2001 年調查），是達爾馬提亞（Dalmatia）區最大都市，也是克羅埃西亞第二大城。同時，史普利特亦是區內最古老的城市之一，若以古羅馬戴奧克里先宮始建造期（305 年）起計算，該市已有 1700 年歷史。

　　公元 476 年，戴奧克里先宮隨著西羅馬帝國的滅亡，成為東羅馬帝國的一部分。到了七世紀初，為躲避異族入侵，薩洛納（Salona）城的居民紛紛逃進有著厚實城牆的戴奧克里先宮殿區，並在內部加蓋房屋、作坊、商店和教堂，以供日常之需。一座布局協調的城市——史普利特，在宮殿區的基礎上產生了。三百年後，史普利特開始向宮牆之外擴張，又過了三百年，城市面積已經擴展到戴奧克里先宮的兩倍大。雖然它被稱為「宮殿」是因為它的用途是戴奧克里先的退休住所，但因為建築結構龐大，更像一座大型堡壘：大約一半是戴奧克里先個人使用的，其餘的則是軍事駐地。[1][2]

---

[1] https://en.wikipedia.org/wiki/Split,_Croatia

[2] https://zh.wikipedia.org/zh-tw/史普利特

戴奧克里先宮迄今宮殿遺跡保留完善，從各有涵義的金、銀、銅、鐵門、由皇陵改成的聖多米紐斯教堂（Cathedral of Saint Domnius）、皇宮大廳、精美的雕刻、壯麗的柱廊……等，擁有所有最重要的歷史建築，充分顯現出帝政時期的宮廷氣派，在在難掩羅馬帝國皇宮的絕代風華。戴奧克里先宮是亞當新古典主義建築風格的靈感來源，測量圖紙的出版首次將其帶入歐洲建築的設計語彙。在 1979 年，史普利特的歷史中心與戴奧克里先宮殿被列入聯合國世界文化遺產。史普利特是克羅埃西亞的文化中心之一，其文學傳統可追溯至中世紀。

戴奧克里先宮南面向海，金、銀、銅、鐵門分別為北、東、南、西門，「南門」是進入宮殿的四個主要羅馬門中較小的一個。最初是一個海門，皇帝乘船從皇宮的地下室進入建築群。旅遊巴士停車在海邊南面牆附近，進入銅門後，直入皇家公寓的下方地窖，是位於宮殿南端的一組下部結構，代表了世界上同類建築中保存最完好的古代建築群之一。[3,4]

聖多米紐斯大教堂是史普利特主教堂。嚴格來說，教堂供奉聖母瑪利亞，鐘樓則供奉聖多米紐斯。它們共同組成了聖多米紐斯大教堂。聖多米紐斯是 4 世紀時的主教，與其他七名基督徒在戴奧克里先皇帝的迫害中殉道。

聖多米紐斯大教堂於公元 7 世紀初落成，被認為是世界上最古老的天主教大教堂，其原始結構仍在使用，後來沒有進行近乎完全的翻修，鐘樓可以追溯到從 12 世紀。該建築本身建於公元 305 年，當時是戴奧克里先陵墓，是基督教大教堂中的第二古老的建築。

聖多米紐斯大教堂由不同年代的三個不同部分組成。主要部分是戴奧克里先皇帝的陵墓，其歷史可以追溯到三世紀末。陵墓與宮殿的其他部分一樣，採用當地白色石灰石和高品質大理石建造。鐘樓建於西元 1100 年，為羅馬式風格。1908 年的大規模重建徹底改變了鐘樓，許多原始的羅馬式雕塑被拆除。[5]

---

[3] https://en.wikipedia.org/wiki/Diocletian
戴奧克里先從 284 年開始擔任羅馬皇帝，直至 305 年退位。戴奧克里先的改革從根本上改變了羅馬帝國政府的結構，並幫助穩定了帝國的經濟和軍事，使帝國在戴奧克里先年輕時就瀕臨崩潰的邊緣，又繼續保持 150 年的基本完整。由於疾病的影響，戴奧克里先於 305 年 5 月 1 日辭去了帝國職務，成為第一位自願退位的羅馬皇帝。他在達爾馬提亞（Dalmatia）海岸的宮殿裡度過了退休時光，照料他的菜園。他的宮殿最終成為現代克羅埃西亞史普利特市的核心。

[4] https://en.wikipedia.org/wiki/Diocletian's_Palace

[5] https://en.wikipedia.org/wiki/Cathedral_of_Saint_Domnius

▲ 戴奧克里先宮還原圖

▲ 自銅門進入（陳學安攝）

▲ 宮殿南端空拍圖（陶雨台攝）

▲ 保存完好地窖

▲ 南面牆

▲ 地窖東翼

▲ 地窖圓頂　　　　▲ 戴奧克里先事功彪炳　　▲ 主教堂與鐘塔

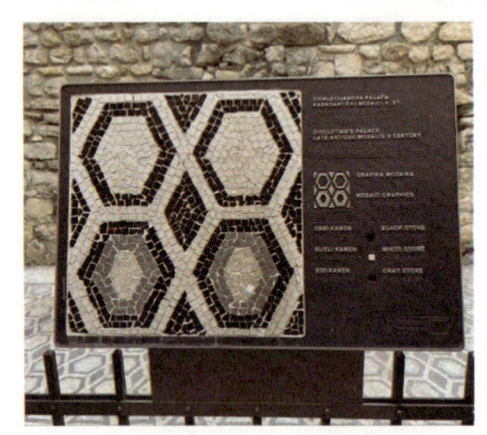

▲ 五世紀的馬賽克磁磚　　　▲ 鐘塔前廣場一角（楊志傑攝）

▲ 即將演出（陳學安攝）　▲ 精緻廊柱（陳學安攝）　▲ 舊市政廳（楊志傑攝）

▲ 金門與門牆　　　　　　　　　　▲ 金門高清圖（陳學安攝）

▲ 羅馬士兵穿越在金門前？（陳學安攝）　▲ 銀門（東門，楊志傑攝）

▲ 金門（北門）　　▲ 金門附近主教雕像　　▲ 鐵門（西門，陳學安攝）

▲ 鐵門高清圖（楊志傑攝）

2023年奧匈與巴爾幹四國記遊（二十四）：杜布羅夫尼克（一）

2023 年 12 月 21 日　星期四

十九日晚夜宿史賓尼克，第二天一早往兩百三十公里外的杜布羅夫尼克（Dubrovnik）。孤立於海中岬角的海港小城，融合了許多文化於一身，有「斯拉夫的雅典」之稱，大文豪蕭伯納曾說：「想目睹天堂美景的人，就到克羅埃西亞的杜布羅夫尼克。」讓人嚮往。

途中經佩列沙茨大橋（Pelješac Bridge，克羅埃西亞語 Pelješki most），是連接克羅埃西亞最南端的大陸與杜布羅夫尼克附近的佩列沙茨半島，跨越亞得里亞海中兩個相鄰海域：小斯通灣和內雷特瓦海峽（Neretva Channel）。2007 年開始設計，因故於 2012 年擱置，並於 2017 年下半年獲得歐盟基金而重啟。2018 年 1 月 12 日，由中國路橋建設牽頭的中國企業聯合體成功中標大橋和連接線一期工程項目，2022 年 7 月 26 日，大橋正式通車。[1]

杜城以風景優美聞名，是熱門的度假勝地，有「亞得里亞海之珠」的美稱。這城市也是克羅埃西亞語言及文學的中心之一，是不少詩人、劇作家、數學家、物理學家及其它學者的居所。最初整個地區被稱為杜布拉瓦（Dubrava）。在當地方言中，杜布拉瓦的意思是樹林，這正是它過去的意義。海拔 412 公尺的 Srd 山地上，橡樹、松樹密布。茂密的森林是杜布羅夫尼克被稱為「杜布拉瓦／杜布羅夫尼克（Dubrava/Dubrovnik）」的原因。

擁有世界文化遺產的古城風采，雅致的聖方濟修道院、熱鬧的布拉卡大道、文藝復興風格的宮殿迴廊與拱門，固若金湯的城牆，緊緊守護著亞德里亞這顆珍珠。古城的歷史可追溯到西元七世紀，曾經被威尼斯、匈牙利統治過。

---

[1] https://zh.wikipedia.org/zh-tw/ 佩列沙茨大橋

文藝復興時期，杜布羅尼克的商船艦隊超過 500 艘船，富甲一方。1979 年，杜布羅夫尼克市因其出眾的中世紀建築和堅固的舊城區城牆而聯合國教科文組織世界遺產名錄。[2,3]

抵達杜城，已過正午，在岸邊餐廳用「亞德利亞海烤肉餐」，飯後則步行至高處纜車站，先須拾級而上，瀏覽沿途街景後，搭乘纜車登 Srd 山頂俯瞰全城，以及環繞城市的 2 公里古城牆的獨特景觀，同時也可觀賞亞得里亞海和許多島嶼的壯麗景色。纜車線建於 1969 年，是亞得里亞海第一條也是唯一一條纜車線。兩節車廂可容納 32 名乘客，上下站之間軌道長度約 778 米，纜車行進時間不到 4 分鐘，上站海拔 405 米，擁有三個配備雙筒望遠鏡的露台、全景餐廳、紀念品商店、衛生間和可容納 120 人的露天劇場。[4]

下山後，是自由時間，除欣賞厚實城牆建築外，主要是沿布拉卡（Placa）大道，又名史特拉敦大道（Stradun），自 13 世紀以來一直是熱鬧的市中心。如今，擠滿了當地人和遊客的身影，並被許多人認為是歐洲最迷人的街道之一。白色的石灰岩街道東西向延伸，將老城區分為兩個大致相等的部分，全長約三百米街道兩旁餐廳酒吧和咖啡館林立。

沿途有許多熱門景點，教堂、宮殿等。兩端各有一個水池，靠近派勒門（Pile Gate）的是大歐諾弗里奧噴泉（Velika Onofrijeva Fontana），噴泉共有 16 面，每一面都有一個石雕面具。大水池於 1438 年建造完成，是為了供給公眾用水而建造，是城內的主要供水系統。噴泉的雕刻原有兩層，上層在 1667 年的大地震被震毀了，所以現在只剩下層的 16 個雕刻。[5,6]

---

[2] https://en.wikipedia.org/wiki/Dubrovnik
[3] https://zh.wikipedia.org/zh-tw/ 杜布羅夫尼克
[4] https://www.dubrovnikcablecar.com/
[5] https://www.agoda.com/zh-tw/travel-guides/croatia/dubrovnik/things-to-do-in-dubrovnik-croatia-15-cant-miss-activities-attractions/?cid=1844104
[6] https://www.settour.com.tw/travel_guide/ 普拉卡史萃當大道周遭熱門景點 /attractions_POI0000368478.html

▲ 佩列沙茨大橋

▲ 中國企業營造

▲ 共 14 個橋墩

▲ 舊城空拍圖（陶雨台攝）

▲ 厚實城牆（陶雨台空拍）

▲ 堡壘重地（楊志傑攝）

▲ 老城港口（陳學安攝）

▲ 東面城牆普洛切門（東門） 　　　　　▲ 杜城守護神（楊志傑攝）

▲ 用「亞德利亞海烤肉餐」 　　　　　　▲ 拾級而上

▲ 亞得里亞海唯一纜車線 　　　　　　　▲ 大海茫茫

▲ 杜城因樹林得名

▲ 布拉卡大道長約三百公尺（楊志傑攝）

▲ 聖布萊斯教堂

▲ 斯彭紮宮

▲ 好不愜意

▲ 創意商品

▲ 夏日穿冬裝

▲ 虛位以待（陳學安攝）

▲ 水池共有 16 面

▲ 每面都有石雕面具

▲ 派勒門雙層城牆

2023年奧匈與巴爾幹四國記遊（二十五）：杜布羅夫尼克（二）

2023 年 12 月 22 日　星期五

　　派勒城門分為內外兩層，外層是文藝復興式的拱門，建造於 1537 年，城門上有一尊杜布羅尼克最古老的雕像聖布雷瑟（Saint Blaise），祂是這座城市的守護神，但內城門建造時代比外城門更早一個世紀，屬於哥德式，聖布雷瑟雕像，風格明顯不同於外牆建造。在之前，城門的開合橋會在每天傍晚收起來，城門關閉後鑰匙交給王子保管。[1][2]

　　聖布雷瑟雕像也同樣守護東側的普洛切門（Ploče Gate。克洛埃西亞語 Vrata od Ploča），為入口增添了一絲歷史和文化意義。這座羅馬式風格的大門由內部分和外部分組成，兩者由一座木製吊橋和一座橫跨防護溝的雙跨石橋連接。[3]

　　二十日晚夜宿杜城，由於旅遊資源豐富，第二天早晨，仍在當地遊覽。從派勒門進入老城，兵分二路，較為勇健者決定冒炎日登上城牆巡禮，其餘老弱婦孺則到老城港口搭玻璃船遊港；全程約 45 分鐘，法國海洋及海洋生物研究者及著名攝影家、作家雅克・庫斯托（Jacques-Yves Cousteau），曾將此地描述為世界上最乾淨的海洋之一。當玻璃船駛出港口時，回望舊城區的景色與許多世紀前人們看到它的樣子無異。

　　玻璃船繞港外洛克魯姆島（Lokrum Island）一周再折返，根據當地傳說，「獅心王」理查一世於 12 世紀十字軍東征回歸時，在這座島發生船難。杜布羅夫尼克的市民救起了這位國王，為了表達感謝，他捐款建造杜布羅夫尼克大

---

[1] https://www.agoda.com/zh-tw/travel-guides/croatia/dubrovnik/things-to-do-in-dubrovnik-croatia-15-cant-miss-activities-attractions/?cid=1844104

[2] https://www.settour.com.tw/travel_guide/普拉卡史萃當大道周遭熱門景點/attractions_POI0000368478.html

[3] https://www.gpsmycity.com/attractions/gate-of-ploce-5523.html

教堂，當地人將該島稱為杜城的「綠洲」。近代以來，該島已成為許多《權力的遊戲》的拍攝地，而目前島上有一個《權力的遊戲》系列遊客中心，配有真正的鐵王座。繞過島嶼時，船會駛向杜城的精英郊區，風景秀麗，看到許多令人印象深刻的別墅和豪華酒店，可算五星級海岸線。[4,5]

由於搭玻璃船有一定時刻，在乘船前後，得空在東門附近遊覽，包括：

一、鐘塔 Bell Tower

始建於 1444 年，報時的銅鐘，於 1506 年鑄造，曾數遭損壞，最近一次是在 1979 年黑山地震中遭到破壞，而於 1987 年至 1988 年修復。現在的銅鐘是 1929 年重建的塔樓中安裝的複製品。原始銅鐘現在陳列在總督府的文化歷史博物館中。[6]

二、奧蘭多石柱（Orlando Column，克羅埃西亞語：Orlandov stup）

是杜城最古老的公共雕塑，立於 1418 年，奧蘭多是德國人，這是該市唯一一座為某一個外國人而建的世界紀念碑。

奧蘭多石柱用石頭製成，高 5.17 米，描繪一位騎士，手持寶劍。當地歷史學家將雕塑與騎士羅蘭的傳說聯繫在一起，傳說在 8 世紀他幫助該市與入侵者戰鬥有功。[7]

三、造訪杜城影視藝人名人堂（Actor Hall of Fame）

為展示杜城的吸引力，旅遊部門在鐘塔邊設有「造訪杜城影視藝人名人堂」，陳列有數十位知名藝人，包括蘇菲亞羅蘭（Sophia Loren）、寇克道格拉斯（Kirk Douglas）、彼得奧圖（Peter O'Toole）等巨星放大照片，可謂眾星雲集，不同凡響。

---

[4] https://happytovisit.com/Dubrovnik/1-Hour-Glass-Boat-Panorama-Tour-in-Dubrovnik/tour-t6525-c41
[5] https://www.expedia.com.tw/Lokrum-Island-Dubrovnik.d6139677.Place-To-Visit
[6] https://en.wikipedia.org/wiki/Dubrovnik_Bell_Tower
[7] https://zh.wikipedia.org/zh-tw/奧蘭多石柱

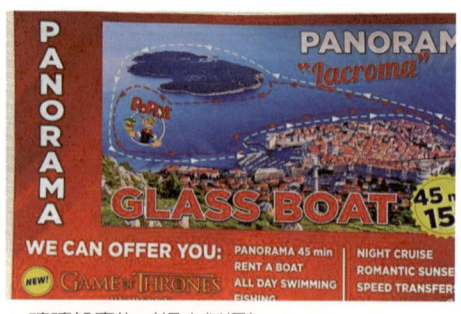

▲ 玻璃船廣告（楊志傑攝） 　　▲ 風景秀麗

▲ 景色依舊（楊志傑攝）

▲ 別有洞天

▲ 碧藍海水 　　▲ 搭玻璃船遊港

▲ 勇健團友（楊志傑攝） 　　　　　　　　▲ 據險而建（陳學安攝）

▲ 城牆一角（陳學安攝）

▲ 鐘塔（陳學安攝） 　▲ 奧蘭多柱整修中（陳學安攝） 　▲ 奧蘭多柱說明海報

▲ 影后蘇菲亞羅蘭 　　▲ 彼得奧圖 　　▲ 寇克道格拉斯

2023年奧匈與巴爾幹四國記遊（二十五）：杜布羅夫尼克（二）　233

2023年奧匈與巴爾幹四國記遊（二十六）：杜布羅夫尼克（三）

2023 年 12 月 25 日　星期一

四、聖布萊斯教堂（Saint Blaise Church）

　　這座供奉杜布洛夫尼克守護神的教堂於 18 世紀初重建，原因是 1667 年大地震以及隨後於 1706 年的大火，重建後的教堂屬於巴洛克的形式，外觀仿自威尼斯的聖模里西斯教堂（St. Mauritius）。立面頂部是半圓形山牆和欄桿，欄桿上有三座雕像：中間獨立的聖布萊斯雕像以及兩旁信仰和希望的化身。

　　桶形拱頂內部裝潢華麗，具有巴洛克風格。在教堂主祭壇上有一尊鍍金的銀製聖布萊斯雕像，它的珍貴不僅是因為材質，更在於它的歷史意義，聖布萊斯左手所持的杜城模型，把 1667 年地震前的杜城樣貌刻畫得淋漓盡致。可喜的是這尊 15 世紀的雕像不僅避過地震，更躲過大火，地方人士相信這就是「神蹟」。聖布萊斯對杜城的意義，就像是聖馬可之於威尼斯一樣，每年的 2 月 3 日，全城的人都在這天為他舉行一場盛大的宗教節慶。[1][2]

五、杜布羅夫尼克主教座堂（Dubrovnik Cathedral）

　　杜布羅夫尼克聖母升天主教座堂（克羅埃西亞語：Katedrala Velike Gospe, Katedrala Marijina Uznesenja）是一座羅馬天主教的教堂，也是天主教杜布羅夫尼克教區的主教座堂。

　　大教堂建在幾座前大教堂的遺址上，包括七世紀、十世紀和十一世紀的建築，以及它們的十二世紀羅馬式風格的繼承者。這座建築在 1667 年的地震中

---

[1] https://en.wikipedia.org/wiki/St_Blaise%27s_Church
[2] https://baroqueart.museumwnf.org/database_item.php?id=monument;BAR;hr;Mon11;7;en

大部分被摧毀。目前巴洛克風格的教堂於 1673 年開始施工，於 1713 年竣工。後又經地震與砲彈擊中損壞，現已修復。

立面的入口兩側有四根科林斯柱。中央部分的頂部是一個巴洛克風格的大窗戶，帶有三角形山牆和帶有聖人雕像的欄桿。正面深處的壁龕裡有聖布萊斯（杜布羅夫尼克的守護聖人）和約瑟夫帶著孩子的雕像。大教堂的側面相當樸素，由柱子和半圓形窗戶連接起來。側門比正門小。

建築物有一個高高的中殿，由巨大的柱子與兩個過道、三個後殿和一個位於中殿和耳堂交叉處的宏偉的巴洛克式圓頂隔開。主祭壇上有一幅著名義大利畫家提香（Titian，1488-1576）的三聯畫，描繪了聖母升天的一個版本，這幅畫可能創作於 1552 年。[3,4]

六、方濟各教堂和修道院（Franciscan Church and Monastery）

方濟各教堂和修道院位於派勒門邊，布拉卡大道的起點，包括修道院、教堂、圖書館和藥房。修道院內的藥店是世界上仍然開業的藥店中歷史第三古老的。

修道院建於 1317 年，但其建造過程花費了幾個世紀的時間。該建築群的部分區域曾多次重建。教堂在 1667 年的地震中被毀，唯一剩下的元素是裝飾門戶。中央半圓形的幾乎與真人大小的聖母憐子圖，裝飾著華麗的樹葉，兩側是聖傑羅姆（St. Jerome）（手持地震前教堂的模型）和施洗者聖約翰（St. John the Baptist）的雕像。半月形的頂端畫立著造物主之父的雕像。教堂內部依照巴洛克風格重建，只有一棟中殿。大理石講壇在 1667 年的地震中倖存下來。主祭壇的四根扭曲的大理石柱之間有復活的基督雕像。

現在的修道院具有晚期羅馬式風格。修道院有兩個迴廊，上層迴廊為文藝復興風格，有拱門和半圓形拱頂。下層迴廊採用羅馬哥德式風格，有拱門 120 根柱子、12 個巨大的壁柱和一條長廊。雙裝飾六角形柱廊上的柱頭各不相同，呈現出各種幾何、植物、人類和動物的形象。[5,6]

---

[3] https://en.wikipedia.org/wiki/Dubrovnik_Cathedral
[4] https://zh.wikipedia.org/zh-tw/ 杜布羅夫尼克主教座堂
[5] https://en.wikipedia.org/wiki/Franciscan_friary,_Dubrovnik
[6] https://zh.wikipedia.org/zh-tw/ 方濟各教堂和修道院（杜布羅夫尼克）

▲ 聖布萊斯教堂 　　▲ 聖布萊斯雕像 　　▲ 巴洛克風格

▲ 華麗不失肅穆 　　▲ 主祭壇 　　▲ 側祭壇

▲ 聖母升天三聯畫 　　▲ 珍稀寶藏 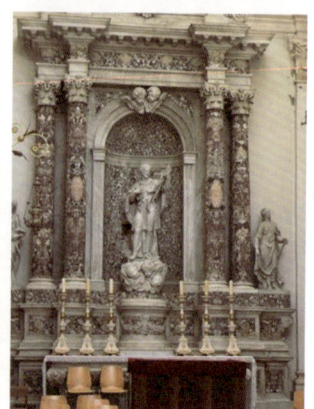　　▲ 聖約翰雕像

▲ 主教座堂（陳學安攝）

▲ 方濟各教堂和修道院（陳學安攝）

▲ 裝飾門戶

▲ 主祭壇

▲ 教堂鐘塔

▲ 復活的基督雕像

▲ 大理石講壇 　　　　▲ 聖母憐子圖 　　　　▲ 柱頭各不相同（陳學安攝）

▲ 修道院內庭（陳學安攝） 　　　　▲ 修道院迴廊（陳學安攝）

2023年奧匈與巴爾幹四國記遊（二十七）：杜布羅夫尼克（四）

2023 年 12 月 25 日　星期一

七、總督府（Governor's Palace）

著名的總督府（克羅埃西亞語：Knežev Dvor）位於盧扎廣場以南的街邊，是一座標誌性建築，始建於 13 世紀，後來兩次重建，採用威尼斯哥德式風格。以往是政府和國家辦公室以及總督的總部和居住場所。如今，宮殿內設有「城鎮博物館」以及音樂廳。

宮殿的西立面，還包括主入口（門戶），設有拱廊和拱門，雕刻精美的柱頭裝飾著前立面。以宮殿的裝飾精美的大門為主，門上裝飾著許多複雜的柱廊、柱子和柱頭的雕刻細節。整個入口被前廊覆蓋，營造出典雅的氣氛。

宮殿的內部中庭和庭院設有一排排裝飾著科林斯式柱頭的柱子。占主導地位的巴洛克式樓梯通往夾層畫廊。樓梯拱門下方有一個建於 15 世紀的小噴泉。在右側接近樓梯之前，有一座雕像紀念當地將自己財富遺贈給杜城的富有船主米霍・普拉卡特（Miho Pracat）。

由於中庭具有出色的音響效果，如今該空間被用作古典室內樂音樂會的場地，這些音樂會經常出現在杜布羅夫尼克夏季音樂節上。

與共和國本身類似，這座宮殿也有一段動盪的歷史。現在它實際上是三種建築風格的結合——基本的哥德式宮殿，加上文藝復興和巴洛克的附加部分。杜布羅夫尼克博物館歷史部自 1872 年以來一直在宮殿內運作。[1,2]

---

[1] https://en.wikipedia.org/wiki/Rector%27s_Palace,_Dubrovnik
[2] https://www.dubrovnik-travel.net/knezev-dvor-rectors-palace/

八、斯彭紮宮（Sponza Palace）

　　斯彭紮宮（克羅埃西亞語：Palača Sponza）是一座修建於 16 世紀的宮殿建築。斯彭紮宮前的廣場現在是杜布羅夫尼克夏季藝術節開幕式的地點，本身也被用作表演場地。它的名字來自拉丁語「spongia」，意思是收集雨水的地方。

　　這座帶有內部庭院的長方形建築於 1516 年至 1522 年間建造，具有哥德式和文藝復興風格的混合風格。宮殿具有多種公共功能，包括海關辦公室和保稅倉庫、造幣廠、軍械庫、金庫、銀行和學校。16 世紀，隨著協和學院（Academia dei Concordi）文學學院的成立，這裡成為拉古薩共和國（義大利語：Repubblica di Ragusa）的文化中心。它在 1667 年的地震中倖存下來，沒有任何損壞。宮殿的中庭是貿易中心和商務聚會場所。拱門上的銘文顯示了這個公共功能：

　　Fallere nostra vetant et falli pondera。Meque pondero cum Merces ponderat ipse deus（我們的量重不允許作弊。當我測量貨物時，上帝也與我一起測量）。

　　斯彭紮宮現在是國家檔案館的所在地，保存的文件可追溯到 12 世紀，最早可追溯至 1022 年。這些檔案包括 7,000 多卷手稿和約 100,000 份個人手稿，之前保存在杜布羅夫尼克國家檔案館。[3]

九、岡杜利奇露天市場（Gundulićeva Market）

　　杜城最大的露天市場為岡杜利奇露天市場（克羅埃西亞語：Gundulićeva Poljana），有許多攤位出售時令水果和蔬菜以及其他當地產品，如乾薰衣草、薰衣草油、當地生產的格拉巴酒等。此外，廣場上還矗立著杜城 17 世紀詩人伊凡岡杜利奇（Ivan Gundulić）的大型雕像，廣場就是以他的名字命名的。[4]

十、阿梅林噴泉（Ameling Fontana）

　　七月二十一日到杜城舊城區，進出派勒門（Pile Gate），都會經過著名的

---

[3] https://en.wikipedia.org/wiki/Sponza_Palace
[4] https://www.dubrovnik-travel.net/gunduliceva-poljana-open-air-market-in-dubrovnik-old-town/

阿梅林噴泉；噴泉由名家雕有斯托伊納和精靈（Stojna and satyrs）的雕像，一旁有咖啡座、花店等，是一個很受歡迎的聚會地點。

中午經阿梅林噴泉步行至午餐飯店，享用當地美食，為杜城行寫下完美句點。[5]

▲ 完美句點

▲ 威尼斯哥德式風格（陳學安攝）

▲ 總督府（楊志傑攝）

▲ 內部中庭

---

[5] https://www.thedubrovniktimes.com/news/dubrovnik/item/14570-amerling-fountain-in-dubrovnik-to-get-fresh-look#google_vignette

▲ 紀念雕像（陳學安攝） 　　▲ 科林斯式柱頭（陳學安攝） 　　▲ 巴洛克式樓梯

▲ 雕飾精美 　　▲ 時不我與 　　▲ 國家檔案館所在（陳學安攝）

▲ 斯彭紮宮（陳學安攝） 　　▲ 露天市場與咖啡座（楊志傑攝）

▲ 詩人雕像（楊志傑攝） 　　　▲ 各有所喜（楊志傑攝）

▲ 各色商品（楊志傑攝）

▲ 廣場咖啡座（楊志傑攝） 　　▲ 阿梅林噴泉

2023年奧匈與巴爾幹四國記遊（二十八）：科特古城

2023年12月26日　星期二

離開杜城後不久即達克羅埃西亞與「黑山共和國」（Montenegro Republic）邊界，見識到巴士司機要送小禮與關防人員打交道圖個方便的陋習。

目的地是科特（Kotor）古城，沿途可欣賞迷人的峽灣和海岸，為南歐最大的、也是最美麗的科特峽灣，它擁有美麗壯觀峽灣景色，有人稱之為歐洲最南端的峽灣，但它實際上是一個河流峽谷，與其周邊地區形成了令人印象深刻的景觀。科特古城名列世界文化遺產，依山傍水古城裡融合了不同時代建築風格及石板砌成狹小的巷弄，周圍環繞著威尼斯時期建造的防禦工事，具獨特戰略意義。[1][2]

抵達科特後，首先沿護城河步行到古城的正式入口海路城門（Sea Gate）口，可見城牆厚實壯觀，由威尼斯人建於16世紀。城門融合文藝復興與巴洛克風格，由厚重的石磚與石柱所構成，門口擺放著兩尊古炮仿製品，象徵著來到了中世紀的古代城市。城門上有保存完好的精美聖母子石浮雕，進門即是科特最大的武器廣場（Square of Arms），因在威尼斯時代，武器都在這附近修理而得名；

---

[1] https://en.wikipedia.org/wiki/Kotor
科特（Kotor）蒙特內哥羅的一個海岸城市，位於科特灣最深入之處，是科特市鎮（面積335平方公里）的行政中心。2011年人口12,583人（市鎮人口22,601人）。1900年時天主教徒佔當地人口多數，今日多數居民信奉東正教。天主教科特教區仍以此為其駐地。
科特老城區的入口處掛著二戰後的標語：「屬於別人的我們不想要，屬於我們的我們不給予。」自中世紀早期以來，該鎮就一直加固防禦工事，查士丁尼皇帝在阿斯克里維姆（Ascrivium）上方建造了一座堡壘。科特的現代名稱可能起源於該鎮的拜占庭名稱：Dekatera 或 Dekaderon。四個世紀的威尼斯統治賦予了這座城市典型的威尼斯建築風格。
1941年至1943年間，義大利王國吞併了科特地區，科特地區成為義大利達爾馬提亞省的三個省之一，該市的大多數居民都是東正教徒（也有一些羅馬天主教徒）。

[2] https://zh.wikipedia.org/zh-tw/ 科托

廣場東面有一座建於 1602 年的鐘塔，是科特的代表性建築之一，鐘樓由巨大的石塊建成，第三層兩側各有一個大鐘，時刻顯示著準確的時間。鐘塔下方有根「恥辱之柱（Pillar of Shame）」，當市民犯罪時，會處罰跪在石柱前示眾。[3]

在古城主要到幾個景點：

一、科特主教座堂（The Cathedral of Saint Tryphon）

科特主教座堂是天主教科特教區的主教座堂。教堂始創於 1166 年。1979 年 4 月的地震給這座教堂造成損壞，直到近年才完成修復。它是為了紀念這座城市的守護神和保護者聖特里豐（Saint Tryphon）而建，聖人的遺骸從君士坦丁堡運來後保存在此。如今，它是科特最著名的旅遊景點，也是這座城市的象徵。[4]

教堂原為羅馬式建築，目前的巴洛克樣式是後來重建的；這座大教堂比歐洲許多著名的教堂和大教堂都要古老，擁有價值龐大的文物寶庫，可惜當天因故，不知是否由於教堂兩鐘塔之一尚未修復完成，並不開放，僅得在教堂前打卡留念。

二、塞爾維亞東正教聖尼古拉斯教堂（Church of St. Nicholas）

聖尼古拉斯教堂是一座塞爾維亞東正教教堂，建於 1902 年至 1909 年，是屬於拜占庭式設計，教堂中間有座大圓頂，立面有兩座鐘塔。

與一般天主教堂有很多不同的地方，沒有靠背長椅，站著做禮拜才代表崇敬上帝，東正教的主祭壇是一整面的各種聖像屏幕，來隔開神聖世界（裏面存放著聖經）和世俗世界。[5]

三、聖路克教堂（Church of St. Luke）

聖路克教堂，可溯至 1195 年，兼具仿羅馬式和拜占庭風格，是 1667 年大

---

[3] https://mable.tw/blog/post/montenegro-kotor
[4] https://en.wikipedia.org/wiki/Kotor_Cathedral
[5] https://en.wikipedia.org/wiki/Church_of_St._Nicholas,_Kotor

地震中唯一沒遭受波及的建築，室內南邊的牆面保留著 12 世紀的拜占庭式壁畫。因它曾經是一座天主教堂，後來轉由東正教徒使用，因此教堂有天主教和東正教兩個祭壇。[6]

四、海事博物館（Maritime Museum）

科特曾有過一段風光的海上歲月，海事博物館珍藏的正是這段歷史，博物館坐落在一棟 18 世紀的 Grgurina 貴族宅邸裡，為巴洛克式風格。

五、貓商店

科特有大量的貓，它們已成為這座城市的象徵。該市有幾家貓商店和一個貓博物館，以及貓廣場。各處都留有水和食物供貓進食，並且經常佈置紙板箱作為貓睡覺的地方。由於未做足功課，錯過了貓博物館，但看到商店櫥窗陳列了不少可愛貓商品。

科特遊的小插曲是旅遊團進入古城後，就被兩個妙齡女郎盯上，一路跟隨在團友附近，幸好很早就有團友發出可能是扒手警訊，此二人似有察覺，才感無趣空手離開。

古城曾被人稱為「小杜布羅尼克」，但較少商業氣息，展現純樸古城風貌，走在狹窄小巷石板路上，別有一番感受。

▲ 科特灣一景（楊志傑攝）　　　　　▲ 城牆與護城河

---

[6] https://en.wikipedia.org/wiki/Church_of_St._Luke_（Kotor）

▲ 護城河（陳學安攝） 　　　　　　　▲ 海路城門

▲ 大鐘顯示準確時間（楊志傑攝）

▲ 嗜酒者言 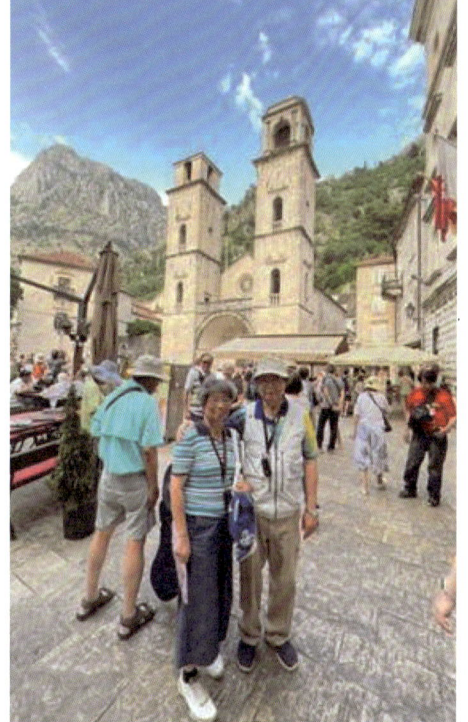　　　　　　　　　　　▲ 主教座堂前

2023 年奧匈與巴爾幹四國記遊（二十八）：科特古城　247

▲ 鐘塔待修（陳學安攝） 　　▲ 大門半掩 　　▲ 尼古拉斯教堂

▲ 立面兩座鐘塔（陳學安攝） 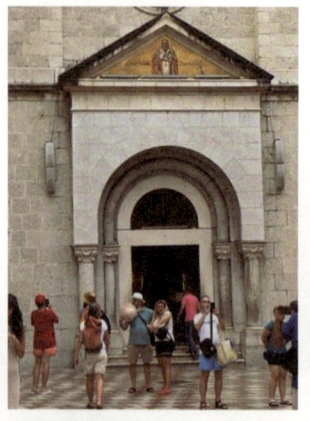　　▲ 門戶開放 　　▲ 主祭壇

▲ 各種聖像屏幕 　　▲ 屏幕上聖物 　　▲ 聖路克教堂

▲ 信徒站著做禮拜 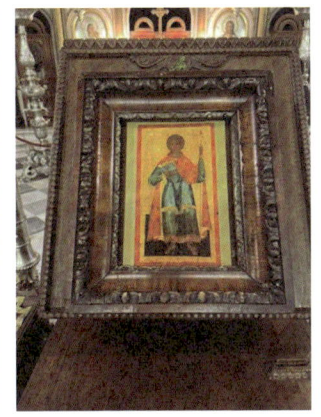　　▲ 主聖像 　　▲ 浮雕壁畫

▲ 壯觀聖像屏幕 　　▲ 12 世紀壁畫

▲ 海事博物館 　　▲ 曾為富豪故居

2023 年奧匈與巴爾幹四國記遊（二十八）：科特古城　249

▲ 貓為城市象徵 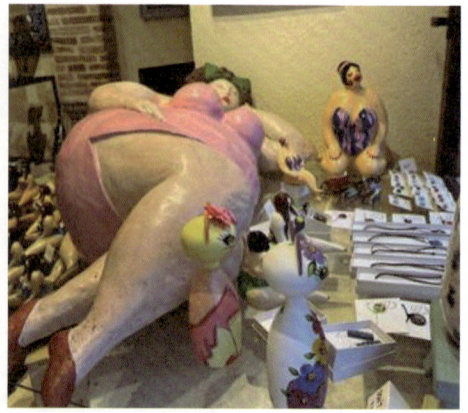　　　　　　　　　　▲ 創意商品

▲ 各式玩偶 　　　　　　　　　　　　▲ 愛因斯坦與貓咪

▲ 貓咪提袋（陳學安攝） 　　　　　　▲ 古樸窄巷

2023年奧匈與巴爾幹四國記遊（二十九）：布德瓦

2023 年 12 月 28 日　星期四

7月21日晚夜宿亞得里亞海岸最古老的港口——布德瓦（Budva）市，有著最美麗的黑海岸線及歐洲最優質的沙灘。

次日清晨從布德瓦依山傍海的度假飯店出發，到古城遊覽。巴士停在城門附近，而古城主體則多半是威尼斯人所留下的遺跡，城牆建於第九至十七世紀間，城門上的雙翼聖馬可石獅即是威尼斯的標誌。現在所看到的古城，是經歷了 1979 年的大地震後重新修復的。[1,2]

古城內外各景點，包括：

一、布德瓦城堡（Budva Citadel）

布德瓦老城區坐落在布德瓦田野南端的一個岩石半島上，大部分現有城牆和建築物是在威尼斯統治期間建造的。

盤踞於海邊的堡壘，依然保存的相當完好，現在已轉型為博物館及圖書館。整個布德瓦鎮都被防禦性的石牆包圍著。布德瓦的防禦工事是亞得里亞海中世紀城牆城市的典型特徵，包括塔樓、射擊孔、堅固的城門和城堡。城堡面向大海的城牆長 160 米，設有東、西塔樓，與城牆的其餘部分錯綜複雜地相連。布德瓦城牆在中世紀末期形成了現在的樣子。主防禦塔格拉德尼戈（Gradenigo Tower）位於舊城區的西北側。[3,4]

---

[1] https://en.wikipedia.org/wiki/Budva
[2] https://yehome0819.pixnet.net/blog/post/238176712
[3] https://www.spottinghistory.com/view/7102/budva-citadel/
[4] https://oldtownexplorer.com/best-things-to-see-in-budva-montenegro

二、金色大鐘

　　城牆外有一裝飾有東正教十字架的金色教堂大鐘，是黑山最著名的紀念碑之一，來源可以追溯到在古城北部拍攝的一部歷史電影，拍攝人員帶來了一個巨大的青銅假鐘，在拍攝結束時它被贈送給這座城市作為對當地人民熱情歡迎的感謝和讚賞的象徵。[5]

三、聖約翰教堂或聖伊凡教堂
　　（Church of Saint John，Saint Ivan Church）

　　斯拉夫語 Sveti Ivan 即 Saint John，今天看到的聖約翰教堂外觀可以追溯到十五世紀，在始建於七世紀原教堂的遺址上建造。是一座三耳大教堂，外牆上有哥德式的細節，有名的鐘樓則建於 1867 年（高 36 米），堂南側也增建了主教座堂，是布德瓦的主要地標之一。幾乎在任何地方都可以看到它。教堂外面比較簡陋，但是裡面卻很豐富。值得一遊。[6][7][8]

四、聖三一教堂（The Church of Holy Trinity）

　　在布德瓦城堡西側，有一座聖三一教堂。1797 年威尼斯共和國垮台後，奧地利應布德瓦東正教民眾的請求，在黑山主教的支持下，允許修建聖三一教堂，並於 1804 年竣工。教堂設有鐘閣樓帶有三個鐘和一個圓頂。它的正面在西門上方裝飾有彩繪圖。這座教堂的聖像壁是 19 世紀希臘聖像畫家的作品，具有極高的藝術價值。[9]

---

[5] https://en.ibnbattutatravel.com/europe/6-amazing-tourist-attractions-in-budva-montenegro-a-journey-worth-taking/
[6] https://unique-montenegro.travel/montenegro-guide/monasteries-churches/st-ivan-church-budva
[7] https://www.lonelyplanet.com/montenegro/coastal-montenegro/budva/attractions/st-john-the-baptist-s-church/a/poi-sig/1306233/360154
[8] https://www.visit-montenegro.com/destinations/budva/attractions/saint-john-church/
[9] https://www.adriatine.me/_en/holy_trinity.html

五、詩人廣場（Square of Poets）

　　詩人廣場是一個古色古香的小廣場，已成為藝術家、當地人和遊客的象徵性聚集地。廣場周圍環繞著古老的石頭建築，狹窄的街道通往各個方向，具有明顯的地中海魅力。廣場以詩人和作家的名字命名，頌揚該地區豐富的文學遺產和文化意義。經常性的舉辦文學活動、小型音樂會或閱讀會並不罕見，使其成為充滿活力的文化交流場所。[10]

六、鹽廣場（Square of Salt）

　　是鎮上著名的廣場之一，以其歷史意義以及曾經交易或儲存鹽的地方而聞名。歷史上鹽一直是一種有價值的商品，對於保存食物和作為貿易商品至關重要。像布德瓦這樣的城市，由於其沿海位置，是貿易路線上的重要地點，而像鹽廣場這樣的地方則是這項活動的中心。如今，雖然廣場可能不再具有相同的商業目的，但它仍然證明了布德瓦豐富的歷史，這是當地人和遊客聚集的地方，享受歷史氛圍和現代生活的融合。[11]

七、羅馬廢墟（Roman Ruins）

　　布德瓦老城區外的羅馬遺址見證了該地區悠久而多樣的歷史。布德瓦是亞得里亞海最古老的定居點之一，數千年來一直是文化和貿易中心。羅馬人在西元前三世紀佔領了該地區，並留下了重要的建築印記，一直持續到羅馬帝國滅亡。遺址包括馬賽克、牆壁和建築物的地基。最重要的發現之一是馬賽克地板，據信來自三世紀或四世紀的建築。這些馬賽克錯綜複雜、色彩繽紛，描繪了幾何圖案和神話場景。[12]

---

[10] https://www.keeptravel.com/montenegro/attraction/ploshchad-poetov-v-starom-gorode-budvy
[11] https://en.tripadvisor.com.hk/Attraction_Review-g304074-d25103565-Reviews-The_Square_Of_Salt-Budva_Budva_Municipality.html
[12] https://www.budva.com/eng/budva/history-and-legends/

▲ 有緣同遊

▲ 古城空拍圖（陶雨台攝）

▲ 金色大鐘（陳學安攝）　　▲ 主防禦塔（楊志傑攝）　　▲ 建於十五世紀（楊志傑攝）

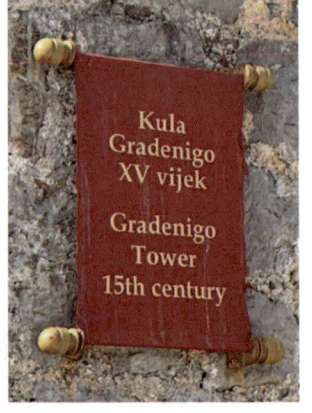

▲ 威尼斯式城門　　▲ 建於九至十七世紀　　▲ 古老拱門

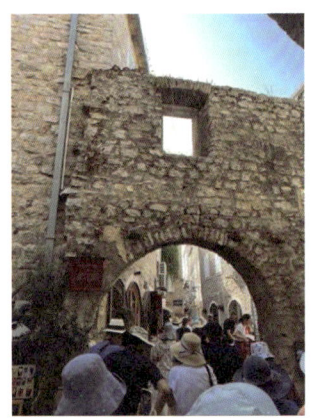

▲ 轉型為博物館與圖書館　　▲ 面臨海灣　　▲ 聖約翰教堂

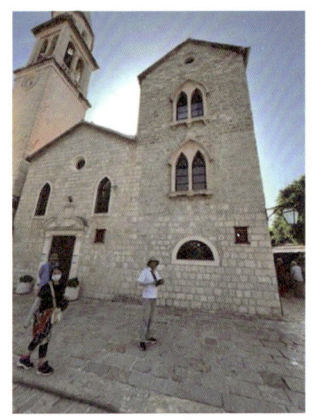

▲ 教堂一瞥（陳學安攝）　　▲ 另一視角（楊志傑攝）　　▲ 建於七至十二世紀

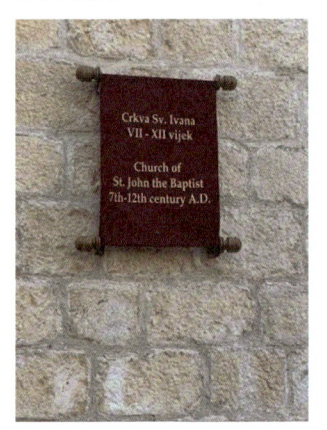

▲ 聖三一教堂 　　▲ 東正教堂 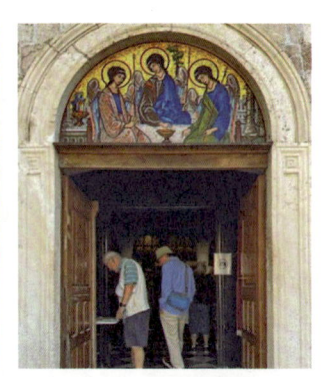　　▲ 教堂大門（楊志傑攝）

▲ 門上彩畫 　　▲ 十九世紀建築 　　▲ 鹽廣場一角

▲ 詩人廣場（陳學安攝）

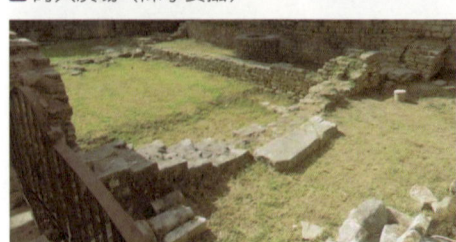

▲ 羅馬廢墟（陳學安攝） 　　▲ 考古一番

2023 年奧匈與巴爾幹四國記遊（三十）：莫斯塔爾

2023 年 12 月 30 日　星期六

在黑山國遊歷過柯特與布德瓦兩個古城後，二十二日早上啟程往鄰國波士尼亞與赫塞哥維納聯邦（Bosnia and Herzegovina，波赫），繼續未完行程。

由於在公路上嚴重塞車，改搭渡輪越過科特灣中的卡梅納里（Kamenari）和萊佩塔內（Lepetane）間渡口，搭乘 Kamenari 渡輪可節省約 30 分鐘。兩岸距離約 300 米。渡輪在 10 分鐘內穿過海峽。渡輪線上有四艘渡輪運營，每艘渡輪可容納 50-70 輛汽車。平日，尤其是旺季，渡輪滿員後就會出發。其餘時間，半空的渡輪會等待 15 分鐘才出發。[1]

過峽灣後，車行約一小時到 Laki 小鎮歇息，不意在一咖啡店有團友被損壞門鎖反鎖在廁所內，不巧又逢星期六假日，待小鎮消防隊員攜帶適當工具來解圍時，已被困約一小時，所幸有驚無險，安然出關。

小鎮離黑山與波赫邊境不遠，但過邊境車行甚為緩慢，再度見識巴士司機需要送飲料打點通關的奇景。

過邊境後，先在波赫最南端的城市特雷比涅（Trebinje）午餐，舊城區可以追溯到 18 世紀的奧圖曼帝國時期。[2] 飯店在自由廣場（Slobode Square）旁，廣場中有解放者紀念碑（Monument to the Liberators），大理石柱頂部有天使麥可（Michael），紀念第一次世界大戰陣亡將士。另有 Babich 男爵（Fountain of Baron Babich）噴泉，紀念以前總督 Baron Babich。[3]

下一目標本是 Hercegovačka Gračanica 修道院（Hercegovačka Gračanica

---

[1] https://auto-travel.me/en/ferries/
[2] https://en.wikipedia.org/wiki/Trebinje
[3] https://www.tripadvisor.com/Attractions-g303196-Activities-Trebinje_Republika_Srpska.html

Monastery），根據旅行手冊敘述：「建立於山丘上的這座修道院是奉獻給聖母的，圓拱造型的屋頂和金色十字架，則是正教一貫華麗的風格；從這裡可以眺望整座特雷比涅及遠處的山丘。」[4]因為整個行程已嚴重延誤，團友們同意忍痛掠過，但有團友以望遠鏡頭，攝得珍貴照片，得以驚鴻一瞥。

再乘車約兩小時到充滿歷史痕跡的古城莫斯塔爾（Mostar）。莫斯塔爾是赫塞哥維納地區最大的中心都市，波赫國內第五大都市。內雷特瓦（Neretva）河流經市內，因而又名「內雷特瓦河之城」（City on the River Neretva）。[5]

下車後，往古城出發，途經天主教聖彼得與保羅教堂（Church of St. Peter and Paul），設有修道院，由方濟各會管理。1866年，方濟各會教堂建成。三十年後，設立方濟各會修道院。教堂在1992年被砲擊中摧毀。戰後重建。擁有波士尼亞和赫塞哥維納最高的鐘樓（107公尺），它也是東南歐最高的鐘樓。[6,7]穿過馬路，即見一猶太教堂，不知何故相當破敗，似已遭廢棄。

接著通過老城巷道，即達著名的和平橋。古城最特別的是造型優美宏偉壯觀的古老高拱橋，捕捉兩岸如油畫般美景。Stari Most 字面意思「老橋」（Old Bridge），也稱為莫斯塔爾橋（Mostar Bridge），是一座重建的16世紀奧圖曼橋樑，它橫跨內雷特瓦（Neretva）河，連接城市的兩部分，以奧圖曼帝國時期守護莫斯塔爾橋的守橋人（Mostari，莫斯塔里）命名。

1993年11月9日，因砲擊而倒塌，戰後重建項目啟動。重建後的橋樑於2004年7月23日通車。老橋被認為是巴爾幹半島伊斯蘭建築的典範。它是由蘇萊曼大帝（Suleiman the Magnificent）於1557年委託建造的，奧圖曼時代遺留下來的東方氣息仍非常濃郁。古橋中間隆起，寬4公尺，長30公尺，從24公尺的高度俯瞰河流。兩頭都有堅固的塔樓保護。[8]

古橋上每年夏天都有傳統跳水比賽，連紅牛懸崖跳水世界系列賽的巡迴賽都在此舉行，參與的勇夫隨時賠上骨折之險。當天也有幾位年輕小夥在橋上「待價而沽」，為一百歐元，縱身一跳，看似輕鬆，實則賣命演出，恐如美式足球運動員，累積下來，會有嚴重的運動傷害。

---

[4] https://en.wikipedia.org/wiki/Hercegovačka_Gračanica
[5] https://zh.wikipedia.org/zh-tw/ 莫斯塔爾
[6] https://en.wikipedia.org/wiki/Mostar
[7] https://en.wikipedia.org/wiki/Church_of_St._Peter_and_Paul,_Mostar
[8] https://en.wikipedia.org/wiki/Stari_Most

▲ 峽灣渡輪 　　▲ 可容納 50-70 輛汽車 　　▲ 莊敬自強

▲ 風景優美 　　▲ 渡輪效率很高

▲ Laki 咖啡店 　　▲ 努力開鎖 　　▲ 過邊境車行緩慢

▲ 解放者紀念碑 　　▲ 紀念噴泉 　　▲ 教堂與尖塔（陳學安攝）

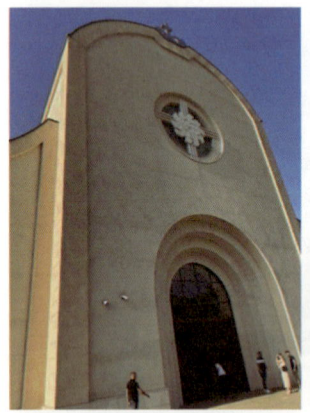

▲ 聖彼得與保羅教堂 　　▲ 東南歐最高鐘樓 　　▲ 遊人如織（楊志傑攝）

▲ 內雷特瓦河之城 　　▲ 橋上勇士 　　▲ 縱身一跳（陶雨台空拍）

▲ 廣場一側飯店 　　　　　　　　▲ 山丘上修道院（陳學安攝）

▲ 莫斯塔爾（陶雨台空拍） 　　　▲ 猶太教堂（陳學安攝）

▲ 和平橋（陶雨台空拍） 　　　　▲ 橋下河灘

▲ 如油畫般美景（陳學安攝） 　▲ 東方氣息濃郁（楊志傑攝） 　▲ 相當爽快

2023 年奧匈與巴爾幹四國記遊（三十）：莫斯塔爾　261

2023年奧匈與巴爾幹四國記遊（三十一）：布拉加伊與塞拉耶佛

2023 年 12 月 31 日　星期日

　　二十二日晚，夜宿莫斯塔爾 Mepas 旅館，稍嫌諷刺的是，此次旅程中各國，波赫經濟情況最差，而 Mepas 旅館則是行程中所住最豪華摩登的旅館。

　　晚上在旅館中用餐，可能是包場緣故，寬闊的餐廳為旅遊團獨佔，正好作為惜別會場所，大家紛紛發表感言，並掀團合照，包括清華團、東海團、台灣聯大團、北一女團、新竹團、台北團等等，溫馨熱鬧。

　　第二天一早來到布拉加伊修道院（Blagaj Monastery），Blagaj 很可能因其溫和的天氣而得名，因為 blaga 在塞爾維亞—克羅埃西亞語中的意思是「溫和」。[1] Blagaj 位於布納（Buna）河的泉源處，有一座歷史悠久為托鉢僧建造的修道院，依懸崖而建，約建於 1520 年左右，具有奧圖曼建築元素和地中海風格，蔚然壯麗。似鑲嵌在山水畫中的寺廟。[2]

　　接著往旅途終站，也就是歷史上由西方通向東方世界的重要門戶——塞拉耶佛（Sarajevo），這個融合不同宗教與文化的城市，有著截然不同的歐洲風情。

　　塞拉耶佛是波赫的首都，也是該國第一大城。據 2013 年估計，塞拉耶佛人口為 275,524 人。是波赫的社會及文化中心，也擁有區域性的政治、教育、娛樂、媒體、時尚、科學和藝術影響力，還是波赫主要的經濟中心。[3]

---

[1] https://en.wikipedia.org/wiki/Blagaj,_Mostar
[2] https://en.wikipedia.org/wiki/Vrelo_Bune
[3] https://zh.wikipedia.org/zh-tw/ 塞拉耶佛
　　塞拉耶佛以其宗教多樣性聞名於世，伊斯蘭教、東正教、天主教、猶太教數世紀以來都共存其中。因其悠久的歷史和宗教及文化多樣性，塞拉耶佛常被稱為「歐洲的耶路撒冷」或者「巴爾幹的耶路撒冷」。是歐洲僅有的清真寺、天主教堂、東正教堂和猶太教堂可以比鄰共存的大都市。
　　塞拉耶佛在近代多次成為國際關注的熱點。塞拉耶佛在 1885 年成為歐洲首個，也是全世界第二個全天運行路面電車的城市（世界首個有全天運行路面電車的城市是美國的舊金山）。1914 年，塞拉耶佛發生了奧地利王儲暗殺事件（又名塞拉耶佛暗殺事件）。這起事件是第一次世界大戰的直接導

讓塞拉耶佛名聞於世的是引爆了第一次世界大戰的「拉丁橋」暗殺事件，所以到該城第一景點自然是「拉丁橋」。過橋對街轉角即是紀念博物館，位於被暗殺地點原址。[4] 牆邊陳列被暗殺的斐第南大公夫婦座車，以及一些放大照片，也是熱門打卡地點。當天行程匆匆，未能多留，想到約百年前的不幸事件，一連串的意外與誤判，牽動世局，導致大戰，仍不免心情沉重。

在拉丁橋外，主要在舊城徒步區觀光，是市區中最為熱鬧的地方，許多清真寺、教堂、傳統美食、充滿奧圖曼傳統的商店都能在這找到：

一、東西文化相遇線

在徒步區地面上可看到「東西文化相遇線」。這條界線往東邊為奧圖曼的回教土耳其區，西邊則是奧匈帝國的西式建築，會有這樣不同風格的建築，是因為塞城在歷史上曾經先後被羅馬帝國、奧圖曼土耳其及奧匈帝國等不同強權統治，以致在同一條大街上，有來自東、西文化建築的有趣場景。[5]

▲ 清華團陣容堅強　　　　　　　▲ 北一女團與眷屬乎？（楊志傑攝）

火線。1984 年，塞拉耶佛是 1984 年冬季奧林匹克運動會的會場。之後的南斯拉夫解體時期，塞拉耶佛在波赫戰爭期間遭到了持續數年的塞爾維亞人勢力的包圍，這也是現代戰爭史上時間最長的圍困戰。

[4] https://en.wikipedia.org/wiki/Latin_Bridge
這座橋之所以得名，是因為它將米爾賈卡（Miljacka）河右岸與該市的天主教區連接起來，在奧圖曼帝國時代，天主教區被非正式地稱為「拉丁區」。這座橋有四個拱門，支撐在三根堅固的柱子和路堤上；它是用石頭和石膏建造的，柱子上方的兩個淺壓口「眼睛」非常有特色，可以在塞拉耶佛的徽章上看到。由於奧匈帝國時期交通繁忙，橋上增加了人行道。

[5] https://shirleytraveler.travel.blog/tag/ 東西文化相遇線

▲ 最為豪華摩登

▲ 修道院空拍圖（陶雨台攝）

▲ 潺潺流水（陳學安攝）

▲ 修道院（楊志傑攝）

▲ 隔河相望（陳學安攝）

▲ 懸崖峭壁

264　地景旅遊與漫談

▲ 女賓須戴頭巾（楊志傑攝） 　▲ 伊斯蘭旗幟 　▲ 圖書館一角

▲ 居高臨下 　▲ 對岸風光 　▲ 拉丁橋

▲ 別有洞天（楊志傑攝） 　▲ 國家級文化遺產（楊志傑攝）

2023年奧匈與巴爾幹四國記遊（三十一）：布拉加伊與塞拉耶佛　265

▲ 塞拉耶佛空拍圖（陶雨台攝） 　　▲ 拉丁橋一側（陳學安攝）

▲ 奧匈帝國王儲座車（陳學安攝） 　　▲ 心情沉重

▲ 紀念博物館（陳學安攝） 　　▲ 天有不測風雲 　　▲ 東西文化相遇線

2023年奧匈與巴爾幹四國記遊（三十二）：塞拉耶佛（二）

2023 年 12 月 31 日　星期日

二、加齊胡斯雷夫貝格清真寺

加齊胡斯雷夫貝格清真寺（Gazi Husrev-beg Mosque）建於 16 世紀，是波赫最大的歷史清真寺，也是巴爾幹地區最具代表性的奧圖曼建築之一。自建成以來一直是塞城的中央清真寺，如今它也是波赫穆斯林的主要集會清真寺。它歷經幾次毀壞後又修復，1992-1995 年的一次戰爭中，再次遭到破壞但主體並無損毀。[1]

三、鐘塔（The Sarajevo Clock Tower）

在中央清真寺旁，高達 30 米，是波赫全國 21 座鐘樓中最高的。2006 年，該塔被宣佈為波赫國家紀念碑。有趣的是，時鐘顯示農曆時間，指針在日落時刻指示 12 點，即穆斯林昏禮祈禱的時間。管理員每週手動設定一次時鐘時間。[2]

四、耶穌聖心大教堂（Sacred Heart Cathedral）

聖心大教堂是為了紀念耶穌聖心而建造的，這是一個重要的天主教概念。建築為新哥德式風格，帶有羅馬式復興元素。建於 1889 年，大教堂長 41.9 米，寬 21.3 米。它以新哥德式風格建造；兩座鐘樓高 43.2 米。大門上方是八

---

[1] https://en.wikipedia.org/wiki/Gazi_Husrev-beg_Mosque
[2] https://en.wikipedia.org/wiki/Sarajevo_Clock_Tower

角形玫瑰花飾和聖心像。

教堂裡有 Vrhbosna 大主教的墳墓，是該市天主教禮拜的中心，並是波赫最大的大教堂。教堂前有個小廣場，佇立著聖若望保祿二世雕像，這也是當地人最常聚會的集合點。[3]

五、聖母聖誕主教座堂

聖母聖誕主教座堂（Saborna Crkva Rođenja Presvete Bogorodice）是巴爾幹半島最大的教堂之一。建造歷時約 11 年，於 1874 年在奧圖曼帝國撤離之前完成。教堂獻給聖母聖誕。

它是一座三穹頂大教堂，有五個圓頂，上面立著十字架，而教堂塔樓則是巴羅克風格，氣勢宏偉。教堂原來的顏色是白色，使其整個空間視覺上占主導地位。主入口是從公園到塔樓，沿著教堂本身建造了一座大型建築群。它長 37 米，寬 22.5 米。中間圓頂高 34 米，鐘樓 45 米。而今，大教堂被列為波赫國家級保護對象。[4]

六、木製噴泉（Sebilj）

位於 Baščaršija 廣場中心的奧圖曼風格木製噴泉，於 1753 年建造，是舊城區最具象徵的景點。據當地傳說，喝噴泉水的遊客會被吸引再訪塞城。一個多國合作的公共藝術項目，利用傳統的波斯尼亞設計和工藝技術，並結合現代數位技術，在許多地方都出現複製品。[5]

七、費爾哈特帕夏清真寺

費爾哈特帕夏清真寺（波斯尼亞語：Ferhat-pašina džamija），是塞城的一座中心建築。這座清真寺在祈禱區上方有一個圓頂，在迴廊處有三個小圓頂，

---

[3] https://en.wikipedia.org/wiki/Sacred_Heart_Cathedral,_Sarajevo
[4] https://zh.wikipedia.org/zh-tw/聖母聖誕主教座堂（塞拉耶佛）
[5] https://en.wikipedia.org/wiki/Sebilj_in_Sarajevo

是波赫 16 世紀奧圖曼和伊斯蘭建築最偉大的成就之一。清真寺圓頂、小圓頂門廊和美麗的內置尖塔體現了古典奧圖曼風格。該清真寺在 1992 年至 1995 年波斯尼亞戰爭期間曾遭到破壞。[6]

八、國家和大學圖書館

　　圖書館修建於 1891 年，是奧匈帝國統治時期塞城規模最大且最具代表性的建築物，當時曾是市政廳。波赫戰爭期間圖書館嚴重被毀。門口至今仍可看到警語：「不可忘記，牢記並警示」（Do not forget. Remember and Warn ！）2014 年 5 月 9 日，圖書館重新開放。[7]

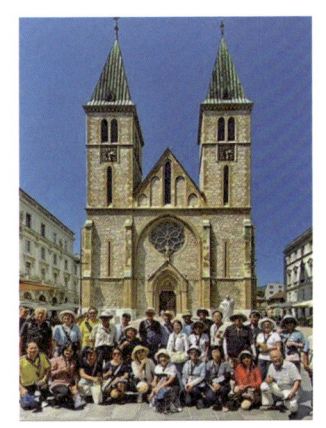

▲ 千里迢迢到此一遊 　　　▲ 波赫最高鐘塔（楊志傑攝） 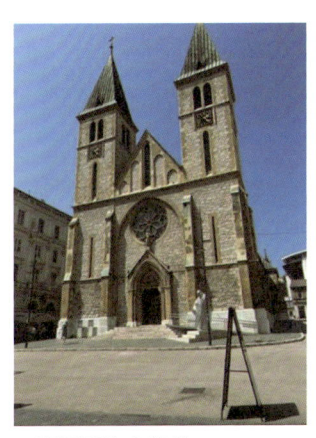　　　▲ 耶穌聖心大教堂

▲ 最大清真寺（陶雨台空拍） 　　　▲ 木質噴泉（楊志傑攝）

---

[6] https://en.wikipedia.org/wiki/Ferhat_Pasha_Mosque_（Sarajevo）
[7] https://zh.wikipedia.org/zh-tw/ 波士尼亞與赫塞哥維納國家和大學圖書館

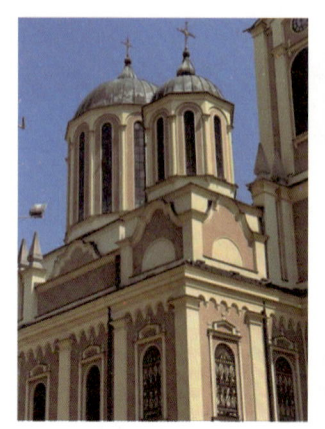

▲ 聖母聖誕大教堂 　　▲ 東正教最大教堂（楊志傑攝） 　　▲ 十六世紀伊斯蘭建築（楊志傑攝）

▲ 氣勢宏偉（陳學安攝） 　　▲ 國家和大學圖書館（陳學安攝） 　　▲ 曾是市政廳

▲ 代表性建築（楊志傑攝） 　　▲ 大廳一瞥 　　▲ 戰爭期間嚴重被毀

2023年奧匈與巴爾幹四國記遊（三十三）：塞拉耶佛（三）與後記

2023年12月31日　星期日

九、老城區

巴斯卡爾森雅（Baščaršija）是塞城的老市集，也是該市的歷史文化中心。建於15世紀。[8] 第二次世界大戰後，曾有一個委員會為都市現代化決定逐步拆除市場，但經反對而不了了之。

當天市集很多地方可謂摩肩擦踵，兩邊店鋪林立，有許多特色商品店，琳瑯滿目，方圓百公尺內，包括有木質噴泉、大清真寺、博物館等景點，充滿異國風情。範圍內街道有以特斯拉（Tesla）命名的咖啡店，門邊有特斯拉靜坐沉思而手持燈泡雕像，讓人想邀這位大發明家進內共享咖啡。

在街頭也見一東方女孩彈吉他賣藝，一問之下，得知來自台灣，大夥除合照留念外，也少不了略為贊助一下故鄉人。

十、波赫戰爭遺跡

波赫戰爭是指從南斯拉夫聯邦獨立的波赫與多方之間的戰爭，持續時間為1992年4月1日至1995年12月14日。戰事甚為血腥，造成約20萬人死亡，200萬人淪為難民。[9] 起初塞爾維亞人佔優勢，並且包圍首都塞拉耶佛進行

---

[8] https://en.wikipedia.org/wiki/Baščaršija
[9] https://zh.wikipedia.org/zh-tw/波士尼亞戰爭
　當時「波赫」（全區約430萬人口，民族的組成為33%的塞爾維亞族，17%的克羅埃西亞族和44%的波士尼亞克族。1992年，克羅埃西亞人和波族試圖使波赫從南斯拉夫獨立，而塞族堅決反對

圍城，共計 1,425 天，這也是現代戰爭史上，對一個城市的圍攻時間最長的圍困戰。期間，因為塞爾維亞民兵公然在塞拉耶佛各要道上直接以狙擊槍或是投擲手榴彈攻擊，甚至炮擊塞城中央市場，造成重大傷亡，最後因北約介入而停戰。[10]

波赫政府在塞城保留許多戰爭遺跡，包括沾有血跡的地面，彈痕累累的建築，斷瓦殘垣，許多地方都立碑紀念，譬如國家與大學圖書館門口，上有「遭凶徒焚燒，損失大約兩百萬冊圖書」、「此地有多人遭殺害」等語，離市區不遠處立有許多墓碑來悼念，希望後人記取教訓，同時也告訴世人，不可輕啟戰端，和平才是王道。

中午即在市集中 Aeroplan 餐廳用餐，是塞城最古老餐廳之一。東方式木造建築、古色古香，餐廳名稱 Aeroplan，取自一個 20 年代曾在此設立的航空協會之名。[11] 午餐是「波赫傳統特色料理」，頗有特色，也是一種新體驗。

午餐後乘巴士到車程約三十分鐘外的國際機場，等待大家的雖然是同樣炎熱，而較潮濕的台灣，但闊別已久而生的濃郁思鄉之情，仍讓大家懷著充實快樂心情踏上漫長歸途。

後記

有道是「有健康、有興致、有時間、有金錢、有良伴」，「五有」之人才得「有福」與「有緣」人結伴同遊，「七有在握」自然讓「2023 奧匈與巴爾幹四國旅遊」充滿歡樂、收穫滿滿，在此感謝所有結伴同行的團友，以及「小葉」導遊的悉心安排照應；同時遊記在約半年後仍得完成，特別要感謝志傑、雨台兄以及學安提供精采照片，勉強可拉回記憶，讓敘事尚能連貫，至為銘感。

---

[10] 獨立。1992 年 4 月戰爭爆發，時間長達 3 年半。戰爭造成約 20 萬人死亡，200 萬人淪為難民。
https://zh.wikipedia.org/wiki/塞拉耶佛圍城戰

[11] https://sarajevo.travel/en/things-to-do/aeroplan/709

▲ 午餐後小歇（楊志傑攝） 　　▲ 大清真寺博物館 　　▲ 伊斯蘭色彩（陳學安攝）

▲ 摩肩擦踵（楊志傑攝） 　　▲ 中庭噴泉（陳學安攝）

▲ 特色商品（楊志傑攝） 　　▲ 琳瑯滿目（楊志傑攝）

2023 年奧匈與巴爾幹四國記遊（三十三）：塞拉耶佛（三）與後記　273

▲ 特斯拉咖啡館（陳學安攝）　▲ 街頭藝人　▲ 血跡斑斑

▲ 城市休閒咖啡館（陳學安攝）　▲ 來自台灣（楊志傑提供）

▲ 彈孔累累（楊志傑攝）　▲ 餐廳入口（陳學安攝）　▲ 古色古香（楊志傑攝）

274　地景旅遊與漫談

▲ 斷瓦殘垣（楊志傑攝） 　　▲ 擺設別緻（陳學安攝）

▲ 風味料理（楊志傑攝） 　　▲ 頗有特色（楊志傑攝）

亞洲旅遊

收錄2024年菲律賓七日記遊,詳細記述宿霧、薄荷島、馬尼拉、蘇比克灣等地豐富多樣的地理生態與人文歷史,新建菲律賓印象。

2024 年菲律賓七日記遊（一）：
宿霧麥哲倫十字架

2024 年 2 月 6 日　星期二

　　菲律賓是台灣近鄰，兩地最近距離不到一百公里。印象中在國民政府遷台初期，是一個比較先進國家，特別在籃球賽方面，常是台灣的剋星。而在台灣經濟起飛時代，菲國因內政不修，馬可仕政權專制而且貪腐，導致經濟與治安迅速惡化，大批人民出國當移工以謀生計，也讓遊客卻步，貧窮落後成為世人對菲國刻板印象，久久揮之不去。

　　由於了解近年來菲國經濟情況與治安均大有改善，清華材料系旅遊團依例於寒假出遊時，選擇以菲律賓為目的地，一個主要因素是目前當地氣候得宜，在乾季中且白日溫度落在 25-30 攝氏度間，是當令避寒好去處。

　　「菲律賓七日旅遊團」一行二十八人於 1 月 27 日早上於桃園機場出發，約經不到三小時航程，於中午時分抵達素有「南方皇后城市」之稱的菲律賓第二大城宿霧（Cebu）。機場建築寬敞明亮，設施不遜於桃園機場，讓菲國的進步展現在國門中。

　　出機場後隨即前往宿霧市區 SM City 購物中心內 Cabalen 連鎖餐廳用菲式自助餐，初嘗當地風味，從餐館外招牌可看到中餐索價約台幣三百三十元，要比台灣廉宜。餐館隔壁就是星巴克咖啡店，中杯拿鐵約台幣一百二十元，與台灣相當。同時整個商場看來與台灣一般商場差別不大。

　　午餐後前往參觀「聖嬰大教堂」與在教堂前一個小廳堂內的「麥哲倫十字架」，兩者均與葡萄牙探險家麥哲倫（Ferdinand Magellan；1480—1521）有關。[1]

---

[1] https://zh.wikipedia.org/zh-tw/ 斐迪南・麥哲倫
　　麥哲倫為西班牙政府效力探險。1519 年－1521 年率領船隊首次環航地球，死於與菲律賓當地部族的衝突中。雖然他沒有親自環球，但他船上餘下的水手卻在他死後繼續向西航行，回到歐洲。

麥哲倫以率領的船隊環航地球著名,「麥哲倫十字架」由麥哲倫率領的葡萄牙和西班牙探險隊在 1521 年 4 月 8 日到達菲律賓宿霧時所立,用以標誌菲律賓人的受洗地點;此天主教十字架代表西方文化浸染菲律賓國家的開始,別具歷史意義。

　　十字架下面的標誌說明了原來的十字架由於被不相信它擁有神奇力量可治百病的人鑿去一部分,目前包裹在木造空心十字架外框裡面,以保護原來的十字架。但是有一些人認為原來的十字架已經被毀,或在麥哲倫死後已經消失,這個十字架只是西班牙人在成功地將菲律賓殖民地化之後製作的複製品。[2]

　　在小廳堂外有專人用彩虹蠟燭替人祈福,信徒可購買蠟燭,專人會詢問名字,替信徒和家人祈求健康與平安。[3] 當天導遊也特別花錢請專人示範祈福以為團友助興。

　　麥哲倫十字架是宿霧的標誌,小廳堂不僅位於宿霧的市政廳前,它的形象更出現在市徽的中心,也被視為羅馬天主教在菲律賓的象徵。[2]

▲ 十字架前合影

▲ 宿霧國際機場

▲ 機場寬敞明亮

▲ SM City 購物中心

---

[2] https://zh.wikipedia.org/zh-tw/ 麥哲倫十字架
[3] https://www.ioutback.com/blog/ 宿霧著名歷史景點與宗教中心 - 麥哲倫十字架 - 聖嬰

▲ 菲式自助餐 　　　　▲ 餐館外招牌 　　　　▲ 星巴克咖啡店等

▲ Cabalen 連鎖餐廳 　　　　　　▲ 購物中心一角

▲ 商店林立 　　　　　　　　　　▲ 教堂前小廳堂

▲ 麥哲倫十字架 　　▲ 原件包裹在木製十字架裡 　　▲ 祈福蠟燭

▲ 示範祈福 　　▲ 宿霧市政廳 　　▲ 小廳堂形象出現在市徽中心

2024 年菲律賓七日記遊（二）：
宿霧聖嬰大教堂與聖佩德羅堡

2024 年 2 月 7 日　星期三

　　接著參觀「聖嬰大教堂」（Basilica Minore del Santo Niño），是宿霧最有名的巴洛克式天主教堂，裏面有一個木製聖嬰像，有不少信徒都會專程到訪，在聖嬰像前禱告，綠衣聖嬰可求財富，紅衣聖嬰則是保平安。已被列入世界遺產名錄，成了菲律賓重要的文化資產。

　　「聖嬰大教堂」建立於 16 世紀，為菲律賓最古老的羅馬天主教教堂。教堂內最著名的文物是「宿霧的聖嬰（Santo Niño de Cebú）」，是麥哲倫贈與拉者（Rajah，菲律賓當地統治者）胡馬邦（Humabon）妻子的聖嬰塑像。1521 年 4 月 14 日，胡馬邦受洗改信天主教。1965 年，教宗保祿六世將教堂提升至宗座大教堂的地位，並將教堂命名「菲律賓天主教發祥及茁壯之象徵」。大教堂現由菲律賓宿霧奧斯定會擁有（Augustinian Province of Sto. Niño de Cebu, Philippines）。

　　現今的建築是在 1739 年至 1740 年間完工，為當今菲律賓聖所中最古老的宗教建物。2013 年 10 月 15 日地震造成聖嬰聖殿嚴重損壞。摧毀了大部分的鐘塔和立面，有些牆壁和壁畫也毀損。地震之後立即開始修復工作。

　　1990 年 9 月起，每周五的彌撒移至新建的朝聖中心舉行，以容納更多的信眾。朝聖中心位於教堂前方，為一個像是劇場的露天開放空間，約可容納約 3500 人。[1,2]

　　教堂南側有一花園，居中之噴泉即以聖嬰命名。到「聖嬰大教堂」自然希望瞻仰聖嬰像，但在花園邊看到長列信徒在前排隊，前進緩慢，估計沒有足夠

---

[1] https://santoninodecebubasilica.org/basilica-minore-del-santo-nino/
[2] https://zh.wikipedia.org/zh-tw/ 聖嬰聖殿

時間排到聖嬰像前，只好放棄，頗感遺憾。

「麥哲倫十字架」後一排樓房分別為「聖嬰教堂博物館」、「聖嬰天主教學校（Colegio del Sto. Niño）」以及「BPI（Bank of Philippine Islands）博物館」，限於時間，僅得行注目禮。

其次往「聖佩德羅堡」（Fort San Pedro）遊覽。古堡位於港口旁邊碼頭區，與馬尼拉的聖地牙哥城堡並稱為菲律賓最古老的城堡，是西班牙最初抵達菲律賓時建造。1565 年 5 月 8 日動工，現在被稱為獨立廣場（Plaza Indepedencia），成為菲律賓第一個西班牙殖民地的核心部分。

堡壘在各時期有不同的用途，19 世紀末菲律賓革命期間，曾被菲律賓革命者攻占，並以此為據點。二戰時，該城堡先被用來抵禦日軍，淪陷後，宿霧市的日本居民於 1942 至 1945 年期間，在城牆內避難。在美軍從日本軍隊手中解放宿霧市的戰鬥中，這座堡壘成為了傷者的緊急醫院，美軍統治時代一度用作軍官的營房，現在則被改建為學校的教室。

聖佩德羅堡呈三角形，建築為義大利—西班牙防禦工事風格，兩面臨海，一面面向陸地。三個炮台命名為聖母無染原罪（La Concepción，西南方）、依納爵・羅耀拉（Ignacio de Loyola，東南方）和彌額爾（San Miguel，西北方）。它的總面積 2,025 平方公尺，牆高 6.1 公尺，厚 2.4 公尺，塔高 9.1 公尺，周長 380 公尺。十四座炮大部分至今尚存。[3,4]

目前聖佩德羅堡是一個歷史公園，由宿霧市政府照顧管理。堡壘內有博物館及藝廊，裡面藏有一些保存完好的西班牙文物，例如繪畫、雕塑、舊照片和物品以及文件，堡壘內寬敞的草坪現在可租借為婚禮、慶生等場所。[5]

離開古堡後，隨即前往宿霧碼頭搭乘噴射飛翼船前往宿霧第一大島「薄荷島」，幸運的是，當日風平浪靜，約一個半小時即抵達目的地，順利開始「薄荷島」休閒度假之旅。

---

[3] https://en.wikipedia.org/wiki/Fort_San_Pedro
[4] https://zh.wikipedia.org/wiki/ 聖佩德羅堡
[5] https://guidetothephilippines.ph/destinations-and-attractions/fort-san-pedro

▲ 聖嬰大教堂

▲ 教堂聖殿入口

▲ 教堂聖殿

▲ 主祭壇

▲ 聖殿側面

▲ 朝聖中心

▲ 花園與噴泉

▲ 天主教學校

▲ 左側為教堂博物館

▲ BPI 博物館

▲ 聖佩德羅堡

▲ 堡壘內側

▲ 堡壘中庭

▲ 藝廊

2024 年菲律賓七日記遊（二）：宿霧聖嬰大教堂與聖佩德羅堡

▲ 故事牆 　　　▲ 宿霧歷史 　　　▲ 城牆上

▲ 聖佩德羅堡過往 　　　▲ 面向碼頭

▲ 與衛兵合影 　　　▲ 碼頭候船大廳

▲ 飛翼船及行李

2024 年菲律賓七日記遊（三）：
薄荷阿羅娜海灘與眼鏡猴

2024 年 2 月 8 日　星期四

　　薄荷島（Bohol Island），是位於菲律賓維薩亞斯群島中部的一個島嶼，西北與宿霧島相望；面積約 4,821 平方公里，為菲律賓第十大島。截至 2010 年，常住人口約 116 萬。[1,2]

　　自「薄荷島」碼頭乘車經長橋到邦勞島（Panglao Island），入住 Best Western Plus The Ivywall Resort 休閒旅館。由於直通旅館道路狹窄，大巴士需停在附近停車場，再乘接駁車到旅館。停車場與便道均未鋪設水泥或柏油，一片鄉間景象。[3]

　　晚上在旅館內用餐，餐廳即在阿羅娜海灘（Alona Beach）邊，有戶外演唱活動，頗為熱鬧。次晨也在同一餐廳用早餐，有機會一覽海濱景色。海灘上細軟的白沙、清澈的海水、破曉藍色的天空、結實累累的椰子樹間，但見水上各式遊艇，點綴其中，構成了一幅動人的畫面。[4]

　　早上首發目的地是「薄荷眼鏡猴保育地」（Bohol Tarsier Conservation Area）。眼鏡猴是一種「不看不知道，一看嚇一跳」的動物，因為從來印象成年猴子至少都有幾十公分大小，而眼鏡猴僅有巴掌大；有黃褐色體毛，眼睛很大而圓，甚至比腦容量還大，滿月般的大眼睛宛如戴著一幅眼鏡而得名；長相怪異，完全脫離猴子的形象，有趣的是牠的脖子短小，頭部可作 180 度的迴

---

[1] https://en.wikipedia.org/wiki/Bohol
[2] https://zh.wikipedia.org/zh-tw/ 保和島
[3] https://en.wikipedia.org/wiki/Panglao_Island
邦勞島面積 91.12 平方公里，位於薄荷島西南部。是菲律賓的熱門旅遊目的地，根據 2015 年人口普查，人口為 79,216。阿羅娜海灘（Alona Beach）是島上最受歡迎的旅遊景點，以其白色的沙灘和清澈的海水而聞名。這裡還有許多吸引遊客的活動，如水肺潛水、跳島遊、觀賞海豚、浮潛、風箏衝浪和釣魚。
[4] https://en.wikipedia.org/wiki/Alona_Beach

轉。夜行性，白天在樹木的枝幹上睡覺，夜晚來臨時才開始活動。行進時像青蛙般跳躍，一次可躍 1-2 公尺。[5] 野生眼鏡猴壽命約為 20-25 年，以吃小昆蟲維生，單胎懷孕期約為六個月。[6]

當天循步道而行，在樹林中看到好幾隻睡眼惺忪的眼鏡猴，嬌小動人，我見猶憐，可謂大開眼界。據報導眼鏡猴聽覺極為敏銳，對於遊客的打擾一定相當無奈。

▲ 阿羅娜海灘（陶雨台空拍）

---

[5] https://zh.wikipedia.org/zh-tw/ 眼鏡猴
根據科學分類，它屬靈長目（Primates）、跗猴型下目（Tarsiiformes）、眼鏡猴科（Tarsiidae），也叫跗猴，是跗猴型下目目前仍生存的唯一科，其下共有 3 屬約 13 種現存眼鏡猴。在歐亞非大陸都有本科的化石記錄，但目前現存物種的分布範圍僅限於東南亞的馬來群島上，活動於樹林和竹林中。過去跗猴類曾被歸類為原猴類，但後來發現本科與類人猿的關係更親近，因而將兩者一起歸入簡鼻亞目。尾巴比身體長，近似體長的兩倍，末端有毛叢；指頭的前端鈍而圓扁，有吸盤般的功能，後肢第二、三趾為勾爪，餘為指甲；前肢短小強壯，後肢修長有力，適合跳躍前進；於原產地幾乎都是成對居住，每產一子。雖然不太懼怕人類，但極不易飼養，動物園中長期飼養成功的例子幾乎是零。由於異常珍奇，又是晝伏夜出，不易見其廬山真面目，因此自古就傳有許多有關的想像圖畫。

[6] http://www.tarsierfoundation.com/category/about-the-tarsiers

▲ 晚餐場地

▲ 休閒旅館

▲ 戶外演唱活動

▲ 海灘美景

▲ 早餐中

▲ 各式遊艇

2024 年菲律賓七日記遊（三）：薄荷阿羅娜海灘與眼鏡猴

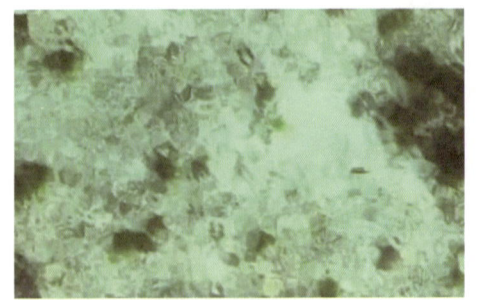

▲ 清澈的海水（陶雨台空拍）

▲ 鄉間小路

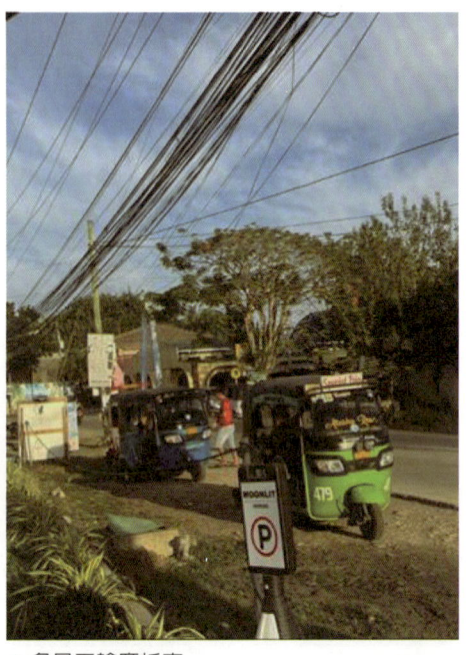

▲ 多見三輪摩托車

▲ 路邊留影

▲ 薄荷眼鏡猴保育地

▲ 眼鏡猴種種

▲ 巴掌大小（陶雨台攝）

▲ 夜行動物 　　　　　　　　　　▲ 嬌小動人

▲ 我見猶憐 　　　　▲ 我看見了 　　　　▲ 請勿打擾

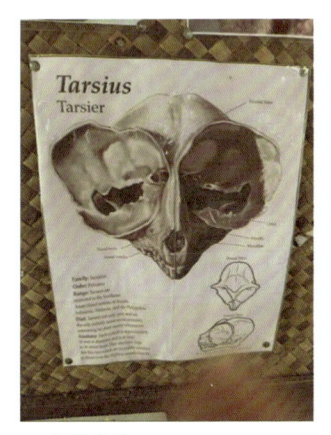

▲ 全肉食性 　　　　▲ 嬰兒僅有拇指大 　　▲ 相映成趣

2024 年菲律賓七日記遊（三）：薄荷阿羅娜海灘與眼鏡猴　291

2024 年菲律賓七日記遊（四）：
薄荷巧克力山與竹筏船屋遊河

2024 年 2 月 8 日　星期四

　　隨後驅車前往「巧克力山」（Chocolate Hills）參觀，途經薄荷島上唯一的原始叢林區；「巧克力山」實際是一個山丘群，涵蓋面積約五十平方公里，是由 1,268-1,776 個 30-50 公尺直徑大小山丘所組成，山丘高度為 40-120 公尺，都是圓錐體，地質屬石灰岩地型，從登高處望下，會因時節不同而多有變化，時而翠綠，時而火紅，又時而灰暗，尤其在 4 至 6 月，被綠草覆蓋的山丘在乾季會轉變為咖啡色，形似巧克力，因此得名，讓人嘆為觀止。被譽為世界十大奇景之一。於 1988 年 6 月 18 日被宣佈為菲律賓的第三座國家地質紀念物，並於 2006 年被聯合國教科文組織提名為世界自然遺產。[1,2]

　　旅遊巴士駐停在位於半山腰的巧克力山建築群（Chocolate Hills Complex）停車場，建築群除資訊中心外，另有一些活動場所，同時可登上「比異雙飛觀景坪」，觀景坪所以有此令名，是因為攀登總共有 214 個階梯，與二月十四日情人節數字相對，再加上送巧克力給情人的甜情蜜意，當情侶手牽手登上觀景坪，如同比翼雙飛，祈求延續甜蜜幸福在望。另一方面，即使孤家寡人登高望遠，俯瞰整個巧克力山丘的美景，也頗能自得其樂。

　　接著依安排搭乘「漂流竹筏船屋」遊覽兩岸翠綠之風景，乘著 Rio Verde Floating Resto 船屋，遊羅埃—羅伯克河（Loay-Loboc River），一邊品嚐菲式自助午餐和享受徐徐清風、綠水及欣賞兩岸原始叢林。中間會停靠 ATI 族文化中心，按 ATI 族為薄荷島最早原住民。[3,4] 在此除欣賞原住民舞蹈，並可即興同

---

[1]　https://en.wikipedia.org/wiki/Chocolate_Hills
[2]　https://zh.wikipedia.org/zh-tw/巧克力山
[3]　https://www.facebook.com/rioverdebohol/?locale=zh_TW
[4]　http://www.aroundphilippines.com/2016/03/the-ati-tribe-of-loay-bohol.html

樂。不少團友隨鼓聲手舞足蹈，頗能融入。船屋停留約一刻鐘，隨即迴轉，回到出發點，全程約一個半小時。

　　竹筏船屋可載客六十人，除備有豐盛自助餐外，並有歌手彈吉他演唱助興；有團友大展才藝，邊彈邊唱羅大佑所作〈戀曲 1990〉，贏得滿堂彩。

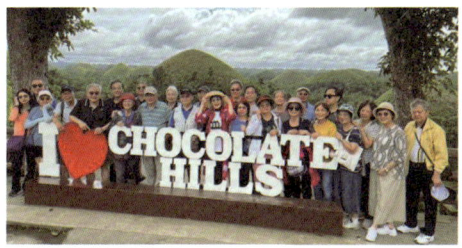

▲ 我們愛巧克力山

▲ 觀景坪上

▲ 不亦樂乎

▲ 登高望遠

▲ 資訊中心

▲ 稍事歇息

▲ 拾級而上 　　▲ 豐盛餐點 　　▲ 菲式午餐

▲ 竹筏船頭（陶雨台空拍） 　　▲ 漂流船屋

▲ 大展才藝

▲ 土著舞蹈 　　▲ 愛心滿滿

294　地景旅遊與漫談

▲ 即興同樂

▲ 天真可愛

▲ 其樂融融

▲ 羅伯克河

▲ 清風綠水

▲ 原始叢林

2024 年菲律賓七日記遊（五）：
薄荷巴卡隆教堂

2024 年 2 月 8 日　星期四

午餐後搭車前往島上具有三百年以上歷史最古老的「巴卡隆教堂」（Baclayon Church）。聖母瑪利亞教區教堂（La Purisima Concepcion de la Virgen Maria Parish Church），也稱聖母無染原罪教區教堂（The Immaculate Conception of the Virgin Mary Parish Church），俗稱巴卡隆教堂，由耶穌會神父建立，是薄荷省最古老的天主教定居點。它於 1717 年升格為教區，現在的珊瑚石教堂於 1727 年竣工。1768 年後對教堂進行了大規模翻修。

教堂被菲律賓國家博物館宣佈為國家文化寶藏，並被菲律賓國家歷史委員會宣佈為國家歷史地標。自 1993 年起，巴卡隆教堂與其他三個教堂一起被列入菲律賓耶穌會教堂集體的聯合國教科文組織世界遺產暫定名錄。2013 年，薄荷省發生 7.2 級地震，教堂建築嚴重損壞。由菲律賓國家博物館於 2014 年至 2018 年重建。

教堂是一座十字形教堂，建築群面向大海，地理位置優越。這裡還有一座建於 19 世紀中葉，以珊瑚石建造的校舍。由於教堂翻修，門廊山牆上刻有立面建造年份（1595 年）的銘文。在門廊的壁龕上發現了兩幅宗教圖像，均立於 1885 年：最上面的壁龕上有聖約瑟夫和聖嬰耶穌，中央壁龕上有聖母無原罪聖母像。

巴卡隆教堂有三個祭壇（retablo）、一個中央祭壇和另外兩個側面祭壇。在祭壇的中心，可以看到一個帶有聖母瑪利亞字樣的徽章，這可能最初是耶穌會的標誌。它的最上層有 18 世紀和 19 世紀的聖約瑟夫（Saint Joseph）圖像；聖三一（Holy Trinity）（中），聖米迦勒（Saint Michael）和聖加百列（Saint Gabriel）在中間層；聖母無染原罪（Immaculate Conception）（中）、聖安妮

和聖約阿希姆（Saint Anne and Saint Joachim）位於最低層。祭壇上方是一幅描繪《最後的晚餐》的天花板畫和獻給聖母瑪利亞的西班牙銘文。

四角形的瞭望塔，也是教堂的鐘樓，由珊瑚石製成，還有聖安德魯的淺浮雕，上面刻有這座塔於1777年5月20日完工的日期。它仍然保留著九個鐘中原來的六個。在教堂前海邊道路旁有一「基督國王紀念碑」（Christ Rey Monument），面對教堂，基督像頗為莊嚴肅穆。[1]

傍晚時分回到邦勞市區，約有半小時自由活動時間，團友們或逛街或在咖啡店休憩，晚餐在一華人經營的「第一海鮮餐廳」用餐，門口廣告標明：「中國廚師更懂中國胃」，相當直白，用完餐感覺用語也不算太誇張。餐廳位於邦勞鬧區，附近有各式餐館與商店，中有一表演台，晚間精采表演可期。

餐後直赴位於邦勞島的新機場，搭乘「菲律賓航空」班機飛馬尼拉，表訂時間為晚上9：55，由於從宿霧搭飛翼船到薄荷島時，船期延誤了很久，導遊警告「菲律賓航空」不臨時取消已是萬幸，但奇蹟似的班機不但準時，而且照表訂時間安抵馬尼拉，頗出人意料之外。另外在機場看到班機即時資訊標明很多韓國航班，聯想到在薄荷見到韓國遊客也獨多，街道邊也不乏韓文商店招牌，都可感受到韓國在此地的存在力道不容忽視。

▲ 教堂模型　　　　　　　　　　▲ 巴卡隆教堂

---

[1] https://en.wikipedia.org/wiki/Baclayon_Church

▲ 藝術博物館 　　　　　　　　　　▲ 教堂側面

▲ 中殿 　　　　　　　　　　　　　▲ 祭壇

▲ 門邊曾被認為有聖蹟出現 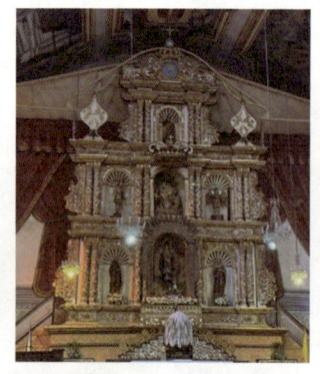　　▲ 主祭壇 　　　　　　▲ 左祭壇

▲ 右祭壇 　　　　　　　　▲ 天花板彩繪 　　　　　▲ 中殿側面

▲ 不可錯過博物館 　　　　　　　▲ 陳列雕像

▲ 聖嬰雕像 　　　▲ 鐘塔 　　　▲ 基督國王紀念碑

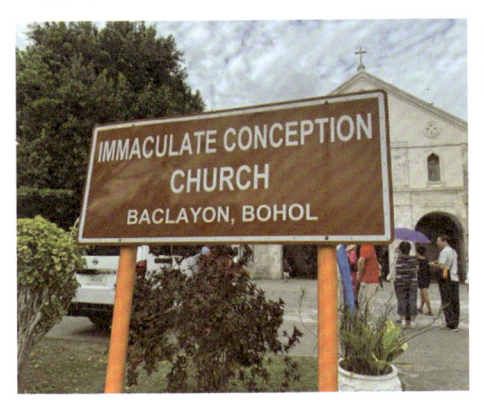

▲ 又名聖母無染原罪教堂 　　　　▲ 第一海鮮餐廳

▲ 相當直白

▲ 各式餐館與商店

▲ 娛樂場所

▲ 精采表演可期

300　地景旅遊與漫談

2024 年菲律賓七日記遊（六）：馬尼拉聖奧古斯丁教堂

2024 年 2 月 10 日　星期六

　　1 月 29 日從馬尼拉機場入住 Diamond 旅館已是清晨一時左右，所以早上到十點半才出發展開在馬尼拉兩日的第一天行程。

　　宿霧島是首先被西班牙人占領的島嶼。1542 年，西班牙人以王子腓力（即後來的腓力二世）之名，將此群島命名為「Las Filipinas」，成為「菲律賓」名稱的由來。1571 年，西班牙人侵占呂宋島，建馬尼拉城。到 1594 年，西班牙人公告馬尼拉成為菲律賓群島的首都。為西班牙統治菲律賓的開始。[1]

　　首先到王城區參觀【聖奧古斯丁教堂】，這裡是位於馬尼拉的一座著名歷史建築和宗教遺址。為菲律賓最古老的石造教堂，也是西班牙人從南部宿霧遷往呂宋島後建造的第一座宗教建築。建於 1587 年，也是被聯合國教科文組織（UNESCO）列為世界文化遺產的一部分，被稱為「菲律賓的巴洛克教堂」，甚至被譽為「菲律賓最美麗的建築」。[2][3]

　　聖奧古斯丁教堂是仿照墨西哥奧古斯丁派建造的一些宏偉的寺廟而設計的。現在的建築建於 1587 年，並於 1604 年與修道院一起竣工。氣氛充滿中世紀氣息，這座教堂的設計源自於墨西哥奧古斯丁會建造的其他教堂，外觀並不起眼，據記載是考慮了菲律賓石材的品質和天氣條件，為了耐用性而犧牲美學要求。這種實用而樸實的美學方法在教堂的外牆上顯而易見。以兩層立面主門兩側的一對托斯卡柱（Tuscan columns）為前綴，在第二層由同等成對的科林斯柱（Corinthian columns）進行調整。在第二層，堅固的牆壁和窗戶交替出

---

[1] https://zh.wikipedia.org/zh-tw/ 菲律賓
[2] https://en.wikipedia.org/wiki/San_Agustin_Church_（Manila）
[3] https://zh.wikipedia.org/zh-tw/ 聖奧斯定堂（馬尼拉）

現。其上有水平飛簷，然後由山牆頂蓋，山牆頂上有一個簡單的玫瑰窗。

教堂靜態的外觀和深色土坯石一般被認為缺乏優雅和魅力。但擁有雕刻華麗大門，描繪了植物和宗教圖像，具有巴洛克風格。巴洛克風格也體現在靜靜地位於成對的較低柱子之間的雕刻壁龕中。門前有幾隻由信奉天主教的華人所贈送花崗岩雕刻的獅子，代表祈福祥瑞。

另一方面，聖奧古斯丁教堂以其巴洛克式建築風格和華麗的內部裝飾而著稱，充滿藝術和歷史價值。教堂的外牆和內部裝飾展示了西班牙殖民時期的建築和藝術風格，是菲律賓珍貴的文化遺產。教堂平面為拉丁十字，內部有 14 個小堂，精美的天花板畫是 1875 年義大利藝術家的作品。

教堂內部的對稱性和輝煌凸顯了教堂的巨大結構。兩位成功製作錯視畫的意大利人繪製的線條、玫瑰花結和凹陷面板的輪廓，看起來像三維雕刻，以本地菠蘿為主題的巴洛克式講壇、宏偉的管風琴、帶有 16 世紀十字架的前唱詩班、17 世紀用象牙鑲嵌的莫拉夫（molavi）雕刻的唱詩班座位以及來自巴黎的 16 盞巨大枝形吊燈。[2]

1965 年教堂為了紀念天主教在菲律賓傳教 400 年，展出 16 世紀到 19 世紀期間百座天主教堂照片後，開始走向收藏菲律賓與西班牙珍貴歷史與藝術精品的博物館，也因此在 1976 年被政府定為國家歷史名勝（National Historical Landmark）。[4]

▲ 聖奧古斯丁教堂（陶雨台空拍）　　▲ 外觀樸實無華

---

[4]　https://heritageconservation.wordpress.com/2006/07/29/san-agustin-church-intramuros-manila/

▲ 雙層立面

▲ 壁龕與石獅雕刻

▲ 雕刻華麗大門

▲ 最美教堂

▲ 華麗中殿

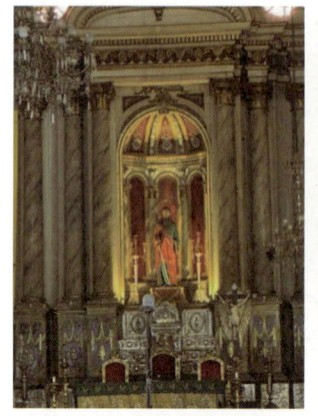

▲ 主祭壇 　　　　　　▲ 主祭壇上雕飾 　　　　▲ 巨大枝形吊燈

▲ 菠蘿狀講壇 　　　　▲ 巴洛克風格 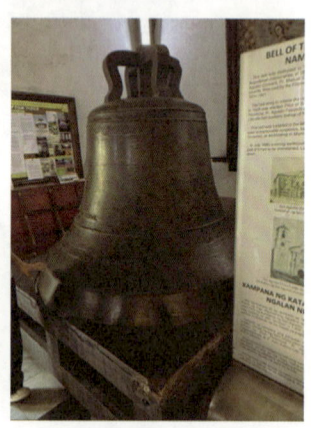　　　　　▲ 紀念鐘及說明

▲ 敬請捐贈 　　　　　▲ 教堂博物館

2024 年菲律賓七日記遊（七）：
馬尼拉王城與聖地牙哥古堡

2024 年 2 月 12 日　星期一

　　中午在教堂邊西班牙式老建築之 Barbara's Heritage Restaurant 用自助式午餐，餐廳雖稍擁擠但頗為雅致，菜餚可謂菲律賓與中國混合式料理，據說評價在某馬尼拉上千家餐館排行榜中排名第九；特別的是有三人樂團演唱與伴奏，到唱起中文歌曲時，引起一眾團友熱烈回響，紛紛加入，載歌載舞，好不歡樂。後來了解，三位樂手都是華裔，頗為專業，招牌歌是〈月亮代表我的心〉。又讓人聞歌起舞的〈關達拉美拉〉是一九六零到七零年代熱門的流行歌曲，西班牙語的「瓜吉拉的關達拉美拉」被巧妙翻為「還記得關達拉美拉」，輕快熱情，風行一時。

　　王城區（Intramuros）為馬尼拉市的南區。16 世紀時，西班牙人於當地建城，是馬尼拉市最古老的市轄區。「Intramuros」於拉丁文為「牆內」，即於「城中」或「城堡內」之意。在西班牙殖民時代，王城區本身即代表著馬尼拉一城。

　　西班牙建城時，王城區被設計成呈星形要塞，並建造石牆包圍著全個王城區，以抵禦土著的反攻和海盜的侵擾。王城區興建道路、堡壘、教堂和學校，於 1606 年竣工，曾是西班牙人殖民，菲律賓人的禁區裡，至今仍保留了許多西班牙建築及雄偉的教堂。1898 年菲律賓成為美國殖民地，美國人於王城區對出的海邊填海，奠定今天馬尼拉海岸線形態。

　　第二次世界大戰末期激烈而持久的馬尼拉戰役中，王城區的大部份被日軍和美國空軍摧毀，唯一倖存的建築是聖奧斯丁教堂。[1,2]

---

[1] https://en.wikipedia.org/wiki/Intramuros
[2] https://zh.wikipedia.org/zh-tw/ 王城區

飯後前往經歷過西班牙、美國、日本等國佔領，並已有 300 年以上歷史的古蹟「聖地牙哥古堡」（Fort Santiago），最初於 1571 年由本地人建成，曾是木頭圍成的城寨，作為防禦工事。16 世紀西班牙人侵佔菲律賓後，將其改造成石城，作為基地使用。

　　在 1762 年至 1764 年期間，石堡曾作為英國占領軍的基地使用。於 1778 年，石堡被整修。自此，城牆達到 10 米厚，牆上設有塔樓和炮台架，牆外又有護城河帕西格河（Pasig River）。此後一段時間，石堡成為西班牙殖民政府的監獄，用以關押和處決重要政治犯。1896 年，「菲律賓國父」黎刹就被關押在此，12 月 30 日遭到處決。

　　1898 年 6 月，菲律賓脫離西班牙獨立，但隨即陷入美西戰爭，戰勝國美國成為新的殖民統治者。石堡被美軍佔有。於 1935 年，菲律賓才得以建立自治邦，但仍未完全脫離美國統治。直到二戰爆發後的 1942 年，日軍佔領了石堡，將其作為軍隊基地和關押數百名囚犯的集中營使用，並且利用古堡裡的水牢，不費子彈便能處決囚徒，不少菲律賓抗日愛國人士就死在這裏。於 1945 年，在馬尼拉戰役中，美軍轟炸石堡，使其遭到嚴重破壞，但美軍也在攻打 5 天後成功奪回石堡。1946 年，菲律賓完全獨立。1950 年，石堡再次回到菲律賓的手中。

　　今日的聖地亞哥古堡已成為公園和旅遊景點，牆外已建起寬闊的高爾夫球場，原來的兵營與教堂已經改造成表演廳，園區內增設了雕塑、紀念品商店和咖啡店等。當初關押菲律賓英雄黎刹和眾多愛國人士的牢房，現已改造成黎刹紀念館，擺設一些黎刹用過的物品及在牢內創作的文學作品。[3],[4]

　　進入古堡公園後，右側為 Moriones 廣場（Plaza de Moriones），左側則為美國兵營廢墟，接著來到前有護城河的古堡，首先越過武器廣場（Plaza de Armas），其中立有菲律賓國父黎刹紀念碑（Hose Rizal Monumnet），正前方為一地窖，原為彈藥儲藏室，二戰期間，日軍在此關押犯人，並曾在此處決過約 600 名戰俘，地窖內有各種陳列與布置場景，充分顯示日軍的殘暴不仁，慘不忍睹，地窖邊豎立白色十字架處出即為戰俘埋葬地點，一旁立牌載有控訴日軍的暴行說明。

---

[3] https://en.wikipedia.org/wiki/Fort_Santiago
[4] https://zh.wikipedia.org/zh-tw/ 聖地牙哥堡（菲律賓）

按古堡為 1945 年 2 月美菲聯軍攻打馬尼拉時，日軍最後據點，據統計，馬尼拉至少有 10 萬菲律賓平民被殺，其中有日本人在大屠殺中故意殺害的，也有美國和日本軍隊的砲擊和空中轟炸造成的。當時日本守軍違抗上級棄守馬尼拉軍令，在戰敗後日軍指揮官與許多屬下軍官自殺身亡，而光是王城區就有 16,665 名日本人死亡，是一段悲慘歷史。[5][6]

▲ 名列前茅餐館

▲ 頗為雅緻

▲ 關達拉美拉

▲ 聞歌起舞

▲ 載歌載舞

---

[5] https://en.wikipedia.org/wiki/Manila_massacre
[6] https://en.wikipedia.org/wiki/Battle_of_Manila_（1945）

▲ 好不歡樂

▲ 西班牙式建築

▲ 廣場一角

▲ 公園入口

▲ Moriones 廣場（陶雨台空拍）

▲ 美國軍營廢墟

▲ 古堡大門與圍牆（陶雨台空拍）

▲ 護城河前（陶雨台空拍）

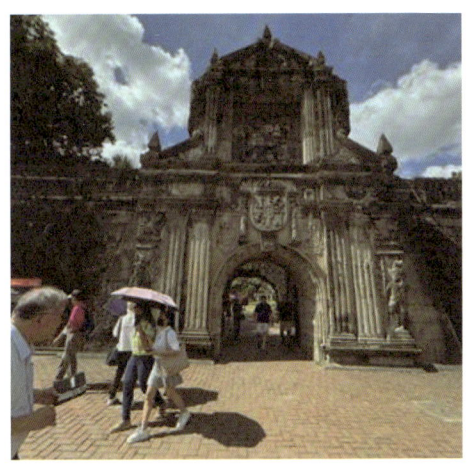

▲ 古堡大門

▲ 堡壘內牆

▲ 武器廣場

▲ 黎剎紀念碑

▲ 地窖入口 　　▲ 日軍凌虐戰俘場景

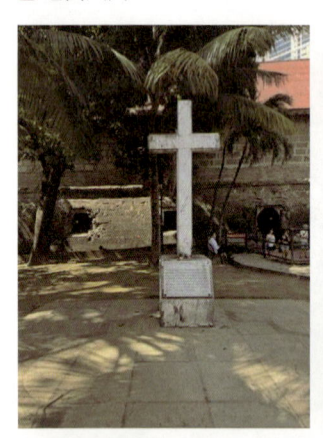

▲ 戰俘埋葬處 　　▲ 馬尼拉大屠殺 　　▲ 側邊城牆

2024 年菲律賓七日記遊（八）：
馬尼拉主教座堂與竹風琴教堂

2024 年 2 月 12 日　星期一

在古堡團友們休憩之際，得空前往附近之馬尼拉教堂參觀。教堂全稱聖母無原罪聖殿都主教座堂（Minor Basilica and Metropolitan Cathedral of the Immaculate Conception），又稱馬尼拉大教堂，是天主教馬尼拉總教區的主教座堂（Cathedral Church of the Archdiocese of Manila），位於菲律賓馬尼拉王城區。該教堂最初建於 1581 年，此後多次被毀，目前的主教座堂建於 1954 年到 1958 年。1981 年若望保祿二世封為宗座聖殿。它供奉菲律賓的主保無原罪聖母。

這座新羅馬式建築風格採用拉丁十字佈局，西北立面是以前大教堂立面的複製品，還有用羅馬石灰華石（Roman travertine）雕刻的著名聖人雕像。大教堂內的幾件藝術品是由義大利藝術家創作。中央西北門上方的龕楣上刻有拉丁文銘文 Tibi cordi tuo immaculato concredimus nos ac consecramus（致你純潔的心，委託我們並奉獻我們）。1981 年添加了教皇徽章，以表明作為大教堂的地位。

隨後前往竹風琴教堂（Bamboo Organ Church），即聖約瑟夫教區教堂（The Saint Joseph Parish），教堂因收藏竹風琴而聞名。教堂的右側是一座古老的西班牙修道院，改建為禮品店，教堂內還有聖約瑟夫學院，是成立於 1914 年一所私立天主教小學和中學。

西班牙人迭戈・塞拉（Diego Cera）於 1795 年抵達馬尼拉不久之後，開始興建用土坯（火山）石建造的教堂。塞拉是一位自然科學家、化學家、建築師、社區領袖，以及管風琴演奏家和管風琴製造商。1816 年，當石頭教堂即將完工時，他開始建造竹製管風琴，並於 1824 年完成了該樂器。他擔任教區神父，直至 1832 年在馬尼拉去世。

教堂莊重古樸，具有巴洛克建築風格。有三個中殿、一個圓頂、帶有羅馬

式桌子的側祭壇、墓穴石頭，每塊石頭的一側都有聖母安慰的複製品，另一側有聖奧古斯丁的複製品、一個帶有石祭壇的洗禮池和兩個聖器收藏室。每個都有兩個壁櫥，一張有六個抽屜的桌子，還有一座塔樓，塔樓有三根柱子，頂部有一個尖頂。

　　牆壁和竹風琴是原始教堂的剩餘部分，外牆修復的主要部分被清理乾淨，露出原來的牆壁。缺少的石頭被替換為類似的石頭，以限制水泥的使用。雕刻的石頭是聖約瑟夫學院作為學校教學計畫的一部分由高中生提供。[1,2]

　　1972 年新修復的教堂落成。保留了原始框架，執行了部分補充。它擁有枝形吊燈、古老的磚塊、古老的雕像、竹製天花板、一個唱詩班閣樓，裡面有雕刻木頭和盆栽原生棕櫚樹的古董欄桿。

　　教堂保留了一個世界上獨一無二的主要用竹管製作的大型管風琴，有 3 公尺多寬，由 714 根口徑不同的竹管組成，最大的竹管長達 2.44 公尺，直徑 12.7 公分。它不僅是西班牙殖民歷史的寫照，也是菲律賓音樂藝術現存的象徵之一。多年來經歷多次地震、颱風和戰爭的考驗，1973 年還被運到德國修繕三年，目前仍舊完好如初，是菲律賓吸引遊客的名勝之一。[3,4]

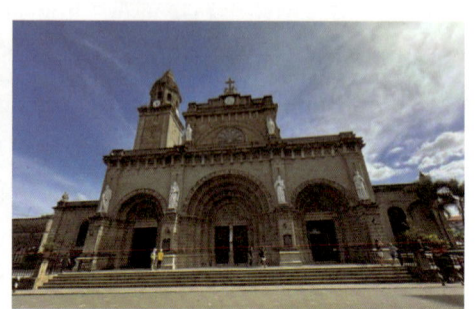

▲ 馬尼拉主教座堂　　　　　　　　　　▲ 新羅馬式建築風格

---

[1] https://en.wikipedia.org/wiki/Manila_Cathedral
[2] https://zh.wikipedia.org/zh-tw/ 馬尼拉主教座堂
[3] https://en.wikipedia.org/wiki/Las Piñas Church
[4] https://baike.baidu.hk/item/ 竹風琴大教堂 /8927609

▲ 教皇徽章與著名聖人雕像 　　▲ 龕楣上刻有拉丁文銘文 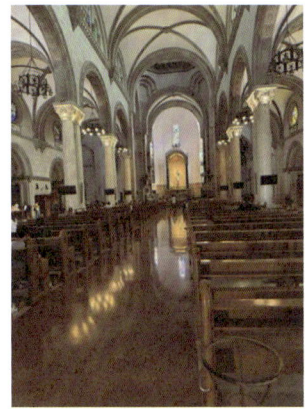　　▲ 教堂中殿

▲ 主祭壇 　　▲ 天使浮雕像 　　▲ 木雕大門

▲ 彩繪玻璃 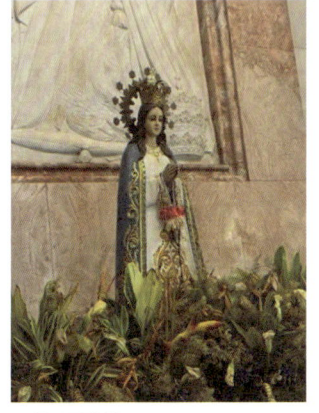　　▲ 聖母雕像 　　▲ 竹風琴教堂

2024 年菲律賓七日記遊（八）：馬尼拉主教座堂與竹風琴教堂　313

▲ 舊總督府 　　　　　　　　　　　▲ 巴洛克建築風格

▲ 教堂博物館入口 　　▲ 賽拉神父手製風琴 　　▲ 教堂莊重古樸

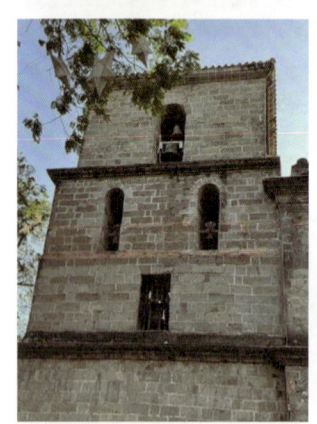

▲ 教堂鐘樓 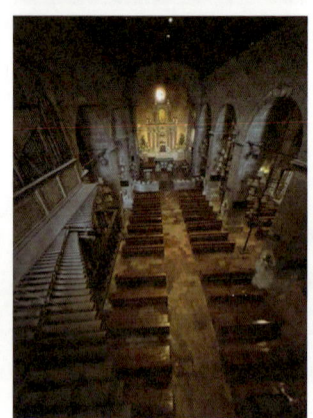　　　　　▲ 教堂中殿 　　　　　　▲ 主祭壇

▲ 左側祭壇 　　　　　　　　　　　▲ 右側祭壇

▲ 竹風琴嵌於牆壁中 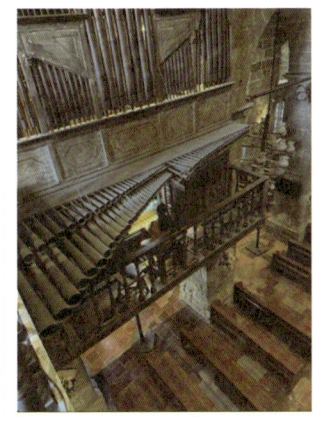　　▲ 演奏竹風琴 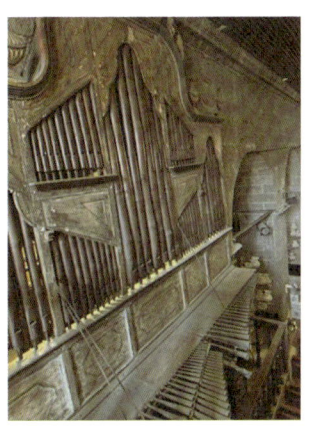　　▲ 最長風琴館達 2.44 公尺

▲ 建堂兩百周年 　　▲ 賽拉神父雕像

2024 年菲律賓七日記遊（八）：馬尼拉主教座堂與竹風琴教堂　315

2024 年菲律賓七日記遊（九）：
馬尼拉黎剎公園

2024 年 2 月 14 日　星期三

　　晚餐前先赴亞洲購物中心（Mall of Asia）體驗當地商場，其中有許多中國元素大型藝術作品，並有鼎泰豐、海底撈等名店。有趣的是購物中心內另有 SM 量販店（SM Hypermarket），頗具規模。回台後，剛好有電視旅遊節目介紹 SM Supermalls，在網上也可看到其簡稱 SM，是菲律賓 SM Prime 旗下的連鎖購物中心。截至 2023 年 10 月，共有 93 家購物中心（菲律賓 85 家，中國大陸 8 家），是由華裔商人施至成（Henry Tan Chi Sieng Sy Sr.）創辦。施在 2019 年去世前，連續十一年被《富比士》評為菲律賓首富。當他去世時，他的淨資產估計為 190 億美元。[1,2]

　　晚間在購物中心附近的「天下 Buffet 101」餐館用自助餐。餐館是由華人在馬尼拉經營的自助餐廳，招牌上標明提供全球各地食品（International Cuisine）。但有許多中式餐點，風味不錯。有兩位團友恰為一月壽星，導遊也貼心地請服務人員送上蛋糕，共同歡慶。

　　第二天（1 月 30 日）早上十點出發，目的地是黎剎公園（Rizal Park），佔地 58 公頃，為馬尼拉最大公園，鄰近馬尼拉灣。該公園是為了紀念菲律賓民族英雄黎剎於 1896 年為爭取菲律賓脫離西班牙殖民統治時就義的事件；黎剎處決後被埋葬在此處，供奉黎剎遺體的紀念碑是公園的象徵焦點。[3]

---

[1] https://en.wikipedia.org/wiki/SM_Supermalls
[2] https://en.wikipedia.org/wiki/Henry_Sy
[3] https://zh.wikipedia.org/zh-tw/ 黎剎
荷塞・黎剎（1861-1896）是菲律賓的一位民族英雄，菲律賓天主教徒，華人，柯姓閩南人後裔，常被華僑稱為柯黎塞。
黎剎是一名眼科醫生，精通包括英、法、德、拉丁、閩南語以及官話等 22 種語言，並在文理各方多才多藝，除醫學外，還懂得繪畫、雕刻、哲學和歷史等。從年輕時就開始從事西班牙統治下的改

黎剎公園的歷史始於1820年，當時是西班牙統治期間。在公園之前，是一片沼澤地。主要地標——黎剎紀念碑是在美國殖民時期建造的。1901年9月28日，美國菲律賓委員會批准了法案，將在此豎立一座紀念碑，以紀念菲律賓愛國者、作家和詩人何塞・黎剎。

1946年7月4日菲律賓在黎剎公園宣布獨立。1954年8月，麥格賽賽總統成立了黎剎國家百年紀念委員會，負責組織和管理黎剎誕辰一百週年慶祝活動。其計劃包括建造一座宏偉的黎剎紀念碑和黎剎紀念文化中心，其中包括一個國家劇院、一個國家博物館和一個國家圖書館。1955年12月19日，根據麥格賽賽簽署的公告，該地點被宣佈為國家公園。

1957年，加西亞總統發布公告，將國家公園的管理權移交給黎剎國家百年紀念委員會。1961年，為紀念黎剎誕辰一百週年，國家圖書館在公園落成。1967年，總統馬可仕簽署公告，將國家公園更名為黎剎公園。馬可仕執政期間，由台灣和日本政府捐贈，建立了中、日花園。黎剎公園於2011年由國家公園發展委員會進行了翻修。[4][5]

在公園首先瞻仰黎剎紀念碑，以往不知菲律賓國父竟是華人，而且有一段可歌可泣的經歷。紀念方尖碑除有黎剎雕像外，頂部鑲有三顆各重一公斤黃金的金星，代表菲律賓主要三個群島，一說這是碑前有菲律賓海軍陸戰隊衛兵守護的主要原因。

紀念碑前一面大型菲律賓國旗飄揚於高達46公尺旗桿上，是菲律賓最高的旗桿。1946年7月4日菲律賓共和國宣布完全獨立，即在此升旗。

革工作，曾在1882年至1891年旅居歐洲，出版曝露西班牙統治弊端叢生的小說，成為宣傳運動的領袖，發表了針對改革的文章、雜誌和詩歌。他同時也是菲律賓共濟會成員。1891年12月至1892年6月，黎剎與家人居住在香港島半山列拿士地臺2號，他每天下午2時至晚上6時在中環德己立街5號作眼科醫生。

1892年6月，黎剎返回菲律賓後，建立一個非暴力的改革社團菲律賓聯盟。同年7月6日被捕，隨後被流放到民答那峨島（Mindanao）——世界上最荒蕪的地方之一。他在那裡居住了四年，幫助小鎮建設學校、醫院等設施，並且在當地建立了全菲第一個燈光系統。

1896年，卡蒂普南（Katipunan）祕密革命社團發動叛亂後，本來獲釋到古巴當義醫的黎剎，船抵巴塞隆納，黎剎成為階下囚，抓他的人正是讓他流亡四年的前菲律賓總督，當時擔任巴塞隆納的軍區司令。

黎剎被押回馬尼拉，囚禁在聖地牙哥堡。同年12月30日凌晨，西班牙當局以「非法結社和文字煽動叛亂」的罪名在馬尼拉將黎剎處決，即使他並未加入該社團，也未曾參加叛亂。他的壯烈犧牲使菲律賓人意識到除了脫離西班牙獨立外別無選擇，隨後爆發了菲律賓革命。

4　https://en.wikipedia.org/wiki/Rizal_Park
5　https://zh.wikipedia.org/zh-tw/黎剎公園

石底座上安葬著黎剎的遺體，裡面埋葬著他的兩本著名小說 *El Filibusterismo*（《貪婪的統治》，英文 *The Reign of Greed*）和 *Noli Me Tangere*（《社會毒瘤》，英文 *Touch Me Not*）。紀念碑描繪了穿著大衣的黎剎拿著一本書，書上刻著「NOLI ME TÁNGERE」的標題。這與通常將這本書作為銘文小說及其續集 *El Filibusterismo* 的象徵的表述。方尖碑通常被認為是指黎剎的共濟會背景，黎剎旁邊的人物──一位撫養孩子的母親和兩個正在閱讀的小男孩──象徵著家庭和教育，紀念碑後面的植物和盆子，象徵著該國的自然資源。[6]

紀念碑西北偏北約 100 公尺處立碑標明黎剎被處決的確切位置：另一方面，其後豎立著一組描繪黎剎就義的雕像，頗為怵目驚心。這些雕像位於他實際上殉難的地方，這與普遍認為紀念碑是他被處決的地點不同。居間則有 Ang Pagbabago（變革）浮雕，它代表了菲律賓和平、愛、團結和繁榮的理想，呼籲國家復興和改變。[7]

在紀念碑左側前方則有中國公園，建於 1966 年至 1967 年，由菲國官方向台灣募集資金，並由台灣頂尖園藝師設計建造。中國花園的建設耗資超過 85 萬比索，這在當時是一個驚人的數字。

公園前有一座天下為公牌樓，沿著潟湖仿造小湖而建的寶塔和涼亭，由紅色柱子和綠色瓦片屋頂襯托。花園裡多有各種不規則形狀的石頭、樹木、植物。花園中的真人大小花崗岩孔子紀念碑是對真正中國文化精髓的獨特慶祝，旨在弘揚傳統和積極的儒家和菲律賓價值觀，並向所有教師、社會的無名英雄致敬。這是安維爾商業俱樂部（the Anvil Business Club）的捐贈，以回饋中國對黎剎祖籍福建省晉江市松雀村黎剎紀念碑的支持。還有一個智慧步道（Wisdom Walk）活動，其中有用漢字寫成的中國諺語，並翻譯成英語和菲律賓語。中國花園是社交聚會、個人和商業攝影以及其他與中國相關的慶祝活動的熱門場所。[8]

---

[6] https://en.wikipedia.org/wiki/Rizal_Monument
[7] https://rizalparkblog.weebly.com/my-story.html
[8] https://npdc.gov.ph/chinese-garden/

▲ 亞洲購物中心 　　　　　　　　　▲ 鼎泰豐

▲ 祥龍獻瑞 　　　　　　　　　　　▲ 卡通動物

▲ 甲殼蟲球體 　　　　　　　　　　▲ SM 量販店

▲ 量販店一角 　　　　　　　　　　▲ 天下 Buffet101 餐館

▲ 自助餐館一角

▲ 共同歡慶

▲ 一月壽星

▲ 安葬黎剎遺體

▲ 兩旁雕像象徵家庭與教育

▲ 紀念碑文

▲ 菲律賓最長的旗桿 　　▲ 菲律賓民族英雄 　　▲ 黎剎竟是華人

▲ 公園的象徵焦點 　　▲ 學童與老師

▲ 黎剎就義確切位置 　　▲ 立碑後水池

2024 年菲律賓七日記遊（九）：馬尼拉黎剎公園　　321

▲ 描繪黎剎就義的雕像組 　　　　　▲ 浮雕象徵和平、愛、團結和繁榮

▲ 天下為公牌樓 　　　　　　　　　▲ 台灣加油

▲ 中國元素 　　　　　　　　　　　▲ 湖上曲橋與睡蓮

▲ 亭閣在望 　　　　　　　　　　　▲ 他鄉遇故知

▲ 至聖先師

▲ 智慧之旅

▲ 雕欄畫棟

▲ 金玉良言

2024 年菲律賓七日記遊（十）：
國家自然歷史博物館

2024 年 2 月 15 日　星期四

　　中午又赴亞洲購物中心 Cabalen Plus 餐館用自助餐，從二十九日早上在飯店吃早餐起，連續五餐都是用自助餐。自助餐由英文諧音轉來又叫「包肥餐」，要靠個人節制，才不致失控。餐後得空到附近咖啡店享用咖啡，想起「飯後一杯茶，快樂似神仙」套句，以咖啡代茶，未嘗不宜。

　　接著往菲律賓國家博物館參觀。官方博物館系統經營國家美術博物館、國家人類學博物館和國家自然歷史博物館（National Museum of Natural History）；當天僅有時間參觀自然歷史博物館。[1][2]

　　原用於他途的建築於 1940 年建成，由菲律賓名建築師於 1930 年代末設計，採用新古典主義風格，這座建築物在第二次世界大戰期間的馬尼拉戰役中被摧毀，戰後按照原計劃重建。

　　2013 年，國家自然歷史博物館開始籌建。阿基諾總統的政府正式發起並支持自然歷史博物館以及全國各地的地區博物館的組建和建立。菲律賓國家博物館邀請了五位建築師提交改造方案，以「生命之樹」為設計靈感，半開放的「樹幹」從一層中庭延伸至屋頂，同時蘊含著「DNA 雙螺旋」的寓意，博物館於 2018 年 5 月 18 日開幕。[3]

　　博物館共設立有十二個展廳：

　　第二層：自然遺產廳、臨時展廳；

　　第三層：紅樹林、海灘、潮間帶廳、海洋廳；

　　第四層：青苔、山地松林廳、低地常綠雨林廳、超鎂鐵質灰岩喀斯特森林地貌廳、淡水濕地廳；

---

[1]　https://en.wikipedia.org/wiki/National_Museum_of_the_Philippines
[2]　https://zh.wikipedia.org/zh-tw/ 菲律賓國家博物館
[3]　https://en.wikipedia.org/wiki/National_Museum_of_Natural_History_（Manila）

第五層：菲律賓生物多樣性廳、菲律賓地質廳、礦物與能源廳、穿越時空廳。

展出的自然標本主要涵蓋菲律賓本土物種，重點展品包括該國捕獲體型最大的鱷魚「Lolong」的骨架標本及復原模型，長度達到 6.17 公尺；另一藏品亮點為保留有屠宰痕跡的犀牛骨頭，證明早在 70 萬年前菲律賓群島就有人類居住。

博物館大量運用了互動技術（Interaction Technique），展廳還復原了紅樹林、潮間帶和海灘等自然景觀，讓參觀者獲得身臨其境的體驗。[4]

▲ 購物中心

▲ 自助餐館

▲ 新竹中學同學會

▲ 快樂似神仙

▲ 自然歷史博物館

---

[4] https://art.icity.ly/museums/z9ji0qk

▲ 生命之樹 　　▲ 半開放的「樹幹」 　　▲ 從一層中庭延伸至屋頂

▲ 蘊含「DNA 雙螺旋」寓意 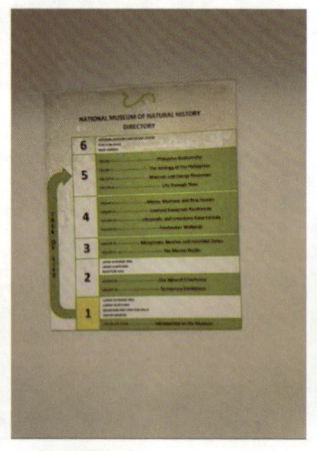　　▲ 各樓層布局 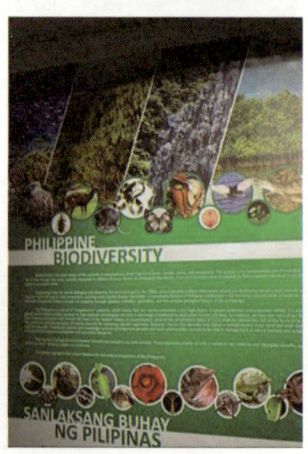　　▲ 菲律賓生物多樣性

▲ 6.17 公尺長鱷魚復原模型 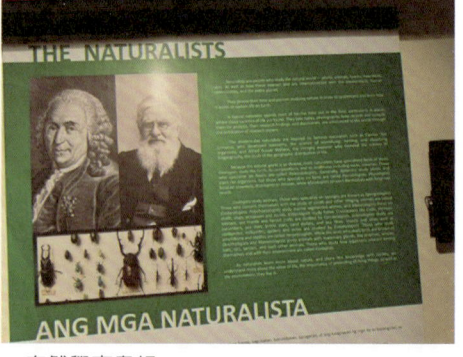　　▲ 自然學家鼻祖

326　地景旅遊與漫談

▲ 霸王花 　　▲ 大象與犀牛 　　▲ 疣豬

▲ 長尾猴 　　▲ 藍頸背鸚鵡 　　▲ 各種鯊魚

▲ 巨齒鯊牙齒長達 12 公分 　　▲ 公牛骨骼

2024 年菲律賓七日記遊（十）：國家自然歷史博物館

▲ 大海龜

▲ 13.25 公尺長抹香鯨骨骼

▲ 國寶眼鏡猴

2024 年菲律賓七日記遊（十一）：
蘇比克灣

2024 年 2 月 16 日　星期五

　　在馬尼拉兩天旅遊行程在離開博物館後告一段落，下一目標是約兩百公里外的【蘇比克灣】（Subic Bay）。

　　【蘇比克灣】位於馬尼拉，隔馬尼拉灣對岸的巴丹半島上，臨南海。「蘇比克灣海軍基地」前身為美國海軍主要在亞洲的軍港之一。冷戰期間美國在此駐軍，具備重要的戰略價值。1991 年 6 月 15 日皮納圖博火山噴發，「蘇比克灣海軍基地」被火山灰掩蓋，1992 年美軍全數撤離，基地關閉後成為「蘇比克灣經濟特區」。

　　21 世紀初，隨著南海主權爭議升溫，於 2012 年 6 月 6 日美菲兩國國防部官員達成協議，只要事先徵得菲國政府許可，美軍部隊、船艦及飛機將可使用美國設於呂宋島的兩座前軍事基地，亦即蘇比克灣和克拉克區，以牽制中國對第一島鏈的武力擴張。[1][2][3][4]

　　傍晚約六時許抵達蘇比克灣，首先到海灣邊參觀「解放祖國紀念碑」（Inang Laya Monument，Free the Mother Country Monument），為慶祝菲國參議院投票終止提供美國軍事基地。1992 年由蘇比克灣大都會管理局豎立。題詞略為：「讓『十二雙手』手模向偉大的菲律賓共和國十二位參議員致敬，他們於 1991 年 9 月 16 日站起來對《菲律賓美軍事基地條約》說『不』，從而最終結束了四個多世紀的外國軍事在國內的存在。讓現在不受束縛、自豪地矗立著的祖國（Inang Laya）的形象成為一代菲律賓人的化身」，民族主義氣氛強

---

[1] https://en.wikipedia.org/wiki/Subic_Bay
[2] https://en.wikipedia.org/wiki/Subic_Special_Economic_and_Freeport_Zone
[3] https://en.wikipedia.org/wiki/Subic_Bay_Metropolitan_Authority
[4] https://zh.wikipedia.org/zh-tw/蘇比克灣

烈；雕像前並有十二位參議員手模以及介紹。[5]

「解放祖國紀念碑」右邊即為「地獄船紀念碑」（Hellship Monument），豎立著四塊長方形巨石，前方碑文載有：「澳洲聯邦軍隊：當世界大戰爆發時，只有七百萬人口的澳洲有近百萬澳洲人自豪地挺身而出服役。在東南亞和太平洋地區的激烈戰鬥中，造成約 17,500 澳洲人死亡，其中包括 700 多名平民傷亡。超過 22,000 名澳洲人被俘虜，其中約 8,000 人在日本人強加的殘酷條件下喪生。光是地獄船蒙得維的亞號（Hellship Montevideo Maru）的沉沒就造成了 1,000 多名軍人和平民死亡。這座紀念碑表彰了澳洲為捍衛自由理想所做的貢獻和犧牲。願子孫後代永遠不會忘記這些獻出生命的勇敢男女」。四塊巨石上各有銘文，描述日軍的慘無人道。[6]

「解放祖國紀念碑」左邊即為「太陽之子歸來紀念碑」（Children of the Sun Returning Monument），是在 1996 年菲律賓主辦「亞太經濟合作會議」（Asia-Pacific Economic Cooperation，APEC）峰會時所立。銘文中說明，取自菲律賓國歌開頭幾句：「Land of the morning. Child of the sun returning with fervor burning, Thee do our souls adore.」（太陽之子帶著熱情回歸早晨的國度，我們的心靈崇拜您。）按菲律賓是位於國際日期變更線以西最先的國家之一，因此自認為「早晨之國」。紀念碑金色雕像包括兩位共舉火炬男士及一位抱著幼兒的女士，應是象徵菲律賓人民。

晚上在附近之馥苑（香港）海鮮酒家（Fortune Hongkong Seafood Restaurant）享用桌餐，餐館與夜宿旅館 MG Grand Hotel 相連，餐後團友們分別入住休息，或在附近展開夜間活動，結束頗為悠閒的一天旅遊行程。

▲ 蘇比克灣晨景（陶雨台空拍）　　▲ 蘇比克灣夜景（陶雨台空拍）

[5]　https://www.hmdb.org/m.asp?m=68214
[6]　https://www.hmdb.org/m.asp?m=68846

▲ 解放祖國紀念碑 　　▲ 解放國家之手碑文 　　▲ 參議員手模與說明

▲ 黃昏時刻 　　▲ 民族主義氛圍強烈

▲ 菲律賓最大國旗 　　▲ 地獄船紀念碑

▲ 紀念碑前碑文

2024 年菲律賓七日記遊（十一）：蘇比克灣　331

▲ 四塊巨石上各有銘文 　　　▲ 太陽之子歸來紀念碑

▲ 象徵菲律賓人民 　　　▲ 馥苑（香港）海鮮酒家

▲ 享用桌餐 　　　▲ 餐館與夜宿旅館相連

2024 年菲律賓七日記遊（十二）：
蘇比克灣西班牙莊園（一）

2024 年 2 月 17 日　星期六

　　早餐後，前往住處以南約 55 公里的【Las Casas Filipinas de Acuzar】（菲律賓阿庫薩爾之家），其中建築物是何塞・阿庫扎（Jose Acuzar）從原來的地點拆卸下來，然後在 Las Casas Filipinas 的內部重新搭建。這種文化遺產保護方法一直受到保育主義者的爭議，因為他們認為如果這些建築物被在原地修復，原來的社區可能會因此受益。然而，文化遺產公園的倡導者阿庫扎稱他之所以採取這種方法，是為了拯救這些建築物免受腐爛和荒廢的威脅。該文化遺產公園於 2021 年獲得了菲國旅遊部長的稱讚，以表揚其保護工作，事實上是一應視個別情況，見仁見智的問題，否則就西方強權掠奪落後國家文物同樣的藉口；[1] 而阿庫扎本人自 2022 年 7 月 29 日起，擔任菲律賓人居和城市發展部部長。[2]

　　莊園的主要吸引力也就在於其文化遺產建築，這些納入 Las Casas Filipinas 的建築物都經過根據其歷史、文化和建築價值評估。大多數建築物可以追溯到西班牙殖民時代，但也有一些建於稍晚時期，如美國殖民時代的 Casa Lubao，以及一座來自民答那峨的馬拉瑙王族住宅（Torogan）。

　　莊園於 2003 年開始建設，2010 年首次作為度假村開業，佔地約 400 公頃。其酒店於 2021 年 11 月，被美國歷史酒店協會評為「亞洲及太平洋地區最佳歷史酒店」，稱其為「在賓客體驗方面最能體現其歷史並提供卓越客戶接待和服

---

[1]　https://en.wikipedia.org/wiki/Las_Casas_Filipinas_de_Acuzar
[2]　https://en.wikipedia.org/wiki/Jose_Acuzar 何塞・阿庫扎（Jose Acuzar，1955-）是菲律賓企業家，也是建築公司創辦人。自 2022 年 7 月 29 日起，他也擔任現任人居和城市發展部部長（Department of Human Settlements and Urban Development）。
　　他也因巴丹的 Las Casas Filipinas de Acuzar 度假村的開發而聞名，該度假村以其從其他地方移植的西班牙殖民時代建築而聞名。

務的酒店之一」，同時也常成為拍攝電影的場景。[1]

移植的建築物均經具有優秀藝能的工匠改建，賦予該莊園獨特的外觀和氛圍。莊園集海灘度假旅館、會議中心和文化遺產建築於一體。除突破當地藝術和工藝的界限、並與附近的環保組織合作，在度假村內制定可持續計劃，包括種植自己的蔬菜和香草，供餐廳使用，還有海灘清理活動，客人可以參與其中海灘清理，並詳細了解它們如何對環境產生積極影響。同時支持本地和國際藝術家的創意和知識生產，透過該莊園的駐地計畫提供實驗和跨學科合作的平台。[3]

抵達莊園後，首先到東方會議中心（Hotel de Oriente）參觀與用餐。最初的豪華酒店建築於1889年在馬尼拉建造，後來遭到毀壞，根據檔案記錄和倖存下來的資料，酒店結構在莊園重建。如今，這座複製品已成為首要會議中心，宴會廳可容納多達1,000人。會議中心外部的地面部分有一個帶有摩爾式拱門（Morish Arch）的狹窄拱廊，中央的拱廊一直延伸到二樓的頂部。[4]

會議中心前廳挑高，從地板天花板，設計氣派華麗，牆壁鑲嵌著精緻的裝飾，地面鋪設著雕花木板，營造出一種宏偉而又華美的氛圍。天花板中央懸掛著一個巨大的水晶吊燈，燈光透過精緻的水晶散發出柔和而溫馨的光芒，為整個空間增添了一份奢華感。從前廳到會議廳的過渡區域，設計同樣不失豪華和細膩。雙開的大門上雕刻著精美的圖案。

宴會廳內部空間廣闊，能容納上千人同時進行宴會或會議。高高的天花板上同樣裝飾著華麗雕塑，宴會廳的四周設有雅緻的雕花柱子，雕梁畫柱，甚顯華美。

午餐在會議中心後側之大廳用餐，餐廳寬敞明亮，較樸實無華。

▲ 莊園空拍圖（陶雨台攝）　　▲ 會議中心

---

[3] https://www.lascasasfilipinas.com/
[4] https://www.alluringworld.com/hotel-de-oriente/

▲ 摩爾式拱門 　　　　　　　　　▲ 十九世紀末馬尼拉建築

▲ 挑高前廳 　　　　▲ 氣派豪華 　　　　▲ 精緻華麗

▲ 大廳配置 　　　　　　　　　　▲ 歷史場景前

2024 年菲律賓七日記遊（十二）：蘇比克灣西班牙莊園（一）

▲ 水晶吊燈 　　　　▲ 稱心適意 　　　　▲ 雕花樓梯

▲ 牆面雕飾 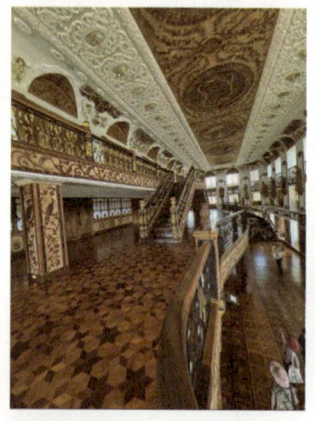　　　　▲ 二樓夾層 　　　　▲ 精巧細緻

▲ 雕刻精美大門圖案 　▲ 華美雕飾 　　　　▲ 華麗天花板

▲ 宴會大廳

▲ 雕欄畫柱

▲ 小天使們

▲ 宴會廳舞台

▲ 菲律賓風情畫

▲ 午餐餐廳

2024 年菲律賓七日記遊（十三）：蘇比克灣西班牙莊園（二）

2024 年 2 月 18 日　星期日

　　餐後分三部曲在莊園巡禮，一是乘四人或六人馬車（Horsedrawn Carriage），二是乘遊艇，三是徒步導遊之旅。

　　巡禮中看到不少歷史性建築以及雕塑，包括建於 1920 年美國時代的 Casa Lubao，原建於 Lubao，位於稻米和甘蔗種植園中，第二次世界大戰期間，1942 年菲律賓被日本佔領時，曾被日本用作駐軍，經轉移並修復房子的剩餘原始部分於此。[1]

　　在至少 55 棟建築中，其他較知名的建築包括：

　　Casa Byzantina：曾經聳立在馬尼拉街道上，在當時被稱為石屋（House of Stone），是莊園最豪華的六個臥房住宿。[2][3]

　　Casa Hidalgo：是一棟歷史悠久的房屋，最初位於馬尼拉。該房屋建於 1867 年。2006 年房屋被拆除並搬遷來莊園。這棟房子類似西班牙殖民時期的建築風格。它的底層是由大塊土坯石頭（Adobe）製成的，而二樓是由硬木製成的。房子的下部由一系列土坯柱組成，騎樓前則有愛奧尼亞柱（Ionic Column）支撐。有七個卡皮茲（Capiz）窗戶。[4]

　　Casa Jaen I：建於 1900 年代。1917 年，它榮獲《星期日論壇報》頒發的「房屋美麗獎」。房屋的底層鋪有石材地板，二樓則鋪有木板。它的窗戶由大玻璃板製成，而不是傳統的卡皮茲窗戶。此外，它前面還有一個突出的房間——類似於美國殖民時期建造的房屋。[5]

---

[1]　https://provincianonatural.wordpress.com/tag/casa-lubao/
[2]　https://en.wikipedia.org/wiki/Las_Casas_Filipinas_de_Acuzar
[3]　https://lascasasfilipinas.com/casas/
[4]　https://en.wikipedia.org/wiki/Casa_Hidalgo
[5]　https://en.wikipedia.org/wiki/Casa_Jaen_I

Casa Unisan：它於 1839 年建造。底層舖有石材地板，二樓則舖有木板。房子的二樓四周都是長方形的卡皮茲窗。與大多數石造房屋不同，卡皮茲窗戶下方沒有小窗戶開口或通風窗以提高房屋的安全性。房子的頂部是四邊形瓦屋頂，屋脊承受著中國風格的瓦片屋頂的重量。[6]

Torogan：字面意思是「休息的地方」，是菲律賓民答那峨島拉瑙（Lanao）的馬拉瑙（Maranao）王室住宅。1873 年建造的住宅是完全不使用釘子的巨大結構，透過大型木柱從地面升起，每根柱子都由一根巨大的樹幹製成。屋頂形狀獨特，由茅草棕櫚葉製成。[7]

Casa Quiapo：這是由第一位在菲律賓從事建築的當地人建造。是菲律賓大學美術學院的第一棟建築。現在它被「美術方案」（Bellas Artes Projects，BAP）機構用作當代藝術空間。[8]

BAP 由贊助人 Jam Acuzar（莊園創辦人之女）於 2013 年創立，是一家私人非營利組織，致力於活化菲律賓當代藝術領域。大約 300 名菲律賓工匠花了 12 年的時間，在莊園中使 Casa Quiapo 恢復了昔日的輝煌，而 BAP 的總部就設在其內。BAP 舉辦藝術家駐留項目，為當代藝術家提供實驗和支持的空間，為藝術家創造了一個豐富的合作環境，並從現場豐富的菲律賓遺產、文化和傳統工藝中獲得靈感，揭示了印度、穆斯林、西班牙、拉丁美洲以及本土和東南亞的影響，這些影響在顯示在建築物的各個方面。[9][10]

Sanctuario de San Jose 小教堂：原為巴丹半島之聖約瑟夫教堂（St. Joseph Cathedral in Bataan）。[11]

在莊園中看到一群遊客觀賞「自由之地」（Freedom Land）表演，由穿著菲律賓傳統服裝拿著旗幟的演員演出，讓遊客體驗菲律賓最具歷史意義事件的現場重演，並見證演員對菲律賓歷史上一些最具標誌性人物的演繹。

另一方面，遊客也可參觀「工藝美術工作坊」，了解莊園雇用高達一百五十名工匠的創作環境，並可體驗「動手創作」的樂趣。[2]

---

[6] https://en.wikipedia.org/wiki/Casa_Unisan
[7] https://en.wikipedia.org/wiki/Torogan
[8] https://en.wikipedia.org/wiki/Casa_Consulado_（Quiapo）
[9] https://artworlddatabase.com/bellas-artes-projects/
[10] https://theartling.com/en/artzine/The-Bellas-Artes-Projects-at-Las-Casas-Filipinas-de-Acuzar/
[11] https://www.brideworthy.com/churches/sanctuario-de-san-jose-bagac/

▲ 乘遊艇巡禮（陶雨台空拍） 　　　▲ 乘馬車遊園（彭宗平攝）

▲ Lubao 之家 　　　▲ 諄諄善誘

▲ Jaen-1 之家 　　　▲ 室內裝潢

▲ 彈琴助興 　　　▲ Unisan 之家

▲ 曾是馬拉瑙王室住宅 　　　▲ Quiapo 之家

▲ 菲律賓大學校徽 　　　▲ BAP 總部

▲ 藝品展示一 　　　▲ 藝品展示二 　　　▲ 藝品展示三

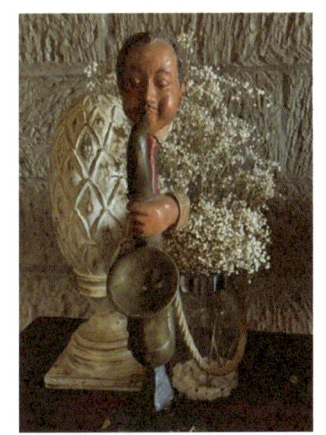

▲ 藝品展示四 　　　▲ 快樂出航

2024 年菲律賓七日記遊（十三）：蘇比克灣西班牙莊園（二）　341

▲ 遊艇碼頭 　　　　　　　　　　　　▲ 小教堂與鐘塔

▲ 熱門結婚教堂 　　　　　　　　　　▲ 河堤雕塑

▲ 河邊浮雕 　　　　　　　　　　　　▲ 精緻雕飾

▲ 橋邊彩繪 　　　　　　　　　　　　▲「自由之地」演員

342　地景旅遊與漫談

2024 年菲律賓七日記遊（十四）：
皮納圖伯火山渡假村

2024 年 2 月 19 日　星期一

　　2 月 1 日活動主要在【皮納圖伯火山】區，包括鄉村部落、溫泉沙浴、火山泥全身護膚、吉普車山野溯溪、火山露天溫泉、部落餐廳用餐等段落。

　　皮納圖伯火山（Mount Pinatubo）於 1991 年 6 月爆發，是 20 世紀發生在陸地上第二大規模的火山爆發。爆發引起的火山碎屑流、火山灰和後來由颱風容雅（Yunya）登陸後的雨水觸發的火山泥流嚴重破壞了鄰近的地區。火山爆發的影響擴散至全球各地，共噴出約 100 億噸岩漿和 2,000 萬噸二氧化硫，為當地地表帶來大量的礦物和金屬，並向平流層注入大量的氣膠（Aerosol）。數月後，氣膠在形成一層硫酸霧，1991-1993 年間全球平均氣溫下降約攝氏 0.5 度，臭氧層空洞亦短暫大幅增加。[1][2]

　　旅遊團約於中午時分抵達部落餐廳，享用菲式自助餐，餐後展開【吉普車山野溯溪之旅】，搭四輪驅動越野吉普車奔馳於野溪上，或崎嶇顛簸，或水花四濺，緊張刺激。沿途觀賞到火山爆發後火山岩所形成的天然景觀，有時兩岸懸崖峭壁，古樹參天，有時走出群山看見一片遼闊的平台，風景奇絕。有團友

---

[1]　https://en.wikipedia.org/wiki/Mount_Pinatubo
[2]　https://zh.wikipedia.org/zh-tw/ 皮納圖伯火山
　　皮納圖伯火山（Mount Pinatubo）是一座活躍的層狀火山，位於菲律賓呂宋島，岩層主要由安山岩和英安岩（andesite and dacite）構成。
　　1991 年 6 月，皮納圖伯火山爆發，是 20 世紀發生在陸地上第二大規模的火山爆發。這次爆發高潮被成功預測，火山附近的數以萬計居民得以及時疏散，但爆發引起的火山碎屑流、火山灰和後來由颱風容雅登陸後的雨水觸發的火山泥流嚴重破壞了鄰近的地區，數千間房屋和其他建築物被摧毀。當地的河流系統在後續數年都因此次噴發而改變。
　　火山在 1991 年噴發前的高度為 1,745 公尺，只比周邊平原高出 600 公尺，比周邊山峰高 200 公尺，因此從遠處看來並不顯眼。1991 年皮納圖伯火山噴發形成的火山湖如今是一著名旅遊景點，通常從卡帕斯城起始前往。

在事後觀察到吉普車四輪輪胎皆已磨平,一旦爆胎,容易翻覆,回想同車團友來回都沒有人提醒戴安全帽,相當危險,幸好有驚無險。

接著來到【火山露天溫泉】,名為普寧溫泉(Puning Hot Spring),是 1991 年皮納圖山噴發形成的天然溫泉之一,溫泉位於火山腳下,掩映在綠色山脈之中。普寧名字源自土著語言,意思是樹木叢生,後來演變成了現在的名字。

溫泉內有幾間小屋可供遊客參觀以及衛浴設備。普寧有大大小小的泳池,熱水從攝氏 40 度到 70 度不等。在此您可享受泡湯樂趣。對於那些不喜歡熱水的人,這裡也提供冷水游泳池。[3]

泡湯後,再乘吉普車到達次站體驗【溫泉熱沙浴】,此沙浴是以將全身埋入在炕上加熱過的沙中,屬於一種發汗療法,同時利用溫熱沙子的壓力給予刺激來促進身體血液循環及兼有排毒效果,據說對於某些病痛頗有療效,全程約 15 分鐘左右。

之後享受【火山泥護膚】,由工作人員塗抹於臉部,是基於火山泥、灰、石等都是活火山的產物,可謂養分高的礦物品的想法,來控油、活膚。[4][5][6]

▲ 皮納圖伯火山(陶雨台空拍)　　▲ 花園餐廳與中繼站(陶雨台攝)

---

[3] https://guidetothephilippines.ph/destinations-and-attractions/puning-hot-spring-and-restaurant
[4] https://www.pinatubomountainero.com/products/puning-hot-spring
[5] https://hot-onsen.com/puning-hot-spring-pampanga-philippines/
[6] https://www.instagram.com/pinatubomountainero/reel/Cya0WjnP4-L

▲ 奔馳於野溪上（彭旭明攝）

▲ 緊張刺激（陶雨台攝）

▲ 火山溫泉（陶雨台空拍）

▲ 位於火山腳下

▲ 樹木叢生

▲ 掩映在綠色山脈之中

▲ 享受泡湯樂趣（葉吉倫攝）

▲ 舒暢無比（葉吉倫攝）

▲ 溫泉熱沙浴（葉吉倫攝）

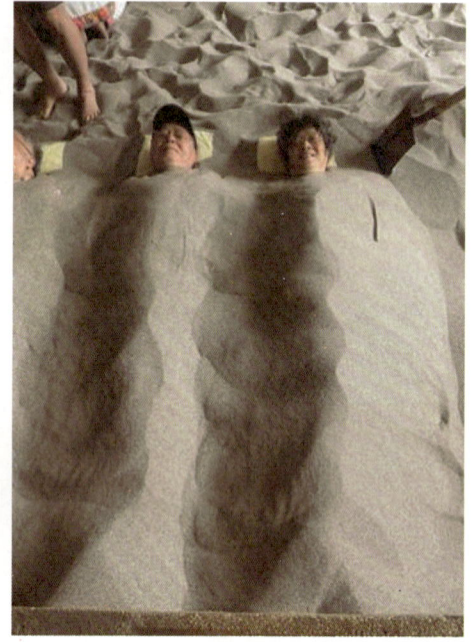

▲ 發汗療法（葉吉倫攝）

▲ 火山泥護膚

2024 年菲律賓七日記遊（十五）：
克拉克博物館與飛機公園

2024 年 2 月 21 日　星期三

　　其次前往【克拉克博物館】（Clark Museum），是位於克拉克自由港區的博物館，展示了各種重要的手工藝品、軍事紀念品及當地文物，描述克拉克從 1901 年至今發展成為經濟和自由港區的歷史。除了文物展品之外，館內的四個展示廳分別透過互動展示、壁畫及立體模型講述克拉克的歷史，展示了這座城市的地理及地質、工藝與創新、城市發展及克拉克歷史人物的故事。第一個展廳以城市的地理和地質為中心，第二個展廳以克拉克的工藝和創新為特色，第三個展廳重點介紹克拉克機場，最後一個展廳講述克拉克人民的故事。[1]

　　【4D 電影院】（4D Theater）是博物館的另一個熱門景點，擁有先進播放設備的劇院可容納 48 人同時入場，放映一部約 20 分鐘，名為「灰燼重生」（Risen from the Ashes）的紀錄片，重點在介紹克拉克豐富的歷史及皮納圖伯火山噴發過程；劇院提供的體驗包括：環場音效、座椅搖晃及移動，還有描繪火山灰和煙霧的視覺效果，如身歷其境般帶您重回火山噴發的現場。按所謂 4D 與 3D 差別在 3D 即三維空間，是指我們周圍可以看到、觸摸和互動的物理世界，有長、寬、高，對影片而言，有立體感。4D 即四維時空，包括作為第四維的時間。這意味著所描述的不僅是空間，還包括物體隨時間的運動，所以是動態的，與環境有互動。[2,3]

　　晚上在博物館附近之木桌餐廳（Wooden Table）享用特色晚餐，由於安排在包廂式房間用餐，也給團友們一個機會發抒旅遊心得與感想，或分享對國內

---

[1]　https://guidetothephilippines.ph/destinations-and-attractions/clark-museum
[2]　https://museu.ms/museum/details/18232/clark-museum-and-4d-theater
[3]　https://www.tutorialspoint.com/difference-between-3d-and-4d

外大勢的卓見，頗具含金量。

晚宿 Widus Hotel and Casino Clark，旅館相當有規模，並附有賭場，導遊雖透露了一個賭客贏錢，換不回美元現金的故事，但並未嚇阻部分團友在晚間前往一探，戰果如何則「不好說」。

次晨，也就是菲律賓之旅最後一天早上，在赴國際機場前，先到機場邊「克拉克空軍城市公園」（Clark Air Force City Park），或稱「飛機公園」參觀。由於克拉克曾經是美國駐菲律賓的一個空軍基地，美軍撤離之後廢棄的飛機經當地人保留和修復，設立了一個包括一片綠地和若干架廢棄的真飛機小公園，以為紀念。

公園內可以看到一架 UH-1H Iroquois 或 HUEY 直升飛機、一架 Vought F8 Crusader、一架 F5a Jet（通常也稱為自由戰士）、T-28 特洛伊飛機和 T-33 或雷鳥，同時也是菲國空軍使用的第一架噴射機。[4,5]

接著前往克拉克國際機場，機場規模不大，但頗具現代感；從候機大廳可遠眺皮納圖伯山，是在菲國頗足紀念的最後一瞥。隨後搭乘幾乎準點的長榮客機回到台灣，結束難忘的菲國浪漫休閒之旅，真正做到「快快樂樂出門，平平安安回家」。

▲ 克拉克博物館 　　　　　　　　　▲ 四大展廳

---

[4] https://en.wikipedia.org/wiki/Clark_Air_Base 克拉克空軍基地從 1903 年到 1991 年是一個美國軍事設施。佔地 37 平方公里，擁有的軍事基地保留地向北延伸，又覆蓋了 600 平方公里。

該基地是二戰最後幾個月菲律賓和美國聯軍的據點，也是越戰期間直至 1975 年的後勤支援支柱，曾是美國海外最大的基地。1991 年，美軍因皮納圖博火山噴發，同時菲律賓參議院拒絕延長美國在菲律賓的軍事基地而撤離，轉用為克拉克國際機場、菲律賓克拉克自由港區以及菲國空軍城所在地。

2012 年 6 月，菲律賓政府以中國對其海域主張的壓力為由，同意美國軍隊在必要時返回克拉克。

[5] https://guidetothephilippines.ph/destinations-and-attractions/airforce-aircraft-park

348　地景旅遊與漫談

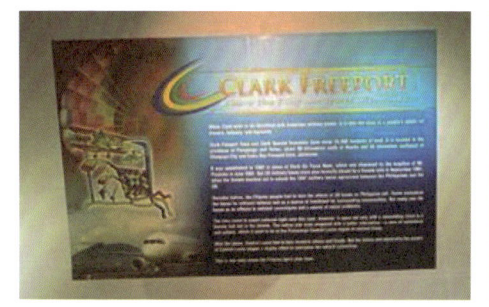

▲ 克拉克自由港區 　　　　　　　　　　▲ 中呂宋平原

▲ 大花紫薇 　　　　　　　　　　　　▲ 阿拉亞特山玄武石

▲ 中呂宋地理 　　　　　　　　　　　▲ 火山模型

▲ Aeta 族人 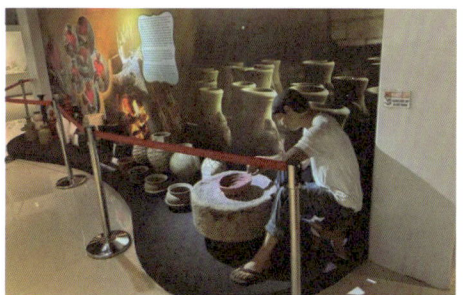　　　　　　　　　　　　▲ 手工製作

2024 年菲律賓七日記遊（十五）：克拉克博物館與飛機公園　　349

▲ 手工藝品 　　　　　　　　　　　▲ 盛大的慶典沿河遊行

▲ 民俗模型（君子好逑） 　　　　　▲ 民俗模型（照顧幼兒）

▲ 克拉克空軍基地說從頭 　　　　　▲ 克拉克軍事基地沿革

▲ 參議員們的抉擇 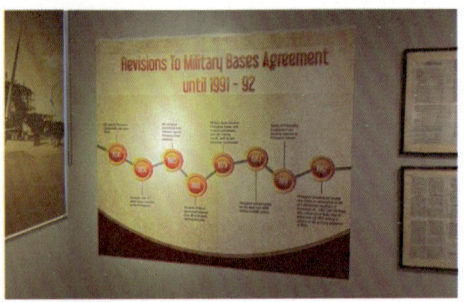　　　　　　　　▲ 修訂軍事基地協定

▲ 開始商業運作 　　　　　　　　　　　▲ 成長年代

▲ 木桌餐廳 　　　　　　　　　　　　▲ 享用特色晚餐

▲ Widus 旅館 　　　　　　　　　　　▲ 旅館中庭

▲ 游泳池 　　　　　　　　　　　　　▲ 飛機公園

2024 年菲律賓七日記遊（十五）：克拉克博物館與飛機公園　351

▲ 我欲飛上青天 　　　　　　　　　▲ 美軍廢棄飛機

▲ 自由戰士 　　　　　　　　　　　▲ 飛機經當地人保留與修復

▲ HUEY 直升飛機 　　▲ 公園咖啡店 　　▲ 頗具現代感

▲ 長榮客機 　　　　　　　　　　　▲ 頗足紀念的最後一瞥

本土旅遊

　　匯集2023年至2024年走訪淡水、北市監察院與台灣博物館、苗栗及台南等地的遊記。在公務之餘，發掘本土，細品台灣。另有「清華茶花園與櫻花林」為2024春天清華留下美麗紀念。

2023 年淡水半日記遊（一）：紅毛城

2024 年 2 月 27 日　星期二

　　2 月 21 日，曾因公有淡水之行，公務完成後，順道在附近參觀「紅毛城古蹟區」、「滬尾砲台」與「小白宮」。

　　「紅毛城古蹟區」主要包含紅毛城主堡以及前英國領事官邸。其中紅毛城主堡是臺灣最古老的完整建築物；前英國領事官邸在主堡東側，為兩層式洋樓。[1]

　　紅毛城主堡位於一山丘的西端山頭上，其南、北、西側皆緊鄰陡峭的山坡，在屋頂上則可以眺望淡水河河口。主堡平面呈邊長 15.25 公尺的正方形（面積約 70 坪），牆壁厚約 2 公尺，足以抵擋早期火砲的攻擊。南面朝淡水河、西面則朝臺灣海峽。

　　靠近外側的牆體使用石塊，並摻有一些紅磚，而靠近內側的牆體則以紅

---

[1] https://zh.wikipedia.org/zh-tw/ 紅毛城
「紅毛城」紅毛城古蹟區，又稱前英國駐台北領事館及官邸，古稱聖多明哥城、安東尼堡。最早建城是在 1628 年統治台灣北部的西班牙人所所興建的「聖多明哥城」，但後來聖多明哥城被摧毀，1644 年荷蘭人於聖多明哥城原址附近重建，並命名為「安東尼堡」。而由於當時漢人稱呼荷蘭人為紅毛，因此這個城就被他們稱作「紅毛城」。
1724 年，臺灣府淡水捕盜同知王汧開始整修紅毛城，增建了四座外圍城門。1867 年以後，紅毛城開始由英國政府租用作為領事館，並在旁興建領事官邸。太平洋戰爭期間，日本向英美宣戰而查封紅毛城，直到戰後被交還予英方。之後，英國雖於 1950 年與中華民國斷交，但仍持續使用紅毛城作為領事館直到 1972 年與中華人民共和國升格為大使級外交關係才停止運作，並在之後依序由澳大利亞與美國代為管理。一直到 1980 年，該城的產權才轉到中華民國政府手中，指定為一級古蹟並開放供民眾參觀。紅毛城被視為台灣現存最古老的建築之一，也是中華民國內政部所頒訂的國定古蹟。
荷蘭人將此城命名為安東尼堡，以紀念時任荷屬東印度總督安東尼・范・迪門，由於當時的漢人稱荷蘭人為紅毛番，所以安東尼堡也被稱作紅毛城。
英國人將紅毛城外壁粉刷成朱紅色，並在南側加設露台，亦由紅磚所砌。他們也將尖形屋頂改成平台式，同時屋頂的雉堞亦改為英式風格，並在東北與西南角懸出石梁，增建眺望碉堡。城堡西側也增建了石造的小屋，用作僕役的居所以及廚房，並將東西北門拆除，僅留下一座南門。屋頂平台上也豎起很高的旗杆，並懸掛起英國國旗。然而，其主體構造仍為荷治時期的原物，而未遭破壞。

磚構，最外層則以灰泥粉刷，並漆上朱漆。主堡的地基則是以「大放腳」的做法，用紅磚砌成，並在基礎之上以磚和石塊疊厚牆。其中紅磚來自印尼巴達維亞、石塊則是就地取得。主堡外側依序設有西班牙、荷蘭、鄭氏、清朝、英國、日本、澳大利亞、美國及中華民國國旗等曾領有該城之各政權旗幟。

　　從入口首先可見在扶疏樹蔭中紅色磚造平房，包括遊客中心以及販賣各式文創商品以及紀念品的「紅城小鋪」。按現今古堡建住主要為荷蘭人所建。而由於當時漢人稱呼荷蘭人為紅毛，因此被他們稱作「紅毛城」。巧合的是，古堡主體建築也是紅色，因此園區內其他建築也一律採用紅色外觀設計。

　　主堡高約 13 公尺，內部僅二層樓，上下二層的圓拱天花板方向互相垂直，底層開口朝東西向，而頂層則是南北向，以增加建物的耐震能力，避免建築自中間裂成兩半。另外，主堡屋頂東北與西南方各自設有防衛用的角樓，以五根支撐石梁自城壁伸出，再以紅磚在上面砌成碉堡狀，屬英式作法。一樓則有四座英國人所增修的紅磚小牢房與供犯人活動的小庭院。地牢牢門以厚木板製成，設有窺孔與送食門，窺孔上則有活動的鐵片遮住方便管理員隨時打開查看犯人。其室內僅有一鐵柵小窗可透光。東側及北側亦挖有壕溝以禦敵。按因英國享有領事裁判權，可將在台灣犯罪的外國人，暫時拘留。

　　二樓則是作為辦公室使用，英國人並在其中的秘書室增設文件焚化爐與保險庫。房間裡則設有壁爐以供冬日生火取暖。會計室牆上則有一根橫架在房間中央的圓木棍，為以往之人工風扇，夏季炎熱時掛上大幅帆布，由僕役前後拉動以產生涼風。

　　二樓入口左側則有一陡木梯通往屋頂平台，平台由紅地磚鋪成，中央稍高以利排水。屋頂四周則排列著雉堞，以磚牆上加石壓條構成以掩護射擊，為英國古堡之常見式樣。主堡南側的露台亦由英國人增建，其紅磚來自廈門，底層可通主堡內部，具有五個弧形卷拱。露台階梯旁則設有內大外小的倒喇叭形射口，供射擊防禦用。

▲ 紅毛城園區圖 　　▲ 遊客中心

▲ 紅城小舖 　　▲ 古井 　　▲ 山頭古堡

▲ 高約 13 公尺 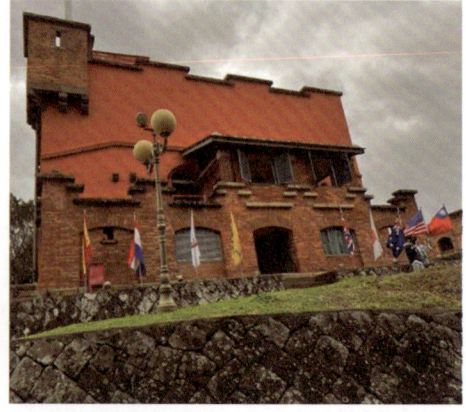　　▲ 露台由英國人增建

▲ 一樓平面圖 　　　　　▲ 地牢守衛雕像 　　　　　▲ 幾易其手

▲ 改建後新面貌 　　　　　　　　　▲ 二樓平面圖

▲ 透氣孔設計 　　　　　▲ 英國領事辦公室 　　　　▲ 仿造古劍與盾牌

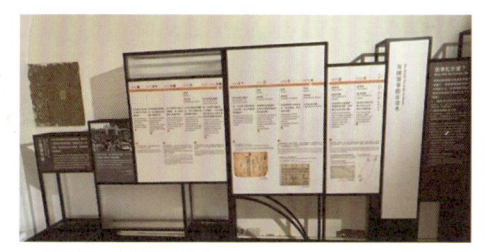

▲ 英國領事館在淡水 　　　　　　　▲ 見證人生歷程

2023 年淡水半日記遊（一）：紅毛城　357

2023 年淡水半日記遊（二）：
英國領事官邸

2024 年 2 月 27 日　星期二

　　接著往前英國領事官邸，位於主堡東側，採典型英國殖民地建築樣式，為兩層式紅磚洋樓。官邸具有四坡式斜屋頂以及能遮風避雨的迴廊，迴廊立面呈半圓拱型。領事官邸正面刻有紅色磚雕的「VR」及「1891」字樣，欄杆則由綠色釉瓶組成，「瓶」與「平」諧音象徵「平安」之意，每組設十個花瓶欄杆更有「十全十美」的福氣。官邸南側迴廊寬 3 公尺、東西側迴廊則寬約 5 公尺。按磚雕「VR」及「1891」字樣代表官邸於英國維多利亞女王在位時期的 1891 年第二次改建完成，同時領事官邸正門外牆共有 12 幅磚雕，其他則是由英格蘭國花薔薇與蘇格蘭國花薊花圖案組合而成。

　　外觀典雅，不同於主樓封閉、剛毅的風格，這座造型優美的建築物是由英國人設計，中國工匠施工建造。牆壁用的是中國的紅磚，屋頂是閩南式紅瓦，磚塊以手工製成，而砌築磚牆的灰漿則是蚵殼灰、糯米與黑糖汁所混合乾燥而成的三合土。整體建築呈現多樣化的異國風情。洋樓內有紅磚、拱圈、迴廊和斜屋頂。[1,2]

　　官邸一樓使用弧形拱，二樓則使用半圓拱，使得外型能有變化不單調，並增加一樓迴廊的採光度。迴廊兩旁使用大柱，中央用小柱，並在入口處使用雙柱，可以增加其穩定性。磚柱上身則砌成突出的柱頭，下半身砌成基座狀以模仿石造建築，並同時使用圓形線腳。外牆最上方則有屋簷，為磚砌的裝飾帶。

　　官邸擁有很多房間，建築物坐北朝南，平面略呈「T」字形狀。官邸一樓築於臺基的上方以避潮並展現尊貴氣派，臺基高約 1 公尺，由紅磚砌成，牆角

---

[1] https://zh.wikipedia.org/zh-tw/紅毛城
[2] https://www.tshs.ntpc.gov.tw/xmdoc/cont?xsmsid=0G245655848901208901&sid=0G256572147454082193

與柱基下則以白色花崗石砌成,並於每個拱圈下鑿有中式錢紋通風孔,使透空的臺基內可以通風。「錢紋」圖樣運用在建築上又取其「大富大貴」的吉祥意義,為中式建築匠師常見的施作工法。底樓入口則設於中央,並設有一座扶手大樓梯通往二樓。一樓的東側有餐廳與配膳室,西側則是書房與客廳,傭人房和洗衣間則設在後側。

二樓則有儲藏室與三間大臥室,主臥室位於二樓西側。客廳、餐廳與主要臥室皆設有壁爐。傢俱與擺設:仿英國維多利亞時期的傢俱,擺設地點與方位係參考英國人的居家生活模式而規畫,呈現英國領事的生活樣貌,家具並非原物,乃開放參觀後所四處搜集之西式古家具。壁爐設施來自英國,兩邊有石膏製的裝飾用小柱,屬於新古典主義風格。

客廳與餐廳鋪上了來自爪哇的彩瓷,電動吊扇為舊時所留下,是 1941 年奇異電子生產的產品。位於入口門廳的螺旋樓梯則以石板雕成,它的木欄杆柱則有精細的雕琢。落地門窗外則皆各自設有一扇角度可調整的木質百葉門。另外,官邸西側的草地則是以往英國人作為花園宴會之用,並是全臺灣首座草地網球場。

在一樓另有歷屆領事資料展,其展示資料包含自 1864(同治 3)年至 1971(民國 60)年間之領事,共歷 37 任 36 位,分別展示歷屆領事之名字、任期及照片介紹。其中第五屆領事翟理斯先生在 36 位領事中聲名較為顯赫,其所存資料及照片較多,在學術上有一定的價值;翟理斯(Herbert Allen Giles,1845-1935)於 1886 年任淡水領事,他以 50 年的寫作與出版而聞名,舉凡學生讀物如:1872 年的《中文無師自通》、1892 年及 1912 年再版的《大字典》、1898 年的《中國名人辭典》到通俗讀物如:1880 年的《聊齋誌異》、1884 年的《中國文學精華》、1889 年的《朱子》等不勝枚舉。中國的語言、文化與國家做最人性化的表達。1922 年曾獲得皇家亞洲協會的金質獎。[2]

▲ 典型英國殖民地建築樣式　　▲ 兩層式紅磚洋樓

▲ 欄杆由綠色釉瓶組成 　　▲ 磚雕說明與錢孔

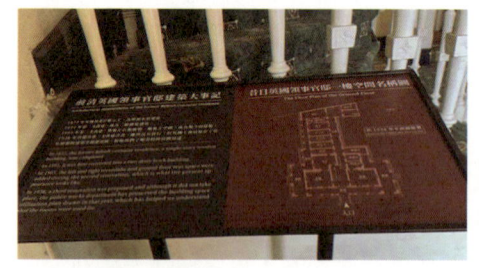

▲ 一樓空間配置圖 　　▲ 客廳與彩瓷地磚

▲ 書房 　　▲ 餐廳與彩瓷地磚

▲ 來來去去的英國領事 　　▲ 在書齋中的領事 　　▲ 迴旋樓梯

▲ 二樓空間配置圖 　　　　　▲ 主臥室

▲ 走入時代伸展台 　　▲ 客房 　　　　▲ 嬰兒房

▲ 壁爐設計來自英國 　　　　▲ 遠眺淡水河

2023 年淡水半日記遊（三）：
滬尾礮臺與小白宮

2024 年 2 月 27 日　星期二

一、滬尾礮臺

　　滬尾礮臺是清代軍事遺址，同時也是淡水現存最完整和最大規模的古砲臺，建造於 1886 年，佔地約 8 公頃。該砲台為台灣第一位巡撫劉銘傳所主導建造，其建造目的是為了防衛淡水港。

　　因長期屬軍事要塞，該設施大致完整，門額上仍留存劉銘傳親筆題之「北門鎖鑰」石碑，也保留了砲台旁兩道城牆及砲陣地數座；但砲台使用主砲均已遭日本人拆離，現已佚失。目前為中華民國文化部所管轄的國定古蹟。全園區由新北市立淡水古蹟博物館負責營運。

　　滬尾礮臺本體仍然保持著清代的形制，該設施平面呈現矩形狀，其結構採用石頭和厚實混凝土構成，礮臺範圍由頂寬約 10.97 公尺的泥土築堤伴隨底寬約 9.14 公尺的壕溝，營房上有圓形木造的掩體，建築本體環繞出天井於礮臺中央，建築本體外圍以泥土築堤，利用隧道口出入，故俯視礮臺呈現「回」字形平面配置。

　　自外而內依次，礮臺共有城垣、壕溝、營門、子牆、砲座、被覆、甬道和廣場。礮臺的占地面積為 26,711 平方公尺，最初的設計包括一座 12 吋阿姆斯脫朗後膛砲、一座 10 吋砲和兩座 8 吋砲，共計四門。

　　營門為滬尾礮臺的主要入口，於砲臺東南側的拱門，其上刻有「北門鎖鑰」的字樣，橫額上下款「光緒十二年季春中浣之吉」以及「合肥劉銘傳題」。中央兵署是屬於滬尾礮臺的主要指揮所區域，目前遺址僅存下其地坪基礎。在遺址的山牆部分，現仍然保留著一面殘牆，採用了石條的構造，整體區

域則作為內埕廣場使用。

　　甬道是環繞在子牆內圈的半圓形隧道，被用於多種用途，包括士兵寢室、儲藏室、彈藥庫以及日常生活空間。這些甬道相互連通，為士兵的作戰調度提供了靈活性和便捷性。

　　甬道的建造材料主要使用石條作為基底，在甬道頂部，由紅磚砌成半圓形的弧形拱，這些磚拱之間間隔一段距離並鑿有圓孔，這些孔洞連接著甬道內部和戶外，確保空氣流通。

　　彈藥庫是一座半圓形的穹窿建築，主要用於專門存放各類彈藥。其內部結構包括一道牆，這道牆不僅分隔出走道，也提供了保護彈藥的空間。此外，彈藥庫內部還配備兩扇門：一個是供人員進出的小門，另一個是專為運送礮彈而設的大門。[1]

▲ 北門鎖鑰　　　　　　　　　　▲ 礮臺呈現「回」字形平面配置

---

[1] https://zh.wikipedia.org/zh-tw/ 滬尾礮臺

1885 年，劉銘傳深知臺灣海防的脆弱性以及其重要性，因此他決定強化臺灣海防建設，並自 1886 年開始各個海口增建現代化砲臺以提高防禦能力。並聘請德國籍技師巴恩士（Lieut. Max E. Hecht）負責監造西式砲臺，並選定在澎湖、基隆、滬尾、安平和旗後等五個海口，建造了總計十座新式砲臺。其中滬尾則擇地另造兩座新砲臺，一座名為「北門鎖鑰」，即今日的滬尾礮臺，另一座則是位於水雷營，名為「保固東瀛」的小型砲台，不過其遺跡已不復存在。1895 年 9 月，臺灣進入日治時期，臺灣總督府透過〈淡水礮臺概況報告〉對滬尾礮臺進行概況調查，1916 年，總督府委派杉山靖憲進行臺灣名勝舊蹟的調查，並編纂了《臺灣名勝舊蹟誌》。滬尾礮臺以「清國舊礮臺址」之名登載其中。1917 年，日軍撤除了滬尾礮臺的四門砲塔，將該地改建為日軍砲兵練習場。1918 年，礮臺東側的操兵場被改建為淡水高爾夫球場。太平洋戰爭期間，日軍將滬尾礮臺的巨礮當廢鐵拆除。國民政府來台後，礮臺改由國軍駐防。1985 年，中華民國內政部核定滬尾砲台為二級古蹟，隨後於 1991 年 12 月，對該古蹟進行了全面的修復規劃，並在 1996 年完成了第一階段的修復工程。並開放供民眾參觀。淡水高爾夫球場的第六號與第七號球道後為臺北縣政府回收，開闢成滬尾礮臺公園，其占地有八公頃。2005 年，新北市立淡水古蹟博物館成立，並將滬尾礮臺公園納入管理系統，並結合淡水自然生態，並將其經營成具特色的生態園區。在 2007 年第二階段修復工程後，再度開放參觀，並提供給藝文團體舉辦相關活動使用。2019 年，淡水古蹟博物館爭取到文化部同意，將一比一在西北砲座回復一門 8 吋阿姆斯脫朗後膛砲，經費約 330 萬元。

▲ 子牆與鐵水泥 　　　　　　　　▲ 東側與北側兵房

▲ 兵房與中央廣場 　　　　　　　▲ 甬道有多種用途

▲ 牆厚 1.2 公尺 　　　　　　　　▲ 半圓形弧形拱頂部

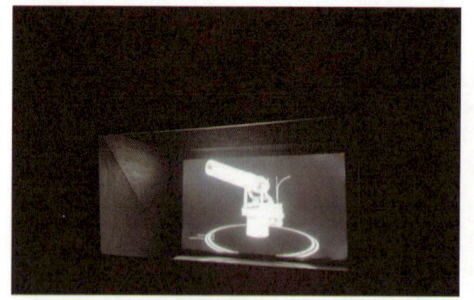

▲ 12 吋克魯伯砲全像投影 　　　　▲ 人行通道

▲ 砲座說明

▲ 8 吋阿姆斯脫朗後膛砲

▲ 儲彈槽

▲ 中央廣場

二、小白宮

前清淡水關稅務司官邸，別稱小白宮，建於 1870 年，是位於淡水區埔頂的清朝淡水關稅務司的官邸，因之又名「埔頂洋樓」，1997 年經中華民國內政部評定為三級古蹟，現為新北市市定古蹟。

前清淡水海關稅務司官邸以英國殖民風格設計，因有著白色牆體而被當地居民暱稱為「小白宮」，周邊環境優雅，面向淡水河，遠眺觀音山，有大面積的涼台、外觀有數個拱圈及落地門窗、使建築採光性及通風性良好，地基用紅磚及石材砌成基座，屋頂則是四坡式斜屋頂的基本形式兼具排水功能，內部空間則分有設置主臥室、書房兼辦公室、宴客廳等西式格局匯聚而成。

在周圍遺跡方面，則有官邸創建時留下之黑磚斗子砌圍牆，幾段圍牆採用不同之材質，分別為「黑磚斗子清砌」、「砂岩塊石砌」和「水磚砌」，園區內原存三座官邸界石，其中一座於 1997 年取走成為海關博物館展示品，現展

示的兩座界石則在小白宮旁典藏,此外花園附近尚有處凹陷土坑,據為滬尾之役留下的彈坑遺跡。另外,小白宮庭園中的雞蛋花歷史悠久,生命力旺盛,公告列管為「珍貴樹木」,在開花期的夏秋間也吸引許多遊客賞花。[2]

▲ 在紅毛城附近

▲ 鳥瞰圖

▲ 斗子砌圍牆上炮杖花

▲ 以英國殖民風格設計

[2] https://zh.wikipedia.org/zh-tw/ 前清淡水關稅務司官邸
  淡水港開港後,於 1862 年(同治元年)6 月 22 日開關徵稅。1863 年,福州海關稅務司美理登(Eugène-Herman(baron)de Méritens)提議在台灣也聘用外國人為稅務司。經五口通商大臣李鴻章認可後,首位到任的稅務司為英國人麥士威(W. Maxwell),後來由美國人斯甄克接任,在稅務司的管理下,淡水港面目一新。本棟殖民式白堊迴廊的建築則於同治末年(1870 年)完工。本地人稱「埔頂三塊厝」,為當時稅務司公署之官邸。
  台灣日治時期後,1896 年台灣總督府舉辦「台灣始政周年紀念」,時任日本首相伊藤博文來台,當時即在小白宮住宿。後來,淡水稅關因關務大減而廢除,因此日本稅關長在此成立「五十會俱樂部」,成為關員休憩、聯誼、打球、進食的場所,直到二次大戰末期不再作為行察後,建物閒置而被附近淡江中學學生稱為「化物敷屋」(鬼屋)。二戰後,司長官邸經整修後成為當時總稅務司長官李度的官邸。1996 年,財政部關稅總局曾決定將司長官官邸報廢、改建員工住宅,引起所謂「搶救小白宮」的行動;在淡水仕紳及專家學者的強力奔走下,臺北縣淡水鎮公所認為小白宮具有歷史意義及保存價值,因之檢送古蹟調查表,要求將小白宮列入古蹟,才保住這棟具有歷史意涵的白色建築,永久維護;1996 年 11 月,臺北縣淡水鎮民代表會決議將小白宮列入古蹟保存,並呈請內政部審核同意。1997 年 2 月,內政部臺閩地區古蹟評鑑審議會議評定小白宮為三級古蹟,2004 年重新整建為現今的樣貌,並開放遊客參觀。

▲ 外觀有數個拱圈 　　　　　　▲ 官邸布置模型

▲ 書房兼辦公室 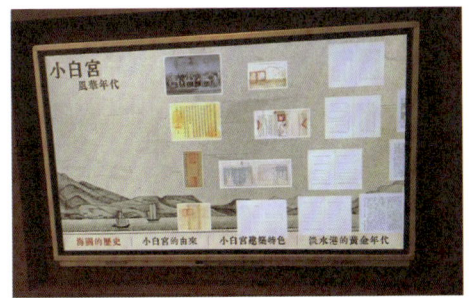　　　　　　　▲ 風華年代

▲ 大事紀 　　　　　　　　　　▲ 昔日淡水港

▲ 揚帆出海 　　　▲ 美術展覽 　　　▲ 環境清幽

夢幻紫色花瀑：淡水紫藤花園

2024 年 3 月 31 日　星期日

前些時有朋友傳來花訊：

「一年一度全台最大紫藤花園『淡水紫藤花園』於 3 月 20 日（三）起開放入園、1 號園區則於 3 月 23 日（六）開園，近萬坪、上千株的日本紫藤花海迎來最美花季。

淡水紫藤咖啡園是台灣最大萬坪紫藤花園，種有超過千株、三十年日本品種的紫藤樹，一年只有開花 10 天多左右，每年 3 月底進入花期，今年『淡水紫藤花園一號屯山摩艾園區』預計於 3 月 23 日至 4 月 10 日限時開放兩週，盛開期估計到 4 月 5 日，不必出國也能欣賞到日本的紫藤花景。

『淡水紫藤花園二號水源園區』於 3 月 20 日開放至 4 月 7 日，盛開期估計到 4 月 3 日，開放時間一樣為兩週左右，想賞紫藤花要趕快先規劃好，平日人潮也較假日少。」

陽春既然召我以煙景，因此規劃於 3 月 31 日前往一遊；當天由於早上另有行程，所以到中午時分才抵達「二號水源園區」，購票入場後，迎面而來的即是「紫藤大棚」，涵蓋約百株紫藤，同時綻放。棚架上淡紫色小花成串垂下，一片花海，其下則鋪滿熟落的花瓣，有如編織地毯，場景如夢似幻，宛如人間仙境，相當有震撼力。

園區其他主要景點包括「紫藤隧道」與「紫藤倒影」，「紫藤隧道」為兩側植有成排紫藤形成的自然隧道，根據官宣是「全台最長紫藤花廊」，粗估長度超過百公尺；「紫藤倒影」則是從花棚旁的小池塘水面，可見紫藤倒影，相映更添美感。

接著前往車程約二十分鐘外的「一號屯山園區」參觀；園區冠名一號是因開闢較早，紫藤年齡較老，花穗較長、顏色較深；規模較二號園區小，主要景觀是一「環園紫藤隧道」，另有「紫藤牆」，依舊美不勝收，另一特色則是植

有幾株白色紫藤。

根據該園官網介紹：「紫藤咖啡園（淡水藤園）是台灣最大紫藤花園，園內紫藤皆種植 30 年以上，園主賴文鏗先生致力於研究紫藤花 30 多年，多次與日本園藝人員技術交流，是唯一被日本認可的紫藤園。每年只開放 20 天，是全台灣最特別的花園，每年預計是 3 月中至 4 月初日開放，其餘時間不對外開放參觀。紫藤需精心照顧，園主只讓遊客看到最完美的一面，每年只有盛開時開放，其餘時間都在照顧紫藤花。」

該園賴園主在臉書「園區故事分享時間」，分享以下故事（略）：「我在 20 年前因為喜歡紫藤花，毅然決然的租下土地，直至今年，投資了超過 6000 萬，兩個園區種植了超過 1500 株紫藤。有客人來園說：老闆你真好賺！其實園區到現在還沒有回本呢。可能有些朋友不知道，在 2020-2021 年時，我曾經宣布可能不再開放園區參觀了。但是當年收的海量的訊息、現場的客人的鼓勵。讓我繼續努力下去。其實我想告訴大家的是：紫藤花園能開放多久，是由你們決定的，是一直支持著紫藤花園的你們決定的。謝謝今年已經來園賞花的朋友，希望我們可以延續這份美麗……。」

令人動容，對園主帶來人間美景，苦心經營，衷心感佩。大家確實應多予支持，延續這份美麗。

▲ 紫色大棚

▲ 一片花海

▲ 如夢似幻

▲ 淡紫色小花成串垂下

▲ 宛如仙境 　　　　　　　　　　　▲ 美不勝收

▲ 紫藤花瓣編織地毯 　　　　　　　▲ 紫藤倒影

▲ 花不醉人人自醉 　　　　　　　　▲ 一號屯山園區

▲ 紫藤花棚 　　　　　　　　　　　▲ 紫藤花牆

▲ 紫藤花架　　▲ 紫藤樹　　▲ 嬌豔欲滴

▲ 全台最長紫藤花廊　　▲ 紫藤長廊　　▲ 愛心滿滿

▲ 落英繽紛　　▲ 人間美景　　▲ 白色紫藤

夢幻紫色花瀑：淡水紫藤花園

清華退聯會「北市一日兩地遊」（一）：監察院

2024 年 1 月 12 日　星期五

　　清華退聯會自成立以來，大致每月舉辦一次「樂活」活動；早早排定於 8 月 15 日辦理「北市一日兩地遊」，早上參觀監察院，下午則到附近的「台灣博物館」參觀，讓人充滿期待。

　　有會友好奇說監察院給人績效不彰的印象，為何會選擇參觀監察院；事實上，退聯會動念是因為監察院建築深具特色，而如團體登記參觀，該院會先安排簡報，讓大家順便了解一下監察院的前世今生，也更豐富參觀經驗，算是加值。[1]

　　當天約九時許到達監察院，先由接待人員作約十五分鐘簡報，接著參觀「監察院文史資料陳列室」，包括監察制度沿革、監察院職權之演進、國際監察事務、古蹟建築實物、監察院名人文物、人權保障及促進以及監察院今昔風貌各區，最有可觀，也是此次旅遊主題為「監察院今昔風貌」以及「古蹟建築實物」。

▲ 歡樂時光　　　　　　　　　　▲ 監察院大門

---

[1] https://www.cy.gov.tw/cp.aspx?n=188 根據監察院官網：「開放監察院院區供民眾參觀，以彰顯本院國定古蹟建築特色，及增進民眾對本院職權行使之瞭解」，「開放區域：以本院入口前廣場、敞廳、陳情受理中心、監察文史資料陳列室、議事廳及中庭花園為範圍。但遇特定節日時，得擴大開放區域」。

372　地景旅遊與漫談

監察院國定古蹟興建，第一期於1913年完成，第二期於1915年4月24日落成，目前作為辦公廳舍使用，乃臺灣現存西洋歷史式樣建築中，保存最完整之一座。設計者為日本建築師森山松之助（Moriyama Matsunosuke），當時許多公共建築設計，多出自其手筆。[2][3][4]

　　此棟2樓建築面對十字路口，正向立面為大門入口，乃一座凸出3層樓高之扁平銅製圓頂，四周開12個半圓型的「老虎窗」，具通風、採光和裝飾效果。左右兩旁各有衛塔，四周採「破山頭」，使細節較豐富化。中央正門上端，有3個半圓形長立窗，窗與窗之牆上方有形狀如勳章的浮雕壁飾，周圍繞以花草紋飾。窗之上端，則有拱心石，為巴洛克風格特徵之一，強調且集中焦點在中央入口處。在兩翼廳舍外牆上，復有巴洛克時期常見之圓窗，窗旁以花草、蔬果、綵帶點綴裝飾。

　　一樓大廳挑高約15公尺，廳內環立18根4公尺高之托次坎（Toscan order）柱子，柱頂橫梁雕塑及圓頂天花板之彩繪玻璃，巧奪天工。大廳內輝煌壯麗之M型樓梯通往2樓，牽引左右兩翼，氣勢磅礴。踩著灑滿光影的M型樓梯階梯拾級而上，在樓梯轉角處歇歇腿，欣賞窗外隨風搖曳的樹影，繼續前行，抵達挑高設計的2樓，抬頭就是巍峨的圓頂天花及居中的彩繪玻璃，華麗而不失威嚴。[2]

▲ 簡報介紹　　　　　　　　　　　　　▲ 監察院大樓模型

---

[2] https://www.cy.gov.tw/News_Photo.aspx?n=695&sms=9138&_CSN=216

[3] https://zh.wikipedia.org/zh-tw/ 森山松之助

　森山松之助（1869年7月15日—1949年4月2日），日本大阪市出身的建築師，活躍於日本時代的台灣，師承辰野金吾。1907年，森山松之助來臺灣。在臺灣期間，他除了總督府營繕課的工作之外，不願擔任行政職務，全心進行設計業務。任內設計監造許多官廳建築，其中包括臺灣總督府（現總統府）、臺灣總督府專賣局（現臺灣菸酒公司總部）、臺南州廳（現國立臺灣文學館）、臺中州廳（現台中市辦公處）、臺北州廳（現監察院）等。臺灣總督府竣工後，已在臺灣設計大量作品的森山表示，「臺灣已經沒有什麼可做的了」，遂於1921年辭官返日，在東京開設建築師事務所。

[4] https://building.cy.gov.tw/cp.aspx?n=279 森山松之助也師承英籍教授康德（Josiah Conder），學得文藝復興時期建築式樣的技術，在臺灣的設計概以此式樣為依歸。他是臺灣在日治時期設計建築物最多者，約有二十餘座。在此諸多建築物中，可看出其所引進之豐富的建築形式，屋頂偏愛馬薩式（Mansard roof，屋頂甚陡），在柱式、山牆、翼塔、門廳及拱廊等部份，或材料的處理上，特別具有成熟圓融的經驗及豐富的創造力，是臺灣歷史上眾多的建築師中極具影響力者。

▲ 出發前合影

▲ 于右任院長雕像 　　▲ 于右任院長墨寶 　　▲ 古蹟建築沿革

▲ 建築師森山松之助 　　▲ 八柱式門廊 　　▲ 衛塔

374　地景旅遊與漫談

▲ 破縫山牆 　　▲ 銅製圓頂 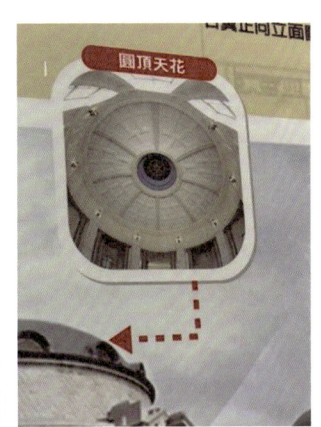　　▲ 圓頂天花

▲ 古蹟之美 　　▲ 監察院建築說明圖

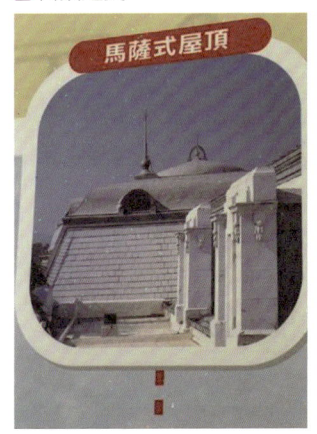

▲ 馬薩式屋頂 　　▲ 勳章壁飾 　　▲ 圓窗

清華退聯會「北市一日兩地遊」（一）：監察院

▲挑高一樓大廳 　　▲M式樓梯 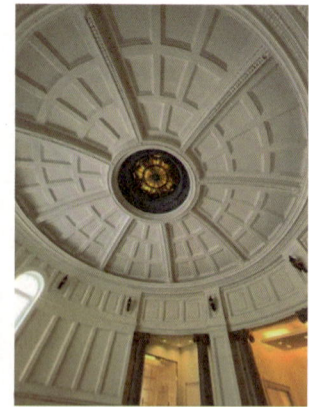　　▲圓頂天花板

▲彩繪玻璃 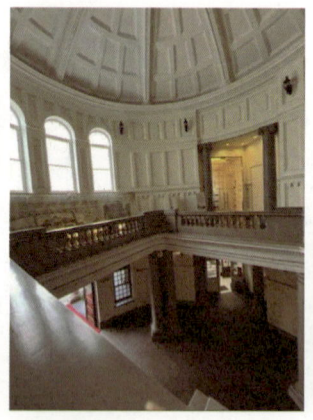　　▲居高臨下 　　▲二樓一角

▲搖曳樹影 　　▲中庭花園

清華退聯會「北市一日兩地遊」（二）：台灣博物館

2024 年 1 月 12 日　星期五

　　中午在監察院附近之台大會館「蘇揚餐廳」用餐，餐後前往台灣博物館（台博館）參觀，距離均在步行範圍。

　　台博館位於台北新公園（現 228 公園）內；新公園地處台北鬧區，附近又有總統府、臺大醫院、張榮發基金會等，近年來有不少次因約定在附近地點聚會時間尚有餘裕，進公園欣賞花木或是順道經過，倒是一直沒有進台博館參觀，記憶所及，上次進台博館還是小學時期隨「竹師附小」全年級旅行到此一遊。「竹師附小」現為「清華竹師附小」，如今個人以清華退休人員身分「舊地重遊」，也是一種奇妙的巧合。[1][2]

---

[1] https://www.ntm.gov.tw/cp.aspx?n=5432
台博館成立於 1908 年，是臺灣歷史最悠久的博物館，以自然史蒐藏為主要特色。臺博館前身「臺灣總督府博物館」，原來只為慶祝縱貫鐵路通車典禮的臨時展覽會，變成了永久性的博物館陳列展示。「博物館」的名稱、概念、空間和體制，就這樣在有些預料之外地在臺北誕生。
臺博館 1908 年開館時的陳列品主要分為地質鑛物、植物、動物、人類器用、歷史及教育資料、農業材料、林業資料、水產物、鑛業資料、工藝品、貿易類等，加上其他共十二類。這些項目大致分屬於三個範疇：自然史、工藝產業和歷史文物。
當時報導特別稱讚：「此博物館實可視為科學大博物館之進階，場地雖不免狹小，但能蒐集各種材料，備極陳列之巧，也可見經營之用心。」不過，顯然仍局限在制式的產品陳列方式，因此也有這樣的批評：「有關自然科學，如要以純正科學的方式展示，以當時而言還是非常困難的。結果成為產業館式的展示樣式，實屬不得已的事情，但相信已充分表達了本島的自然情形。」

[2] https://www.ntm.gov.tw/cp.aspx?n=5437
據日本宣傳：「1906 年兒玉源太郎總督和後藤新平民政長官離任，官方籌畫大興土木紀念兩人治臺功績。另一方面，雖是由總督府啟動紀念前總督和民政長官的建設，但也認為不宜使用公款，因此鋪陳由臺灣本島仕紳發起捐款的輿論形勢」。「島民間推林本源家及辜顯榮諸氏為副委員長」。1913 年資金尚未募齊，紀念館已選新公園，並於 1915 年完成，4 月 18 日舉行落成式，1915 年 5 月《臺灣時報》提到當時的情形：「到會者，蹌蹌濟濟，官紳約六百餘名。」代表臺灣本島人的辜顯榮也以祝辭頌兒玉、後藤之功績。
戰後隸屬於臺灣省行政長官公署，改制為臺灣省博物館；再隸屬於臺灣省政府，更名為臺灣省立博物館，因展示空間不足，取消南側可欣賞公園景致的陽臺，外推為可作為展覽使用的室內廊道空間。1991 年至 1996 年，臺博館由省住都局建築處主辦修復工程，漢寶德主持的漢光建築師事務所

由於到本館時間比預定團體參觀時刻還有約一小時，得空先到咫尺之隔的分館「古生物館」（原台灣土地銀行總行）參觀與享用咖啡。[3]

　　紀念館初建時總建坪 510 坪，採用歐洲博物館常見之新古典主義風格，兼具仿希臘神殿多立克柱式支撐的三角山牆與羅馬建築穹頂，整體建築平面配置座南朝北呈左右對稱「一」字形，南面面向新公園，使博物館可收攬園內自然景觀。

　　台博館目前常設展，包括三部曲，一為「發現臺灣」，回顧臺灣自然世界是如何被近代博物學所「發現」的展覽。故展名為「發現臺灣」。內容主要分為三大主題單元：發現之道、臺灣新象、過去的未來。

　　第二部曲是「臺灣‧我的家──兒童探索展」，分為六大展示單元：「石頭會說話」、「森林遊樂園」、「候鳥的小島旅行」、「小島的從前從前」、「海島的輪廓」、以及「生生不息」，藉由故事性的敘事、標本文物及互動裝置等多層次的感官展示，引導兒童體驗、思索臺灣自然與人文，加深孩子們對這塊土地的瞭解，也能涵養對多元文化的欣賞與尊重。

　　第三部曲為《博物臺灣》，是以臺博館各學門特有蒐藏或具代表性的標本為重心，展現臺灣的在地特殊性與歷史新定位，並強調人文與自然交融的新時代觀點，提供觀眾認識臺灣的平臺。分為以自然為主題的「自然臺灣」及以人文為主題的「浮生臺灣」兩間展廳，介紹臺灣的環境樣態與歷史文化。

　　台博館雖面積不大，但展示頗有可觀，且具歷史意義，值得一再流連，細思慢嚼，可惜當天只有時間走馬看花，重點反而放在欣賞名聞遐邇的建築之美。

　　同時因台博館乃因日本官方希望紀念兒玉源太郎總督和後藤新平民政長官離任，發動由臺灣本島仕紳捐款而建。因而有兩人塑像，算是殖民時期令人啼笑皆非的遺跡。

　　專為儀式性紀念目的而設計的大廳，環繞著挑高的 32 根複合式柱（Composite Order），每根高約 10.7 公尺，直徑 90 公分。採光穹頂下的鑲嵌玻璃天花離地

承接調查研究及設計監造、慶仁營造承作，將日本時代木桁架屋頂拆除改為鋼構屋頂，增加第三樓層三百多坪。

[3]　https://www.ntm.gov.tw/cp.aspx?n=5438
　　古生物館前身為日本勸業銀行臺北支店。戰後國民政府接收勸業銀行在臺五處支店，1946 年 9 月 1 日改組為公營臺灣土地銀行，以此地為總行，並在土地改革中扮演重要角色。1991 年內政部指定為三級古蹟，1997 年變更為臺北市市定古蹟，2005 年臺灣博物館系統計畫成案，土地銀行與臺灣博物館合作，由臺博館負責古蹟修復及後續營運管理，定位為自然史及金融史博物館。

板18公尺，圖案包含兒玉家及後藤家紋「指揮扇與五竹葉」與「藤花」，也可見於柱身壁燈座兩側浮雕，兒玉、後藤兩座銅像則矗立於兩側壁龕。展示空間被分配在一樓二樓左右兩翼延伸的長廳，落成時館原就已經「覺得狹窄，為此連地下室的準備室也充當陳列室」。

中央棟全棟為鋼筋混凝土構造，左右翼為磚及鋼筋混凝土混構，屋頂為木造鋪銅板瓦。地下室地板鋪設混凝土與瀝青覆水泥粉刷為防白蟻防水、室內裝修材包括：左右翼樓一、二層為鋼筋混凝土樓板上鋪設木地板，木地板上鋪亞麻油毯，陽臺鋪設日本製地磚。中央棟一樓廣間鋪設黑大理石及白寒水石，中央為大理石馬賽克拼貼，玄關、通道等鋪設德國產地磚；二樓迴廊為臺灣產白大理石及黑板岩，休憩室為木地板上鋪亞麻油毯。壁面腰板、踢腳採用更紗大理石，扶手格子為黃銅，休憩室踢腳板、腰企口板使用櫸木。外部裝修基礎石及正面、背面中央樓梯使用安山岩，腰板以上為洗石子。

台博館之旅有兩個難忘的插曲，頗值一提；一是大夥聽指揮在鑲嵌玻璃天花下，對著地板幾何點自拍合影，相當新鮮別緻。另外則是博物館前兩隻銅牛，原來大有來頭，也讓大家有機會摸摸鼻頭或牛角，祈個好運。[4]

▲ 新古典主義風格 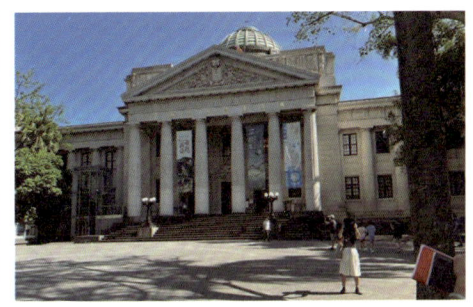　　　　　　　　▲ 多立克柱式支撐

---

[4] https://ntmedu.blogspot.com/2011/06/blog-post_07.html
博物館本館前方的館前廣場入口處，左右兩側各矗立一隻銅牛；這兩座銅牛，在日治時期是被放置在圓山的臺灣神社（原址為現今圓山大飯店），在臺灣神社原址被改建為圓山大飯店後，即於1949年被轉贈臺博館，而放置在公園裡至今。它們頭上閃閃發亮的牛角，也曾經被川流不息的人潮摸到斷掉而更新。

廣場東側的銅牛，其材質是紅銅，兩隻牛角之間的距離較寬，眼珠子上緣是單眼皮。在廣場西邊的那隻銅牛，其材質是青銅，兩隻牛角之間的距離較短，眼珠子上緣是雙眼皮。而兩隻銅牛一開始擺放在廣場的方位是面向臺博館建築，後來才轉變為彼此對看的方向。

▲ 羅馬建築穹頂

▲ 挑高大廳

▲ 三角山牆

▲ 複合式柱

▲ 鑲嵌玻璃天花

▲ 離地板 18 公尺

▲ 兩翼對稱 　　　　　　　　　　　▲ 中庭藻飾

▲ 門上徽章 　　　　▲ 精緻燈飾 　　　　▲ 兩翼樓梯

▲ 大理石壁面腰板與踢腳 　　▲ 華麗護欄 　　　　▲ 柱頭紋飾

▲ 大理石馬賽克拼貼 　　▲ 兒玉源太郎雕像 　　▲ 後藤新平雕像

▲ 新奇別緻

▲ 單眼皮東側赤銅牛

▲ 雙眼皮西側青銅牛

▲ 古生物館

2024 年春清華茶花園與櫻花林

2024 年 2 月 29 日　星期四

　　清華於約一年前新闢茶花園，在創園的現圖書館林登松館長悉心照料下，自今年一月中起，各式茶花逐一盛開，多彩繽紛，美不勝收。由於園中茶花高達二十九種，辨識不易，因而發想配合林館長提供的「茶花園配置圖」與空拍照，提供指引，以讓愛花人在欣賞美景之餘，更長知識。

　　由於老友，也是清華化學 75 校友，陶雨台兄擅長以無人機空拍，承蒙他於 2 月 17 日當晚赴埃及旅遊出發前，與夫人賀孝雍校友（化學 75）在午間專程自台北到校執行託付任務，剛好清華南校區櫻花林之櫻花也正盛開，因此也一併請其攝下美景，為 2024 春天清華留下美麗的紀念。

　　清華茶花園全名為「物理學系 72 級茶花園」，乃由物理系 1972 級系友在畢業五十年後捐建，共募集約兩百萬元，並同時配合整理周邊植栽。大致規劃是，新種植栽 29 棵中、大型嫁接茶花樹成樹，樹高與樹幅都超過 2.0 公尺，80 棵小茶花在周邊作為茶花樹籬，新草皮等增進美觀；後來又新增沈君山前校長捐贈 12 位傑出物理學家雕像；據林館長撰寫過程略為：「為加強景觀藝術與教育功能，諮詢專家意見，得到下列原則：

　　茶花樹與銅像位置應一起考量；於花園內規劃步道；十二座物理學家銅像依年代或領域分成數個群組，以群組為單位，依次沿步道放置，使其具有導覽功能；同一群組內銅像的高度可考慮略微不同。

　　依據上述原則，將十二位物理學家依年代分成五個群組（領域與年代順序吻合）：Galilei、Newton（古典力學），Maxwell、Boltzmann（電磁場，統計力學），Einstein（相對論），Planck、Schroedinger、Heisenberg、Dirac（量子力學），Feynman、Yang、Gell-Mann（基本粒子）。

　　邀請校內兩位專長與此相關的教授、與一位校外園藝師，於現場調整茶花

樹的位置與銅像的位置及方向。最後結果如圖示。每個銅像的花崗石基座刻有物理學家姓名、作者姓名、捐贈者姓名。為增加教育功能，每個基座上將貼有 QR code，網頁會介紹物理學家與作者。另外將利用照片與影片介紹作者創作此作品的過程。」

因此茶花園中，也陳列了十二位大物理學家的半身銅像；茶花象徵著完美、虔誠和可愛，科學大師象徵智慧，科學與藝術，智慧與美麗結合，相得益彰。

根據規劃，園中茶花屬於 8 大茶花系：

1. 香茶花系：甜香水、天香、芳香肉桂、春霧，
2. 多色茶花系：七仙女、喬依肯德力克、佛羅倫斯，
3. 抱莖茶系：紅色、金黃色、白色抱莖茶，
4. 台灣育種品系：國恩家慶、越姿、夢娜玫瑰，
5. 黃色花系：防城金花茶、黃蓮華、凹脈金花茶、東興金花茶、黃菊金花，
6. 夏天開茶花系：崇左金花茶、夏日紅絨、夏夢小璇、大紅燈籠、國色傲夏，
7. 紅山茶系：天鵝湖、悅牡丹、桃樂絲山丘、砂金，
8. 雲南茶花系：愛麗絲姑娘、梅琳達、情人節。

目前正在開花的茶花約有二十種，千嬌百媚，讓人流連。

接著往南校區櫻花林，從「苦楝大道」草坪邊看去，一片火紅，從空拍圖來看，僅約有一半櫻花樹盛開，尚未達到花季最高峰，盛況可期。

▲ 茶花園景觀位置圖（林登松提供）　　▲ 茶花園環景照（陶雨台空拍）

▲ 茶花園空拍圖（陶雨台攝） 　　▲ 鳥瞰茶花園（陶雨台空拍）

▲ 從綜二館八樓鳥瞰 　　▲ 哈囉無人機（陶雨台攝）

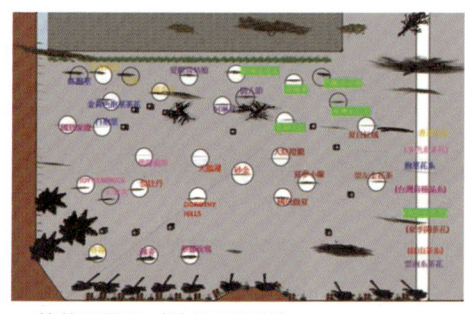

▲ 茶花配置圖（林登松提供） 　　▲ 國恩家慶與佛羅倫斯

▲ 黃蓮華 　　▲ 對稱優美 　　▲ 情人節

▲ 天鵝湖　　　　　　▲ 桃樂絲山丘　　　　　▲ 砂金

▲ 愛麗絲姑娘　　　　▲ 甜香水　　　　　　　▲ 悅牡丹

▲ 凹脈金花茶　　　　▲ 喬依肯德力克　　　　▲ 粉嫩可愛

▲ 七仙女與春霧　　　　　　　　　　▲ 梅琳達

▲ 春霧　　　　　▲ 又香又美　　　　▲ 越姿

▲ 台灣育種　　　▲ 夢娜玫瑰　　　　▲ 豔麗非常

▲ 櫻花林環景照（陶雨台空拍） 　　▲ 櫻花林空拍圖（陶雨台攝）

▲ 一片火紅（陶雨台空拍） 　　▲ 櫻花林中（陶雨台空拍）

2023 年苗栗之旅（一）：
苑裡花田與稻田彩繪

2023 年 11 月 12 日　星期日

　　中華教育文化基金會，於本年 11 月 10 日，在苗栗縣苑裡鎮享沐時光莊園渡假酒店，舉行第二十三屆第五次董事會。難得的是，經過長達三年 Covid-19 疫情緩和後，四位美籍董事得以全員到齊，共襄盛舉。

　　由於乘車從新竹到酒店預留一個半小時，而當天早上交通順暢，在距酒店約一公里時，尚餘約半小時才到開會時間，而在路邊，一片美麗的花田躍然在目，五彩繽紛，美不勝收，因此停車觀賞，了解是由「苑裡農會」經營，附近並有稻田彩繪觀景台，約三層樓高，登上後可見稻田彩繪圖案，極目四望。也可見前方及左側大片花田，頗為賞心悅目。設計以不同顏色花卉成排種植，遠觀近賞，均極富美感。

　　花田內植栽為秋英屬花卉；主要為大波斯菊（秋英），花色絢麗，有白、紅、黃、粉、紫、橙等多種顏色，亦有複色品種，植株株高 0.3-2 米，葉為一回或二回羽狀複葉，對生。花序外環為舌狀花寬環，中心為盤狀花。秋英屬植物大多是短日照植物花朵對鳥類和蝴蝶都很有吸引力。[1]

　　另有橘色硫華菊（黃秋英、黃波斯菊、黃芙蓉），是由大波斯菊與同屬其他種自然雜交得到，現在是廣泛栽培的園藝花卉和切花材料。硫華菊株形較凌亂，因此適合叢植，無法像大波斯菊一樣可用來布置花境。長有對生的二回羽狀複葉，深裂，裂片呈披針形，有短尖，與大波斯菊相比葉片更寬，葉緣鋸齒更粗糙。[2]

　　苗栗苑裡稻田彩繪活動已經邁入第 22 年，共有兩區可以登高觀賞，此處

---

[1] https://zh.wikipedia.org/zh-tw/秋英屬
[2] https://zh.wikipedia.org/zh-tw/硫華菊

可見「告別單身」可愛人物為主題稻田。想是因為台灣目前正面臨少子化危機，年輕人不婚不養，生育率偏低，當地政府希望以此主題，鼓勵青年結婚生子，可謂用心良苦。稻田彩繪選用紫、黃、白、綠、黑 5 種顏色稻種，今年更首度使用「紅色」稻種，為稻田彩繪增色，「告別單身」預計可展至 11 月間。11 月 11 日光棍節辦「丹參節」，這期稻田彩繪除了有呈現男女相戀告白的圖案，還有「告別單身」、「1111 丹參節」字樣，取其諧音及意涵，同時為縣內推廣栽培丹參加強行銷。[3]

這裡每年共有兩期稻作，第二期已經在 9 月中展開，活動預計到 11 月初就採收結束，所以想要來參觀，須要把握時機，預先來電詢問，以免向隅；因此當天意外相遇，可謂碰得巧，來得正是時候。

苑裡農會在此也經營「愛情果園」，是於休閒農業在台灣興起時，選定了最具營養與經濟價值的番茄作為主要產品，並以溫室作為番茄種值的空間。在歐洲，番茄有 LOVE APPLE 的別稱，因為成熟的番茄花開並蒂，紅通通的連結在一起，就像一對情人，所以有「愛情果」的稱號，這裡的溫室以種植番茄為主，所以就取名為「愛情果園」，希望這樣浪漫的名稱在為果園做推展時，能夠讓遊客帶來一些浪漫的氣氛與記憶。

2005 年剛開始設置溫室時，只有 0.3 公頃的面積，營運一年後發現，愛情果園因種植面積太小無法做輪種，會有過了產期就沒有東西可賣的窘境，以致遊客來此常空手而歸。於是次年又增加了 0.3 公頃，總共 0.6 公頃，將近 1800 坪的溫室。

現在在不適合種植番茄的夏季加入香瓜、小黃瓜這些作物在整個溫室栽培裡，又為了遊客選購的多元性，彩色甜椒與香水百合也都成為輪種的產品，愛情果園在採果期間不施用任何農藥。此外，「愛情果園」浪漫的名稱與清新的採果體驗，早已成為中部地區最知名的休閒農業代表之一。[4]

---

[3] https://udn.com/news/story/7206/7428129

[4] http://www.frfa.com.tw/webpad/webpad.aspx?EpfJdId9UuD0c5LL1AqHbOP%2FrwOsOqJf

▲ 各色大波斯菊 　　　　　　　　　　　▲ 紅色與粉色大波斯菊

▲ 四色大波斯菊 　　　　　　　　　　　▲ 五彩繽紛

▲ 硫華菊 　　　　　　　　　　　　　　▲ 成行排列

▲ 稻田彩繪觀景台 　　　　　　　　　　▲ 告別單身

2023 年苗栗之旅（一）：苑裡花田與稻田彩繪　391

▲ 老鼠娶親 　　　　　　　　　　　▲ 愛情果園

▲ 愛情果園緣起 　　　　　　　　　▲ 溫室栽培愛情果

　　　　　　　　　　　　　　　　▲ 收成時節

▲ 農民直銷站

2023年苗栗之旅（二）：華陶窯

2023 年 11 月 12 日　星期日

　　中基會董事會在約中午時分圓滿結束後，隨即在酒店午餐，下午兩點乘巴士到同在苑裡鎮的華陶窯參觀。

　　華陶窯背倚火炎山，俯瞰大安溪沖積扇平原。為苗栗鄉紳陳文輝和中華花藝教授妻子陳玉秀於 1984 年興建的台灣式人文園林。當時為燒製陶製花器而建古法柴燒登窯，以一份「惜花連盆」的心意創立華陶窯，並種植花材而得的私人花園。後因媒體報導致大眾頻繁要求參觀，才開放為觀光景點。[1][2]

　　由於接近入口處道路狹窄，所以須步行約一公里才抵園區門口，沿途欣賞到各種植栽花果，包括羊蹄甲、紅繡球、波羅蜜、楊桃等；到入口處，由鄭姓解說員接待導遊，參觀園林，沿途介紹各種植物，著名的百年榕樹即在門口處聳立，另有旅人蕉、黃鐘花等，白紙扇則比在他處所見高大很多。

　　園內留有已搬遷住戶空屋土角厝，大門前有一鼓井（似鼓之井），門牆邊有「褒歌」（一種可唸可唱的歌謠）一首：【鼓井有水】「鼓井有水清又深，落落紅柑半浮沉。若是卜沉沉落去，勿閣浮起動儂心」，臨井牽動相思情之意；土角厝門口對聯為：「幾日閒眠關竹戶，一番細雨長春花。」頗有意境。[3][4]

　　園區里許多角落裡都能見到應景褒歌，如【佮君約佇】：「佮君約佇後壁溝，菅尾拍結做號頭，夭壽啥人共阮敨，拍歹姻緣是無交。」原來此處長菅屬植物，如芒草，有些情人結草相約，但為他人戲弄解開，導致情人無緣相會，頗有諧趣。沿途步道鋪有窯燒地磚，據說比一般磚瓦貴許多，矮牆外鄰家植有白柚樹，正值豐收期，由於酸澀難吃，連附近出沒的彌猴都不屑一顧，結實累

---

[1]　http://www.hui.com.tw/
[2]　https://zh.wikipedia.org/zh-tw/ 華陶窯
[3]　https://bee1955.blogspot.com/2013/01/blog-post_27.html
[4]　http://www.dang.idv.tw/song.htm

累，倒頗有觀賞價值。[4]

園區裡有不少蘭花，很多是直接種在樹上面的。另有奇異的砲彈樹，如成人拳頭大小的果實長在樹幹上，黃色，漏斗形，狀如喇叭花的木玫瑰亮麗舒雅，以花謝時樣子如一朵褐色的乾燥玫瑰而得名；池塘裡滿布睡蓮；有「綠色殺手」之稱的小花蔓澤蘭生長速度奇快，奪取其它植物光合作用所需的能量，常導致其他植物難以生存。

在園內路經兩處柴窯，一為單窯，比較大的柴窯，因為一階一階登高，名喚「登窯」。登窯發源於中國大陸，到台灣日治時期才由日本人引進台灣；在大陸稱為階級窯或串窯。登窯是由幾個長方形窯室連續排列而成，一般是依山而建，或在平地把地面逐漸墊高，使成一傾斜面，其斜角在 15-20 度之間，在傾斜面上依次往上構築窯室。登窯的主要結構包括窯頭的燃燒室、中間的窯室和窯尾的煙囪三部分組成，其中燃燒室是提供熱源的地方，位置最低，其後連接幾間窯室，所連結的窯室從前面到後面一級級加高，到最後的煙囪為最高點。其窯室依規模不同，從一、二間到早期商業化陶瓷產量的十幾間窯室都有。

目前台灣的登窯多已不再燒製使用，僅為古蹟保存及觀光用途。唯華陶窯中型四間窯室的相思柴燒登窯仍常年持續燒製藝術花器。燃燒柴薪僅使用相思樹，每次燒製需約十至十五噸，費時八天七夜，二十四小時人工投柴加溫至攝氏 1250 度，始得溫潤鎏金色澤陶器。在燒陶時，木頭燃燒成灰飄落在陶器上方，會形成各種無法預期的圖樣和色彩。所以開窯，就像開大獎一樣，作品成功、失敗難以預料，園區裡可以見到各種陶製品的裝飾。

園中遇門檻多見對聯與橫批，其一為「塵世不相關，幾閱桑田幾滄海；胸中無所得，半是青山半白雲」，橫批為「見得親切」，頗發人省思；其二為「椿萱並茂日月長，天增歲月人增壽」，橫批為「篳路藍縷」，為春聯常用祝詞。

園區總面積約六公頃，另一主要部分是「人文庭園」；建築特色揉合臺灣歷代台灣族群的統治開發的歷程，包含荷蘭式砌法的紅磚牆、日本式的黑瓦、中國閩南式雙扇木門、台灣原住民式屋牆植被，此四大特色的結合，被園林設計界稱為首座「台灣式人文園林」。據報導幾乎每個角落裡都能遇到詩詞、對聯、諺語，意境幽遠，書法靈秀。許多是陶製，也有不少木刻的，讓人驚豔！可惜當天並沒有安排遊覽，倒是增加下次再來一遊的誘因。

▲ 紅繡球　　　　　　　▲ 羊蹄甲　　　　　　　▲ 波羅蜜

▲ 楊桃　　　　　　　　▲ 百年榕樹　　　　　　▲ 黃鐘花

▲ 旅人蕉　　　　　　　▲ 白紙扇　　　　　　　▲ 古井與褒歌

▲ 空屋土角厝 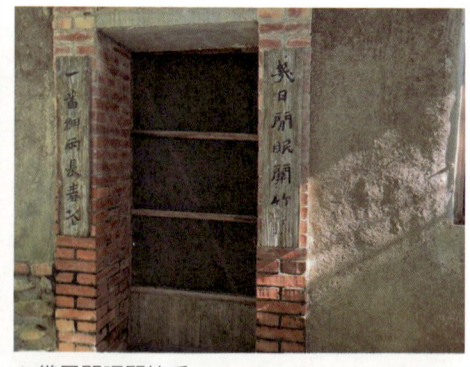　　　　　　　　　　▲ 幾日間眠關竹戶

▲ 菅尾拍結做號頭 　　▲ 佮君約佇 　　▲ 窯燒地磚

▲ 猴不理白柚 　　　　▲ 砲彈樹 　　　▲ 木玫瑰

▲ 綠色殺手　　　　　▲ 竹葉蘭　　　　　▲ 睡蓮

▲ 單窯　　　　　▲ 相思樹柴薪　　　　　▲ 登窯燃燒室

▲ 中間窯室　　　　　▲ 爐火純青　　　　　▲ 柴燒登窯成品

2023 年苗栗之旅（二）：華陶窯

▲ 燒陶製品

▲ 滄海桑田

▲ 篳路藍縷

2023 年苗栗之旅（三）：南庄玻璃屋

2023 年 11 月 14 日　星期二

十一日早驅車赴南庄李家維教授別墅「玻璃屋」參訪，李教授在約三十年前買下苗栗南庄一塊約三千六百坪的土地，維持自然生態區並建屋為別墅之用，在機緣巧合之下收集了大批神佛雕像以及古物，成為名聞遐邇的「南庄玻璃屋」，深具特色；約半年前「中基會」決定到苗栗開年度董事會時，我即提議順道參訪，也感謝李教授爽快答應接待，因而有南庄一遊，按「玻璃屋」因建牆多為採光落地玻璃窗而得名。

從酒店到目的地，乘巴士約一小時許，接近李家時，山路頗崎嶇，承蒙李教授在路口迎接指引，下車後，約須步行數百公尺到達李家；進門不遠處就直通佛堂，對陌生人來說：「不看不知道，一看嚇一跳」，只見進門首間數十坪大的玻璃屋中擺滿了各式神佛雕像，洋洋大觀；多年前造訪時，收藏主要是從台灣各宮廟因種種原因流出的神佛雕像約四百尊，已讓人驚嘆不已，目前更進一步收藏包括大陸地區石窟雕像，總數已超過一千尊，並有大批其他古代文物等，有些相當珍稀，以並未公開展覽展示私人收藏而言，在台灣可謂獨一無二，讓人大開眼界，嘆為觀止。

李教授首先對收藏神佛雕像以及文物做一簡介，動人而趣味十足，讓人嘖嘖稱奇；接著是自由參觀時間，前後多間佛堂，琳瑯滿目，除石雕、木雕、銅雕、陶瓷神佛外，還包括各種文物、殉葬珍品、動植物化石、動物標本、礦石等，豐富多采，堪稱「博物大觀園」。

據李教授敘述，在神佛雕像部分，最先是收留各宮廟棄置或處理的神像，其遭遇不一而足，有些是「六合彩」、「大家樂」等賭博徒眾簽賭前因求保庇而供奉神像，在未如願後，為洩忿而取出棄置；有些是住持圓寂或改朝換代，新領導另有供俸神佛對象，而要處理舊有神像（有「一朝天子一朝臣」意味），

會主動聯絡，徵詢收藏意願，緣分不一。總之神像積少成多，漸成氣候。

至於雕飾佛首則來自大陸，因不同淵源而渡過台灣海峽，佛首雕飾常見精工雕製的數十尊神情各異小佛像，讓人驚嘆雕塑須費之大量精力與心血，令人感覺宗教力量的不可思議，有趣的是雕飾常對應於佛像階等，如中國古代官服，由顏色或刺繡圖案，可分辨品級。

「博物大觀園」占地廣闊，品類繁多，當初以為須不少人手維持清潔，讓人驚訝的是，李教授夫妻並沒有幫手，據告是因為玻璃屋處於山區，空氣清新，少有塵埃，因此收藏並不需經常輕拂或擦拭，頗有地利之便，造就鄉間傳奇。

收集神佛難免「故事一籮筐」，在我所知幾則中，包括一尊有特殊緣分雕像，為某參觀者認出為其已圓寂師父供像，並請來同門師兄共同指認無誤，擬請回供奉，但擲筊請示，多次均遭否定，因此仍留駐於南庄；其他事件也有部分事涉靈異，由當事人道來應更為精彩，欣聞李教授將部分故事記載於其即將出版新書《我的神鬼人生》中，現可由遠流出版社預購，讓人萬分期待。

▲ 玻璃屋佛堂

▲ 各路神佛

▲ 在地神佛

▲ 堂主導覽

▲ 佛有尊卑 　　　　　　　　　　▲ 道家眾仙

▲ 金面佛首 　　　▲ 安詳肅穆 　　　▲ 緣份特殊

▲ 法相莊嚴 　　　▲ 老僧入定 　　　▲ 鉞刀斷除煩惱

▲ 道家尊者 　　　　　　　　　　　　▲ 觀音大士

▲ 怒目金剛陶俑 　　　　　　　　　　▲ 殉葬彩繪陶俑群

▲ 殉葬大宅 　　　　　　　　　　　　▲ 各種文物

▲ 排排坐 　　　　　　　　　　　　　▲ 阿彌陀佛

▲ 動物標本

▲ 各種礦石

▲ 戶外佛像

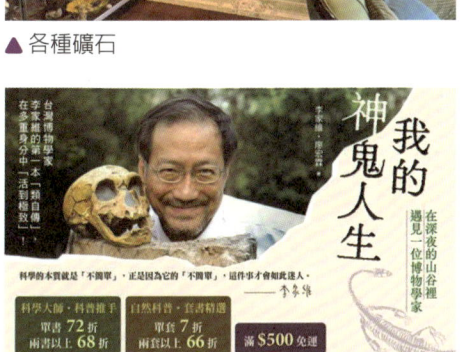

▲ 萬分期待

2023 年苗栗之旅（四）：
落羽松秘境與富貴牡丹

2023 年 11 月 13 日　星期一

一、雲水溫泉度假森林

　　下午約二時許告別李宅，到南庄老街附近的雲水溫泉度假森林遊覽，園區佔地寬廣，群山環繞，風景優美；園內植有各種花卉，蒜香藤以及橘黃、深紅兩色九重葛正在盛開，另有多種果樹，庭園及路邊安排有各種卡通人物或動物立像，頗能增添遊覽諧趣。

　　入園成人門票一律兩百元，但可抵餐廳或產品消費一百元，也順便帶動餐廳與商店消費；餐廳為半自助式，也就是點餐後依號領取餐點與自取餐具，與星巴克咖啡店相似；所幸點餐時恰在隨後進入餐廳龐大團隊開始點餐之前，否則恐須苦等，同時所點拿鐵咖啡風味也在水準之上，頗覺快意，餐廳內外也布置有許多可愛卡通動物雕像，相當討喜。

　　園區曾被票選為全台十大落羽松秘境之一，目前落羽松已慢慢轉換成金黃色，雖尚未達絕美期，在夢幻湖畔與清澈湖水相映，已極為養眼。從官網上看湖畔已轉橙褐色落羽松全景照片，確實美麗異常，十分賞心悅目。

　　按落羽松亦名落羽杉，原產於北美濕地沼澤地。台灣於 1901 年引進，現台灣各地均有種植，為原產美洲的杉科引進台灣生長最好，也是最普遍的一種。由於樹形優美常被種植為庭園造景樹及行道樹。葉互生，柔細，鮮綠色，背面帶白色的色澤；鱗片狀葉生長於長枝上，淡黃綠色；冬季時小枝與葉同時脫落，冬季將落的葉片會轉成橙褐色。[1]

---

[1] http://kplant.biodiv.tw/ 落羽杉 .htm

二、富貴牡丹餐廳

十日自華陶窯先返回酒店入住,稍事休息後,即往附近三義鄉「富貴牡丹人文藝術餐廳」用晚餐,該店提供歐亞料理,以新鮮的食材作為創意發想的泉源,提供品質的服務以及用餐經驗。

根據餐廳文宣:「富貴牡丹藏身於富貴三義美術館之中,在竹林溪流的環抱裡,鳥語花香的洗禮讓我們遠離塵囂,體會靜心與慢食文化,感受窗外滿目的綠茵,聆聽周遭的水潤聲,穿梭於竹林間,觸摸這裡的一石一木,帶給您深刻的用餐體驗。富貴牡丹餐廳提供歐亞料理,依當季食材不定期更換菜單,搭配上藝術家創作的實用器皿,以最貼近生活的方式將藝術融入,帶領您品嘗到豐富的味蕾層次之餘,同時飽覽創作文化與大自然之美!到訪餐廳的路途中,您將漫步於開闊的水景,眺望遠方層層交疊的山巒,窺見收藏於美術館中的自然秘境,在每一處轉折聽見藝術與空間的對話,欣賞精彩的藝術展覽。山嵐漸散,暮色四合,離開城市,暫時拋開煩囂,盡情地停留及感受美術館的空間跟氛圍,享受我們為您準備的美食饗宴,透過自然、藝術、餐飲的滋養,創造美好的回憶。」整個觀感相當寫實。

當天抵達餐廳時,夜色已深,但仍能感受到濃厚的藝術氣息,同時餐廳菜色在水準之上,餐具多有藝術造型,服務親切周到,是一個令人滿意的用餐經驗。較遺憾的是拍照僅限戶外,未能有機會攝下許多具創意而趣味十足之雕塑影像。

巴士在開往餐廳與歸途,均經過三義老街,沿途多見木雕禮品店;約二十年前,曾與實驗室學生在白日來此一遊,徜徉良久。如今匆匆一瞥,仍頗能體會到觀光勝景。

▲ 落羽松秘境   ▲ 園區入口

▲ 歡迎入園　　　　▲ 蒜香藤　　　　　▲ 橘黃與粉色九重葛

▲ 轉換成金黃色　　▲ 自得其樂　　　　▲ 歡迎光臨

▲ 這是我家　　　　▲ 惹人憐愛　　　　▲ 招財進寶

▲ 住宿接待 　　▲ 三義木雕禮品店 　　▲ 幼童盪鞦韆

▲ 半透明人 　　▲ 幼童戲鵝 　　▲ 小童倒水

▲ 沈思小妹 　　▲ 駕一葉之扁舟 　　▲ 造型水杯

2023 年苗栗之旅（四）：落羽松秘境與富貴牡丹

2023 年苗栗之旅（五）：最憶是山城

2023 年 11 月 16 日　星期四

一、苗栗縣

　　縣治位於苗栗市，苗栗縣內轄有 2 市、5 鎮、11 鄉（含 1 山地鄉），共有 18 個鄉鎮市，頭份市為縣內最大城市。縣內北部中港溪地帶與新竹縣市接壤形成竹苗生活圈，南部大安溪地帶則與臺中市互動頻繁。居民主要族群為客家人，為臺灣客家大縣。

　　苗栗縣有「山城」之別稱，全縣地勢崎嶇且多山地阻隔，交通便道受限，地理因素而使縣內大部分的鄉鎮多以村里層級交流互動。

　　苗栗縣縣名來自原住民道卡斯族巴利社（Bari），其社名之原住民語意為平原。最初遷移至此的客家人與閩南人以其音近似靈貓科動物貓狸（俗體字作貓貍）之發音，即以此作為地名。其後官方文書亦有使用近音之貓裏、貓裡或貓里者。清光緒 15 年（1889 年）臺北府新竹縣分拆為 2 縣之際，將貓貍改為近音雅字之苗栗，以作為新的縣名及堡名，其後沿用至今。

　　此次苗栗行所至鄉鎮人口及人口密度有下列特色：
總人口 1 至 5 萬：苑裡鎮、三義鄉
總人口 5 千至 1 萬：南庄鄉
人口密度 500-1,000 人／km²：苑裡鎮
人口密度 100-500 人／km²：三義鄉
人口密度 100 人／km² 以下：南庄鄉
可見南庄鄉最偏僻，苑裡鎮人密度最高。[1]

---

[1] https://zh.wikipedia.org/zh-tw/ 苗栗縣

在苗栗道路旁,屢見成排,有時連綿長達百公尺以上羊蹄甲、黃鐘樹以及台灣欒樹,令人驚艷,又多見待收割或已收割稻田,感受田園景象,亦一樂也。

二、享沐酒店內外與周邊

十一日一早,有機會在酒店內外及周邊漫步,旅館內布置甚為雅緻,到處展示各種藝品,部分標有訂價,顯示可供出售,有協力帶動藝術市場之意。同時酒店名為享沐,除客房內可泡湯外,另闢有戶外泡湯池,頗具規模。

在酒店院落及路邊中,植有成排落羽松以及千層金;同時鄰近農家小塊田地中可見各色花果,包括樹蘭、羊蹄甲、沙漠玫瑰等花木,又見木瓜、甘蔗、芭樂、枇杷、百香果、火龍果等水果,冬瓜、茄子、秋葵、地瓜等蔬果,以及九重葛、朱槿、藍花草等常見花卉,生態極為豐富,生氣勃勃,頗能感農家之樂。

在農家旁,見一小土地公廟「福德祠」,外牆對聯為「福賜邦家蒙聖德,德施梨庶仰恩神」,內牆對聯為「福慧蒼生維守正,德施赤子合稱神」,橫批:「福德乾坤大」,廟內並無土地公神像,而以「福德正神」牌位替代,廟前香爐並無香火,牌位兩旁則點燈以祝,是否香火不夠鼎盛,僅憑一時所見,難下定論。另一方面,土地公廟隨處可見,顯示福德正神信仰深入民間。

三、玻璃屋附近花木

玻璃屋附近植物生態極為豐富,尤其玻璃屋前小溪邊,大片野薑花正盛開,又見白柚、金蝦花、南美朱槿、軟枝黃蟬、睡蓮、秋海棠、閉鞘姜、紅球姜、合萼光萼荷等,讓人大飽眼福,分外欣喜。

▲ 成排羊蹄甲　　　　　　　　　▲ 黃鐘樹

▲ 台灣欒樹 　　　　　　　　　　　▲ 待收割稻田

▲ 已收割稻田 　　　　　　　　　　▲ 享沐酒店

▲ 雅緻廳堂 　　　　　　　　　　　▲ 藝品擺設

▲ 落羽松 　　　　▲ 千層金 　　　　▲ 樹蘭

▲ 樹蘭結果　　▲ 羊蹄甲　　▲ 沙漠玫瑰

▲ 木瓜　　▲ 甘蔗　　▲ 芭樂

▲ 火龍果　　▲ 百香果　　▲ 枇杷

▲ 秋葵　　▲ 冬瓜　　▲ 茄子

▲ 地瓜葉花　　▲ 朱槿　　▲ 九重葛

▲ 藍花草　　▲ 小花蔓澤蘭　　▲ 南美朱槿

▲ 土地公廟　　　　　　　　　▲ 福德正神

▲ 軟枝黃蟬　　　▲ 睡蓮　　　▲ 紅球薑

▲ 閉鞘薑　　　　▲ 秋海棠　　▲ 金蝦花

▲ 小花蔓澤蘭　　　　　　　　　　　　▲ 野薑花

2023年台南之旅（一）：天公壇與赤崁樓

2023 年 12 月 15 日　星期五

12 月 13 日因到台南開會，會後到遠近馳名的「阿霞飯店」用晚餐，餐後則由在當地成長的朋友導遊，在飯店附近與夜宿旅店「煙波大飯店」間夜遊一番，第二天早餐後，得在旅店附近巡禮，其次承蒙主辦單位安排，重遊「奇美博物館」，收穫滿滿。

一、阿霞飯店

約四十年前，曾應邀到阿霞飯店用餐，當時就有印象，這是台南名店之一，名菜有紅蟳米糕、炭烤烏魚子等，此次大概是第三或第四度光顧，菜餚爽口入味，服務周到有禮，門面裝潢都與時俱進，賓主盡歡。

阿霞飯店本店於 1980 年移至現址天公壇旁，進大門左側上二樓之樓梯邊牆上錄有該店大事記，記有小名「阿霞」女主人發家與遷建、擴增、傳承歷程等，並附有蔣經國、李登輝、陳水扁、馬英九、林語堂、連戰等名人光臨照片，以廣招徠。

二、天公壇

天公壇距阿霞飯店只有咫尺之遙，建於清咸豐四年（1854），並於次年竣工，定名為「天公壇」。1899 年（日治明治三十二年），將「天公壇」改稱「天壇」。二次世界大戰後，屢次重修，1983 年（民國七十二年），廟名改稱「臺灣首廟天壇」。1985 年經政府指定為三級古蹟。1997 年文化資產保存法修正取消三級分級制後，已變更為直轄市定古蹟。該廟不但成為臺灣史上首

座壇廟，也是少見的天壇壇廟。[1]

　　1855 年完工的天壇正殿奉祀玉皇上帝聖位，是以聖牌而非泥塑木雕神像祭祀玉皇上帝的廟宇，但不能免俗的祭祀其他神佛雕像，展現出國人對於神佛兼容並蓄的精神，一方面有別於「一神教」之有我無他，引起宗教戰爭之史蹟斑斑，一方面恐也有缺乏中心信仰，功利取向的缺點。

　　該廟三進三開間帶兩廊的格局仍顯宏偉其建築群體因天井的區隔，將空間區分為三川殿、前天井及兩側之左右廊、正殿、後天井及兩側之左右廊及後殿等九個區塊。三川殿連繫天壇內外的主要空間，以及進出的主要門戶。歷代名人題署匾額高懸，如清朝提督學政洪毓琛立：「道崇無極」，同治 3 年福建臺灣水師副將葉烯暘立；「洪鈞鼓鑄」，民國 41 年蔣介石總統題：「義格蒼芎」等等，[2,3]高懸屋垣的「一」字匾名震南都。四面圍繞 84 字楷書陰刻小字，自右上角起，以逆時針方向排列。匾額框為杉木；匾額板面材質經取樣檢測後確認為柳桉木。「一字匾」與臺灣府城隍廟的「爾來了」匾、竹溪寺「了然世界」匾合稱「府城三大名匾」。若加上祀典武廟的「大丈夫」匾額，則稱臺南四大名匾。[4]

三、赤崁樓

　　從天公壇步行約五百公尺即到達赤崁樓，2019 年 11 月曾趁在台南參加「材料學會」年會之便到此一遊，此次夜遊比較意外的是晚上仍開放，所以不僅得以飽覽夜景外，也有緣再度入內參觀，但不包括正在整修中的兩棟主樓之一的文昌閣。[5]

---

[1] https://zh.wikipedia.org/zh-tw/ 臺灣首廟天壇
[2] https://www.tian.org.tw/
[3] 洪鈞為道家最高境界，鼓鑄有陶冶之意。
[4] 臺語俗諺稱「千算萬算，算不到天一劃。」（或作「千算萬算，不值天一劃」，意思是「人算不如天算，冥冥之中自有定數」。）故立了「一」字匾，紀念上蒼造化之功。
[5] https://lihjchen1004.blogspot.com/2019/11/2019_16.html（2019 年臺南之旅（一）──赤崁樓）

▲ 金玉滿堂才茂盛

▲ 蔣經國曾光臨

▲ 打卡留念

▲ 天公壇

▲ 高掛「一字匾」

▲ 正門與三川殿

2023 年台南之旅（一）：天公壇與赤崁樓　417

▲ 各路神佛 　　　　　　　　　　　▲ 玉皇大帝聖位

▲ 殿外龍形照壁 　　　　　　　　　▲ 燈光下的赤崁樓

▲ 樓前乾隆御賜碑石 　　　　　　　▲ 錦鯉夜遊

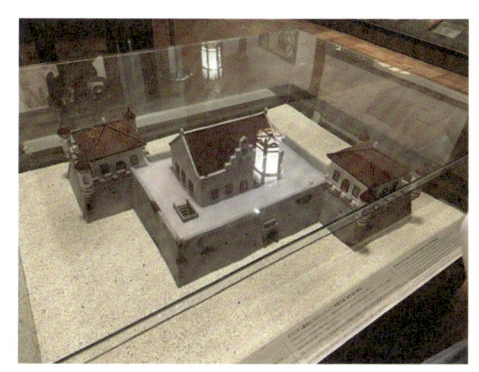

▲ 荷蘭城堡模型

▲ 赤崁樓留念

2023 年台南之旅（二）：祀典武廟與林百貨

2023 年 12 月 17 日　星期日

四、祀典武廟

　　武廟就在赤嵌樓附近，正稱祀典武廟，又稱臺南大關帝廟，主要奉祀關聖帝君。17 世紀中葉，永曆十九年（1665 年）鄭成功子鄭經於承天府（今臺南市）建文、武、真武、城隍諸廟。武廟即今日之祀典武廟，在赤崁樓之南，由關帝廳擴建而成。

　　台灣各地均有關帝廟，這與 1720 年代，清世宗雍正帝為了消弭反滿思想，極力排斥民間將宋代「抗金」名將岳飛與關公並祀，除了宣揚佛教之外，清朝於中國境內不斷提升關公的地位，也因此在雍正三年（1725 年），追封關帝祖宗三代為公爵，並將全國部分大型關帝廟改為官祀，並加設三代殿。受此影響，當時稱為「大關帝廟」的該廟，改名並晉昇為現今的「祀典武廟」，而該名稱沿用至今。名列臺灣地區重要古蹟。值得一提的是，新竹關帝廟旁也並祀岳飛。[1][2]

　　清廷除敕封關公的祖先三代公爵，並製神位，供奉於後殿三代廳。且於雍正五年（1727 年），奉旨舉辦春秋二祭，使之成為全臺規模最大，也是唯一擁有「祀典」尊崇的武廟，並與「全臺首學」之臺南孔子廟並列，享有「祀典武廟」之稱。[1]

　　各殿廳祀神分別為：

　　正殿：主祀關聖帝君，同祀三官大帝，配祀關平太子、周倉將軍，

---

[1] https://zh.wikipedia.org/zh-tw/ 祀典武廟
[2] https://lihjchen1004.blogspot.com/2020/01/blog-post_4.html（宮廟之旅（五）- 新竹關帝廟）

三代廳：主祀武聖祖輩三代：曾祖光昭王、祖父裕昌王、父成忠王之神位，
觀音廳：主祀觀音佛祖（微語觀音），
太歲殿：供奉斗姆元君、左輔、右弼、太歲星君、太陽星君、太陰星君等，
月老祠：供奉月老，
馬使爺廳：供奉馬使爺。

關帝廟供奉觀音、月老等，對國人來說，並不覺唐兀。與新竹關帝廟一樣，馬使爺，即赤兔馬，也受到供奉。[2]

五、林百貨

在往文廟途中經南臺灣第一間百貨公司林百貨。該店於日治中期的 1932 年 12 月 5 日開幕，是臺灣唯一設有神社的百貨公司。開幕日僅比當時臺北市菊元百貨晚兩天，兩者亦並列為臺灣日治時期南北兩大百貨。

林百貨在落成當時是臺南第一高樓，且配有電梯、鐵捲門等當時少見的現代化設備。二次大戰後結業，曾改為其它用途、亦曾長期閒置，後來公告為臺南市定古蹟。經過建物整體修復後，2014 年 6 月 14 日重新開幕。

林百貨店俗稱「五層樓仔」，但事實上百貨內有面積較小的六樓，為「折衷樣式」鋼筋混凝土建築，在當時是相當現代化且受注目的。建築立面貼溝面磚，最上層女兒牆以位於轉角的中央處最高，於二到五樓開了圓孔窗，六樓則開了方孔窗，兩翼則設大面窗及雨庇、陽台。位於騎樓的柱子帶有紋樣裝飾，而室內柱子則有裝飾藝術風格。內部空間及設備亦十分現代化，並配有當時南台灣首部電梯（底下條目有提及可乘載 12 人；但在整修時為保留原電梯井而改為 5 人電梯），以及手搖式鐵捲門、燈具、避雷針、抽水馬桶等先進設備。[3]

---

[3] https://zh.wikipedia.org/zh-tw/ 林百貨

▲ 唯一祀典武廟

▲ 主祀關聖帝君

▲ 敕封關帝祖先三代公爵

▲ 主祀武聖祖輩三代

▲ 主祀觀音佛祖

▲ 月老祠

▲ 赤兔馬也受到供奉

422　地景旅遊與漫談

▲ 兼容並蓄 　　　　　　　　　　　▲ 六層樓仔

▲ 指針式電梯 　　　▲ 限乘五人 　　　▲ 頂樓神社

▲ 南臺灣第一間百貨公司

2023年台南之旅（三）：戀戀台南

2023 年 12 月 17 日　星期日

　　台南在入夜之後，大部分名勝古蹟或景點均未開放，但路經各處一觀夜景，別有一番風情與感受，同時也不失為適合旅遊打卡地點。

　　首先是台南文學館，大門廣場「寶島萬花」戶外特展甫於 12 月 8 日辦理開幕點燈儀式，展期自 2023 年 12 月 8 日起至 2024 年 2 月 25 日，陪伴大家從聖誕前夕一路到龍年元宵！

　　「寶島萬花」利用輕構造的骨架與象徵常民文化的紅色桌板，塑造出白天夜晚兩種不同的風貌。白天，它是與臺南州廳建築的衛塔相呼應的通透雕塑；晚上，則是發光的結綵挂燈。[1,2]

　　其次是「全台首學」孔廟，或文廟。2019 年 11 月首度來訪時適逢大成殿整修，特別於次月到「延平郡王祠」邊「鄭成功文物館」參觀「台南孔廟御匾特展」，由於清代八方御匾平常高掛在孔廟內，隔著遠遠的距離才能見到它們，在 334 年來特展中，第一次得以近距離欣賞御匾，也是有緣。另一方面，當晚孔廟大門深鎖，仍與台南大成殿緣慳一面。[3,4]

　　在返回旅店途中，很吸引目光的尚有「全美戲院」、「慰安婦雕像」、「台南美術一館」、「台南美術二館」、「司法博物館」等，「煙波大飯店」夜景本身也頗有可觀。第二天一早，得空到旅店附近欣賞「台南美術二館」與「司法博物館」建築外觀。

　　「臺南市美術館」是臺灣唯一有科學研究、修復畫作與行政法人美術館；

---

[1] https://www.nmtl.gov.tw/information?uid=194&pid=155953
[2] https://lihjchen1004.blogspot.com/2019/12/2019.html（2019 年臺南之旅（三）──台灣文學館）
[3] https://lihjchen1004.blogspot.com/2019/11/2019_4.html（2019 年臺南之旅（二）──孔廟）
[4] https://lihjchen1004.blogspot.com/2019/12/2019_27.html（2019 年臺南之旅（五）──鄭成功文物館與「台南孔廟御匾特展」）

「台南市美術一館」前身為臺南市警察局廳舍（市定古蹟原臺南警察署），與林百貨同為梅澤捨次郎所設計，館舍以古蹟建築為主體，透過古蹟修復再利用，結合周圍空間重新規劃設計，展示空間約有 1,024 平方公尺，設有 10 間展覽室，全館已於 2018 年 8 月完工，於同年 10 月 17 日試營運，並與 2 館於 2019 年 1 月 27 日開幕，以建築修復展、典藏捐贈展和作品修復展與世人見面。

「台南市美術二館」有台灣最靚美術館之美譽，前身為公 11 停車場，由石昭永建築師及日本坂茂建築設計事務所共同打造，展示空間約有 2,960 平方公尺，設有 17 間展覽室，部分展廳可運用自然光，原停車場功能將改為美術館地下停車場，全館已於 2019 年 1 月中旬完工，2019 年 1 月 27 日正式啟用。[5]

原臺南地方法院，是位於台灣臺南市中西區的前辦公廳舍，過去曾作為臺灣臺南地方法院的第二代廳舍使用，該棟建築見證了臺灣重要司法的歷史。因為臺灣現存歷史最悠久的大型法院建築等文化價值，當前該建築已指定為中華民國直轄國定古蹟。

在經過修復計畫後，修復完成的建築則由司法院規劃為「司法博物館」開放民眾參觀，以司法文物之蒐集、展示、保存等相關議題作為主展示領域，此外建築廳舍也曾譽為日治時期臺灣三大建築之一（另外兩棟建築是當時的臺灣總督府與臺灣總督府博物館）。

原臺南地方法院主體莊嚴宏偉，為坐南朝北，採磚造，建坪 886 坪，樣式為西方古典風格，在建築量體中為非對稱性設計，其建築外觀與內部構造使用許多西方常見的建築語彙為設計，並根據建築用處功能明晰的空間分配規劃，圍牆出入口門柱為日人興建院舍時所建，其中圍牆部分在戰後改建以孫文手書〈禮運大同篇〉為主題的鏤空水泥圍牆，後在修復工程時，因審議委員認為該雖非古蹟但仍為歷史痕跡，有串連古蹟建築的歷史意義，因而保留。[6]

大廳部分，除了中心每三根一組的 12 根柱子外，門廳與其他空間相連的部分在開口處立有獨立圓柱且有古典式的門罩，門的上端有一個巨大的勳章飾，壁面則為半圓壁柱，內部柱身上段為線條凹槽，下段環繞著勳章飾，並刻有雕花設計。除了圓頂之外，建築物屋頂的其他部分則採用兩段式的斜面構成的馬薩式屋頂，屋瓦則為魚鱗形式，且屋頂上還開有牛眼窗。

---

[5] https://zh.wikipedia.org/zh-tw/ 臺南市美術館

[6] https://zh.wikipedia.org/zh-tw/ 臺南地方法院（古蹟）

而在主入口和次入口之間的屋身，每兩個圓拱窗之間便開有一個方窗，而窗框都有經凹凸的隅石處理，並在上方中央以拱心石裝飾。此外在圓拱窗上方的屋簷部分還有瓶狀假欄杆的裝飾，使外觀更富變化，此外立面也設有圓拱與平拱等裝飾。⁶建築形式與台灣文學館相似，同為建築師森山松之助所設計。

　　原臺南地方法院公證處結婚禮堂位於博物館西側，在拆除前，曾見證19505對新人婚禮，現在原址立有「見證愛情」碑紀念。

▲ 台南文學館前 　　▲ 寶島萬花 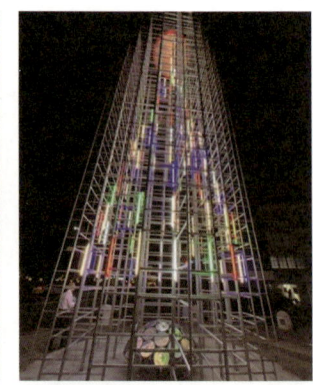　　▲ 聖誕樹造型

▲ 全台首學 　　▲ 「全美戲院」

▲ 「慰安婦雕像」

426　地景旅遊與漫談

▲「台南美術一館」 　　　　　　　▲「台南美術二館」

▲「煙波大飯店」夜景 　　　　　　▲台灣最靚美術館

　　　　　　　　　　　　　　　　▲美術館一瞥

▲館前楊英風「分合隨緣」雕塑 　　▲「司法博物館」

▲ 孫文手書〈禮運大同篇〉

▲ 西側入口

▲ 見證 19505 對新人婚禮

國家圖書館出版品預行編目

地景旅遊與漫談 / 陳力俊著. -- 臺北市：致出版，
2025.1
　　面；　公分
ISBN 978-986-5573-93-5(平裝)

1.CST: 旅遊文學　2.CST: 世界地理

719　　　　　　　　　　　　113016614

地景旅遊與漫談

作　　　者／陳力俊
出版策劃／致出版
製作銷售／秀威資訊科技股份有限公司
　　　　　114 台北市內湖區瑞光路76巷69號2樓
　　　　　電話：+886-2-2796-3638
　　　　　傳真：+886-2-2796-1377

網路訂購／秀威書店：https://store.showwe.tw
　　　　　博客來網路書店：https://www.books.com.tw
　　　　　三民網路書店：https://www.m.sanmin.com.tw
　　　　　讀冊生活：https://www.taaze.tw

出版日期／2025年1月　　定價／500元

致出版

向出版者致敬

版權所有・翻印必究　All Rights Reserved
Printed in Taiwan